언어를 활용한
GO 분산 서비스 개발

Go 언어를 활용한 **분산 서비스 개발**

1쇄 발행 2022년 11월 8일

지은이 트래비스 제프리
옮긴이 정현석
펴낸이 장성두
펴낸곳 주식회사 제이펍

출판신고 2009년 11월 10일 제406-2009-000087호
주소 경기도 파주시 회동길 159 3층 / **전화** 070-8201-9010 / **팩스** 02-6280-0405
홈페이지 www.jpub.kr / **원고투고** submit@jpub.kr / **독자문의** help@jpub.kr / **교재문의** textbook@jpub.kr

소통기획부 김정준, 이상복, 송영화, 권유라, 송찬수, 박재인, 배인혜
소통지원부 민지환, 이승환, 김정미, 서세원 / **디자인부** 이민숙, 최병찬

진행 이상복 / **교정·교열** 박지영 / **내지편집** nu:n / **표지디자인** 이민숙
용지 신승지류유통 / **인쇄** 해외정판사 / **제본** 일진제책사

ISBN 979-11-92469-51-5 (93000)
값 27,000원

※ 이 책은 저작권법에 따라 보호를 받는 저작물이므로 무단 전재와 무단 복제를 금지하며,
　이 책 내용의 전부 또는 일부를 이용하려면 반드시 저작권자와 제이펍의 서면 동의를 받아야 합니다.
※ 잘못된 책은 구입하신 서점에서 바꾸어드립니다.

제이펍은 독자 여러분의 아이디어와 원고 투고를 기다리고 있습니다. 책으로 펴내고자 하는 아이디어나 원고가 있는
분께서는 책의 간단한 개요와 차례, 구성과 지은이/옮긴이 약력 등을 메일(submit@jpub.kr)로 보내주세요.

The Pragmatic Programmers

Go 언어를 활용한 분산 서비스 개발

Distributed Services with Go

트래비스 제프리 지음 / 정현석 옮김

Jpub
제이펍

PART I 시작

PART 3 분산

당장 분산 서비스를 만들어야 한다고 생각해보자. 어떠한 기능을 구현해야 하는지, 놓치는 부분이 없는지 막막하다. 만들어진 패키지나 서비스를 사용한다고 해도, 이들이 어떤 원리와 개념을 반영한 것인지 이해하지 못한 채 사용하면 아슬아슬한 지점이 생긴다.

이 책은 분산 서비스를 Go 언어로 구현하고 테스트로 그 구현을 검증한다. 분산 서비스에 필요한 기능들을 소개하고 그 작동 원리와 개념을 소개해준다. 세세하고 깊이 있는 설명은 없지만, 분산 서비스라는 매력적이면서도 접근이 쉽지 않은 주제에 대해 전체를 조망할 수 있도록 돕는다.

책의 두께는 두껍지 않지만, 소개하는 내용 전부를 깊이 있게 소화해내기는 쉽지 않은 만큼 초급 개발자를 위한 책은 아니다. 사용하는 패키지와 도구들, 즉 protobuf, gRPC, 래프트Raft, 서프Serf, 도커Docker, 카인드Kind, 헬름Helm, 그리고 GCP까지 하나하나를 제대로 이해하고 사용하려면 이 책을 반복해서 읽는 것은 물론이고 별도의 공부가 필요하다.

따라서 분산 서비스를 알아나가는 데 좋은 시작 지점의 가이드가 되는 책이라 하겠다.

첫 번역이라 부족하고 아쉬운 부분이 많다. 하지만, 원서가 전달하려던 지식과 정보는 부족함 없이 전달하려 노력했다. 번역 과정에 참여하는 소중한 경험도 얻었으며 많은 분에게 크고 작은 도움을 받았다.

- 한결같은 지지와 배려를 해준 아내와 아빠의 에너지를 채워준 두 아들
- 이 책의 번역을 소개해주신 번역 선배 김찬빈 님
- 여유로운 가이드로 안정감 있게 번역할 수 있도록 챙겨주신 제이펍 이상복 팀장님
- 상세하게 역어를 제안하고 꼼꼼하게 교정을 봐주신 박지영 님

- 원서 코드의 핵심 오류를 잡아주신 권경모 님
- 다양한 생각과 경험을 나누며 언제나 영감의 원천이 되는 커뮤니티인 슬랙 '딥백수'와 디스코드 '코딩냄비' 여러분

모두에게 감사하다.

정현석

공민서

Go 언어를 활용하여 분산 서비스를 개발할 때 각 서비스 간에 어떻게 데이터를 주고받을지, 이를 어떻게 조율할지에 대해서 깊은 레벨로 알아보는 책입니다. 상세한 설명으로 해당 분야에 대해서 좋은 정보를 얻을 수 있었습니다.

김용회(㈜씨에스피아이)

클라우드 기반의 서비스 형태로 IT의 중심이 이동한 만큼 클라우드 네이티브한 분산 네트워크 서비스 개발은 개발팀의 중요하면서도 어려운 과제입니다. 동시성 및 네트워크 기능 그리고 높은 이식성을 가지는 Go 언어는 이러한 목표를 달성하기에 적합한 방법을 제공합니다. 이 책은 Go 언어 기반의 분산 시스템을 점진적으로 개발하고 배포해나가는 과정과 이를 통해 효과적인 서비스를 구축하는 방법, 그리고 내부 작동 원리까지 이해할 수 있도록 구성되어 있습니다.

이현수(글래스톰코리아)

만든 것을 사용하기만 하고 직접 만들어보지는 못했던 고급 기술을 코드 수준으로 살펴볼 수 있었습니다. 제가 요즘 쓰는 도구 프로그램은 대개 Go로 작성되었습니다. 쿠버네티스, etcd, 콘술, 테라폼 등이지요. 간혹 오픈소스 라이브러리를 사용하다가 버그를 발견하거나 개선할 것이 있으면 풀 리퀘스트를 보내기도 하는데, 이 책을 보고 나니 분산 환경 시스템 프로젝트에도 기여하고 싶은 생각이 들었습니다. 내용이 코드 위주로 되어 있어서 읽기 어려운 편은 아니었고, 억지로 번역 대체어를 찾는 것보다 원어 발음을 그대로 살린 것이 오히려 더 좋았습니다. 번역하면서 코드의 오류까지 수정을 한 수고도 훌륭합니다.

정욱재

분산 환경상의 서비스 개발을 위해서는 알아야 할 것이 정말 많다고 생각합니다. 요즘 좋은 기술이 많이 나와 일이 간단해졌다고 해도, 여전히 필요한 기술이 많습니다. 오히려 클라우드상에서 배포하기 위해 더 복잡해진 부분도 있기 마련이죠. 이 책을 통해 필요한 부분들을 훑을 수 있어 정말 좋았습니다. 책 내용이 정말 좋았고 재밌게 잘 읽었습니다!

황시연(엘로스)

분산 시스템에 대한 책이나 자료를 찾고 싶어도 회사별 보안 이슈로 인해 실용적인 부분까지는 공개되기가 어려운 상황인데, 이 책은 분산 서비스를 만드는 데 꼭 필요한 기술을 핵심만 뽑아서 Go 언어 기반으로 잘 설명해줍니다. 기존에 서버 개발을 해왔던 분들은 간단히 Go 언어만 익히면 책을 읽는 데 크게 문제가 없을 것입니다. 대규모 트래픽을 다루는 회사로 이직하려는 분들이나 분산 시스템에 대한 이해도를 높이고 싶은 분들에게 추천합니다. 책의 코드도 깔끔하게 잘 정리되어 있어서 인상 깊었습니다. 짧은 분량으로 핵심을 잘 정리한 책이라 생각합니다.

제이펍은 책에 대한 애정과 기술에 대한 열정이 뜨거운 베타리더의 도움으로
출간되는 모든 IT 전문서에 사전 검증을 시행하고 있습니다.

이 책의 도움 없이 책에서 다루는 대부분의 기술을 고생하며 만들어보았기에, 진심으로 이 책을 추천할 수 있다. 저자는 수년간의 실무 경험을 명료하고 간결하게 정리해서 독자들을 기초 지식에서 프로덕션 배포까지 단계별로 이끌어준다. 이 책의 가치를 마음을 담아 보증한다.

브라이언 케텔슨 Brian Ketelsen**,** 마이크로소프트 수석 개발자 애드버킷 및 고퍼콘GopherCon 주최자

이 실용적이고 매력적인 책은 분산 시스템을 만들어가는 과정을 잘 보여준다. 책을 읽고 배우자. 그리고 코딩을 시작하자!

제이 크렙스 Jay Kreps**,** 컨플루언트 CEO, 아파치 카프카 공동 제작자

이 책의 저자는 분산 시스템에 대한 오랜 학문적 주제를 실무적인 단계들로 풀어내고 실제로 작동하는 수준으로까지 만들었다. 이 책은 실제 소프트웨어 엔지니어가 일상에서 마주치는 실제 개념에 초점을 맞춘다. 분산 시스템에 막 뛰어든 중급 개발자, 또는 분산 시스템에 대한 이해를 넓히려는 상급 개발자에게 최고의 독서가 될 것이다.

벤 존슨 Ben Johnson**,** 볼트디비BoltDB 제작자

고퍼를 꿈꾸는 이들에게 분산 시스템의 난해한 주제들을 친절하게 소개하며, 개념을 어떻게 구현할지를 알려주는 책이다.

아먼 다드가르 Armon Dadger**,** 하시코프 공동 설립자

대규모 시스템을 만들려는 고퍼라면 무조건 읽으시라!

윌리엄 루덴말름 William Rudenmalm, CREANDUM 리드 개발자

분산 시스템을 만들고 관리하려는 고 언어 개발자에게 매우 고마운 책이다. 점진적으로 개발을 해나가면서 동시에 모든 구현 코드를 제공하여 자신만의 분산 서비스를 만드는 방법을 가르쳐주고, 내부의 작동 원리를 이해하도록 도와주며, 실제로 사람들이 사용할 수 있도록 서비스를 배포하는 것까지 알려준다.

니샨트 로이 Nishant Roy, 테크 리드

감사의 글

책을 다 쓰기까지 2년 반이 걸렸다. 집필은 지금껏 살아오면서 가장 힘들었던 경험이었다. 몇몇 스타트업과 오픈소스 프로젝트를 만들어봤지만, 책을 쓰는 일이 가장 어려웠다. 독자가 유용하다고 느끼며 즐겁게 읽을 좋은 책을 쓰리라 마음먹고 집필을 시작했고, 스스로에 부끄럽지 않으면서도 읽을 가치가 있는 내용만 전달하고자 했다. 이 마음에서 조금도 물러서지 않으려다 보니 작업을 끝마치기까지 오래 걸렸다. 완성한 책을 보니 나 자신이 대견하고 행복하다.

에디터인 돈 샤나펠트Dawn Schanafelt와 캐서린 드보락Katharine Dvorak에게 감사를 전한다. 그들은 인내심을 가지고 글을 더 나아지게 하고 힘든 순간을 이겨내게 해주었다. 프래그매틱 북셀프The Pragmatic Bookshelf 출판사에도 감사하다. 첫 번째 책을 쓰는 데 많은 가이드를 주었고 여러 크고 작은 일을 챙겨주었다. 리뷰와 베타리딩을 맡아준 분들께도 고마운 마음이다. 책에 대한 감상과 제안을 전해주고 오류를 짚어준 덕분에 더 나은 책이 되었다. 클린턴 베긴Clinton Begin, 아먼 다드가르Armon Dadgar, 벤 존슨Ben Johnson, 브라이언 케텔슨Brian Ketelsen, 제이 크렙스Jay Kreps, 니샨트 로이Nishant Roy, 윌리엄 루덴말름William Rudenmalm, 그리고 타일러 트리트Tyler Treat 모두에게 감사하다.

무료 및 오픈소스 소프트웨어 커뮤니티 덕분에 공부하고 변경하고 실행해볼 많은 코드를 얻을 수 있었다. 이 책에서 사용한 래프트Raft와 서프Serf 패키지를 오픈소스화하고, 많은 걸 배울 수 있었던 콘술Consul 서비스를 제공한 하시코프Harshcorp 사의 관계자 여러분께 특히 감사한 마음이다. 책을 쓰며 활용한 이맥스 에디터와 리눅스 OS에 기여한 분들, 그리고 고Go라는 간결하고 안정적이면서도 유용한 언어를 만들어준 분들께도 감사하다.

부모님인 데이브Dave와 트리샤 제프리Tricia Jeffery께 감사를 전한다. 나의 첫 컴퓨터와 프로그래밍 책을 사주셨고, 강한 직업윤리를 북돋아주셨다. 고등학교 때 영어 선생님이셨던 그라치아노 갈라티Graziano Galati께도 감사를 전한다. 내 인생의 꼭 필요한 때에 제대로 읽는 법을 가르쳐주셨다.

《반지의 제왕》저자인 J. R. R. 톨킨J. R. R. Tolkien에게도 감사하다. 절대 반지를 찾아 나선 프로도와 샘의 교감은 필자의 글쓰기 여정에 큰 도움이 되었다. 내 고양이인 캘리 제프리Calli Jeffery에게도 감사하다. 책을 1/4쯤 썼을 때 입양했는데, 그녀와의 토론은 빠르게 집필해나가는 데 도움이 되었다. 에밀리 데이비드슨Emily Davidson이 보내준 사랑과 지지, 그리고 그녀의 브로콜리 수프, 생강 콤부차, 말차에도 감사하다.

마지막으로 독자에게 감사를 전한다. 자립적으로 기술과 지식을 넓혀나가고, 우주에 여러분의 흔적을 남기려는 열망을 가진 독자 여러분께 감사한 마음이다.

트래비스 제프리

고Go는 도커Docker, etcd, Valut, 코크로치DBCockroachDB, 프로메테우스Prometheus, 쿠버네티스Kubernetes 프로젝트와 같은 분산 서비스를 만드는 데 필요한 가장 인기 있는 언어이다. 다만, 이처럼 잘 알려진 프로젝트가 많은데도 막상 이들을 어떻게 확장할 수 있는지, 또는 새로운 프로젝트들을 만들 수 있는지를 알려주는 자료는 없다.

분산 시스템을 만들려면 어디서부터 시작해야 할까? 필자는 학습하는 과정에서 다음과 같은 양극단의 자료만 찾을 수 있었다.

- **구현 코드**: 분산 서비스는 크고 복잡한 프로젝트다. 유명한 사람들이 팀을 이끌며 수년에 걸쳐 만들어왔다. 하지만 흥미로운 프로젝트들의 아이디어는 레이아웃이나 기술 부채, 스파게티 코드들에 뒤섞여서 어렵게 찾아내 배우려 해도 너무 비효율적이다. 심지어 오래되고 관련이 없는 기법이라 오히려 프로젝트를 만들 때 써서는 안 되는 것도 있다.

- **논문 초록과 서적**: 《데이터 중심 애플리케이션 설계》(위키북스, 2018)와 같은 책이나 논문은 분산 서비스 내의 데이터 구조와 알고리즘이 어떻게 작동하는지를 보여준다. 하지만 하나하나의 개념으로만 알려주기에, 이러한 개념들을 연결하고 실제 프로젝트에 적용하는 일은 온전히 각자의 몫이다.

여러분은 이러한 양극단 사이를 헤쳐 나가야 한다. 필자는 분산 서비스를 만드는 방법을 가르쳐주고 올바른 방향으로 이끌어주는 자료를 원했다. 분산 시스템 이면의 큰 개념을 설명하면서도 그 개념을 어떻게 구현할 수 있을지 보여주는 자료 말이다.

필자는 이 책이 그런 자료가 되기를 바란다. 이 책을 읽으면 자신만의 분산 서비스를 만들거나, 기존의 분산 서비스에 기여할 수 있게 될 것이다.

대상 독자

분산 서비스를 만드는 방법을 배우려는 중·상급 개발자, 특히 고 프로그래머를 위해 쓴 책이다. 고 프로그래밍 경험은 어느 정도만 있으면 충분하다. 분산 서비스를 어떻게 만드는지 보여주며, 개념을 이해하는 데는 어떤 언어를 사용하든 상관없다. 마침 고 언어로 분산 서비스를 만들고 있다면 더욱 좋겠지만, 이 책에서 이야기하는 아이디어는 어떤 언어로든 충분히 구현할 수 있다.

> **TIP** 이 책의 코드는 Go 1.18+ 버전으로 작동을 확인했다.

책의 구성

고 언어로 분산 서비스를 디자인하고 개발하며 배포deploy하는 내용을 다룬다. 저장소repository 핸들링에서 시작해 클라이언트 서버 간 네트워킹, 분산 서버 인스턴스, 배포, 테스트에 이르기까지 계층별로 서비스를 개발하고 배포해본다. 책의 내용도 이러한 계층에 따라 4개 부part로 나누어 설명한다. 낯선 기술들에 관해서는 각 장에서 자세히 설명한다.

1부: 시작

프로젝트의 저장 계층을 만들고 데이터 구조를 정의해본다. 프로젝트의 기본이 되는 요소들이다.

- **1장_ 프로젝트 시작**: 간단한 HTTP상의 JSON 커밋 로그 서비스를 만든다.
- **2장_ 프로토콜 버퍼와 구조체**: protobuf를 설정하고, 데이터 구조체들을 생성한 다음, 변경할 때마다 자동으로 코드를 생성하도록 만든다.
- **3장_ 로그 패키지 작성**: 서비스의 핵심인 '데이터를 저장하고 찾아내는 기능'을 가지는 커밋 로그 라이브러리를 만든다.

2부: 네트워크

서비스가 네트워크에서 작동하도록 만든다.

- **4장_ gRPC 요청 처리**: gRPC를 설정하고 서버와 클라이언트의 API들을 protobuf로 정의한 다음 서버와 클라이언트를 만든다.
- **5장_ 서비스 보안**: 요청request의 액세스 토큰access token으로 권한을 확인하고, SSL/TLS로 서버를 인증하여 서버와 클라이언트 사이의 데이터를 암호화해 연결 보안을 강화한다.
- **6장_ 시스템 관측**: 시스템을 모니터링할 수 있도록 로그, 메트릭metrics, 트레이스trace를 추가한다.

3부: 분산

서비스를 분산하여 가용성availability, 복원성resilience, 확장성scalability을 높인다.

- **7장_ 서버 간 서비스 디스커버리**service discovery: 서버들이 서로가 제공하는 서비스를 알 수 있도록 디스커버리 기능을 만든다.
- **8장_ 합의를 통한 서비스 간 조율**: 서버들의 작업을 합의로 조율할 수 있도록 하여 하나의 클러스터로 작동하게 한다.
- **9장_ 클라이언트 측 서버 디스커버리와 로드 밸런싱**: gRPC 클라이언트에 디스커버리 기능을 만들어서, 클라이언트가 로드 밸런싱을 하면서 서버를 찾고 연결하게 한다.

4부: 배포

서비스를 배포하여 활성화한다.

- **10장_ 로컬에서 쿠버네티스로 배포**: 쿠버네티스를 로컬 머신에 설정하고 클러스터를 실행시킨다. 클라우드에 배포할 준비도 한다.
- **11장_ 클라우드에 쿠버네티스로 배포**: GKEGoogle Kubernetes Engine에 쿠버네티스 클러스터를 생성하고 서비스를 배포한다. 이제 인터넷에서 서비스를 이용할 수 있다.

책을 순서대로 읽으며 프로젝트를 만들어갈 수도 있지만, 필요한 부분만을 찾아가며 읽어도 문제없다.

소스 코드

원서 코드는 프래그매틱 북셸프의 웹사이트에서 내려받을 수 있다.

- https://pragprog.com/book/tjgo

역자가 작동을 검토하고 수정한 코드는 다음 깃허브 저장소에서 내려받을 수 있다. 이 책의 코드는 원서의 오류를 수정한 것이다.

- https://github.com/nicewook/distributed-services-with-go

1

프로젝트 시작

필자는 프로그래머로서 C, 루비Ruby, 파이썬Python, 자바스크립트JavaScript, 자바Java, 엘릭서Elixir, 얼랭Erlang, 배시Bash 등의 프로그래밍 언어를 써왔다. 언어마다 매력적인 장점이 많은 만큼 신경 쓰이는 단점 역시 많았다. C는 모듈이 없었고 루비는 느렸다. 자바스크립트의 자료형 체계type system는 안정성이 불안했다.

이는 마치 요리사가 용도에 맞게 다양한 칼을 골라 쓰는 것처럼, 언어들마다 사용하기에 적합한 상황과 용도가 있다는 걸 의미한다. 요리사가 큰 뼈를 자를 때는 커다란 푸주 칼을 쓰고 작고 섬세한 작업을 할 때는 작은 과도를 쓰듯이, 개발자가 큰 규모의 객체지향 프로그램을 짠다면 자바를 쓸 것이고 작은 스크립트를 짜야 한다면 배시를 쓸 것이다.

그래도 필자는 언제나 거의 모든 상황에 쓸 수 있으면서도 거슬리는 단점이 없는 언어를 원했다.

그리고 마침내 고Go 언어를 만났다. 고의 특징은 다음과 같다.

- 루비 같은 인터프리터 언어보다 빠른 컴파일 언어이다.
- 동시성 프로그래밍을 쉽게 작성할 수 있다.
- 하드웨어에서 바로 실행할 수 있다.
- 패키지와 같은 최신 기능을 사용할 수 있으면서도 클래스 등 불필요한 기능들은 제외했다.

고의 장점은 이 외에도 많다. 그런 만큼 단점도 있지 않을까 싶지만, 필자에게는 거슬리는 문제점이 전혀 없다. 고를 설계한 사람이 필자를 귀찮게 하는 다른 언어들의 문제점들을 모두 없애준 것이 아닐까 싶은 정도다. 고는 필자가 처음 프로그래밍을 사랑하게 되었을 때를 떠올리게 했다. 만약 프로그램의 무엇인가가 잘못되었다면, 언어의 수많은 기능에 압도되어 생긴 문제가 아니라 바로 필자의 잘못일 것이다. 자바가 푸주 칼, 배시가 과도라면 고는 일본도Katana라 하겠다. 사무라이는 일본도를 자기 몸이 확장된, 자신의 일부로 본다고 한다. 자신이 평생을 바쳐 완전하게 다룰 가치가 있는 대상, 그것이 고를 바라보는 필자의 감정이다.

소프트웨어 분야에서 고 언어가 가장 큰 영향을 끼친 분야라면 역시 분산 시스템이라 하겠다. 도커Docker나 쿠버네티스Kubernetes, etcd, 프로메테우스Prometheus와 같은 프로젝트들은 고로 개발되었다. 구글은 직면했던 소프트웨어적인 문제들을 풀고자 고 언어와 고의 표준 라이브러리를 개발했다. 멀티코어 프로세서와 네트워크 시스템, 대량의 연산 클러스터, 다시 말해 분산 시스템과 큰 규모의 코드 줄 수, 프로그래머들, 머신들을 고려해서 고를 개발한 것이다. 고 프로그래머라면 이런 시스템을 사용해보았을 것이다. 어떤 식으로 작동하고, 디버깅하고, 기여할 수 있는지 궁금할 것이고 나아가 유사한 프로젝트를 만들고 싶을 것이다. 필자가 그랬다. 회사에서는 도커와 쿠버네티스를 사용했고, 개인적으로 카프카Kafka(분산 커밋 로그)를 고 언어로 구현한 Jocko를 만들었다.

고 언어로 이 모든 걸 만들려면 어디서부터 시작해야 할까? 분산 서비스를 만드는 프로젝트는 결코 작거나 쉬운 일이 아니다. 모든 기능을 한 번에 구현하려 한다면 코드들은 엉망진창이 되고 머릿속은 터져 나갈 것이다. 하나씩 차근히 프로젝트를 만들자. 우선 HTTP 서비스를 이용하여 커밋 로그 JSON을 구현해보는 게 좋다. 고를 이용해 HTTP 서버를 구현해본 적이 없더라도 문제없다. API를 만들어 클라이언트가 네트워크를 통해 호출하는 방법을 알려줄 것이다. 커밋 로그 API에 관해 먼저 배운 다음, 코드를 작성할 환경 설정을 해보자. 이후 이 책을 따라가며 프로젝트를 만들어보자.

1.1 분산 시스템에 HTTP의 JSON 서비스 적용하기

HTTP상의 JSON API는 웹에서 가장 일반적으로 사용하는 API이다. 대부분의 언어가 JSON을 기본적으로 지원하므로 만들기 쉽기 때문이다. 또한 JSON은 사람이 읽기 쉽고, HTTP API는 터미널에서 curl로 호출하거나 브라우저로 사이트를 열기만 하면 된다. HTTP 클라이언트도 많다. 시도해보고 싶은 좋은 웹 서비스 아이디어가 있고 사람들에게 빨리 소개하고 싶다면, JSON/HTTP로 바로 만들 수 있다.

JSON/HTTP는 작은 웹 서비스에만 적합한 것이 아니다. 웹 서비스를 제공하는 대부분의 기술 업체가 적어도 하나의 JSON/HTTP API를 제공하는데, 회사 내 프런트엔드 엔지니어가 사용하거나 외부 엔지니어가 서드파티 애플리케이션을 만들 때 사용한다. 회사 내부에서만 사용하는 웹 API라면,

protobuf 같은 기술을 사용하여 (JSON/HTTP가 제공하지 않는) 자료형 검사type checking나 버전 관리 등의 기능을 넣어주는 이점을 누릴 수도 있겠지만, 외부에 개방할 때는 역시 접근성이 좋은 JSON/HTTP를 사용한다. 필자가 몸담아 온 회사들 역시 이 아키텍처를 사용했다. 세그먼트Segment 사에서는 수년간 JSON/HTTP 기반 아키텍처로 월 수천억 개의 API 호출을 처리했고, 이후 내부 서비스는 protobuf/gRPC로 효율성을 개선했다. 베이스캠프Basecamp 사에서는 (필자가 아는 한 현재까지도) 모든 서비스가 JSON/HTTP 기반으로 제공된다.

JSON/HTTP는 인프라스트럭처 프로젝트의 API에 잘 맞는다. 유명한 오픈소스인 일래스틱서치 Elasticsearch(분산 검색 엔진)나 etcd(유명한 키-값 저장소, 쿠버네티스를 포함해 많은 프로젝트에서 사용) 같은 프로젝트들도 고객이 사용하는 API로 JSON/HTTP를 사용하며, 내부 노드 간 통신에는 성능 향상을 위해 그들만의 바이너리 프로토콜을 사용한다. JSON/HTTP로 어떠한 서비스든 만들 수 있다는 의미다.

고는 표준 라이브러리만으로 JSON을 사용하는 HTTP 서버를 만들 수 있으며, JSON/HTTP 웹 서비스를 만드는 데 아무 문제가 없다. 필자도 루비, Node.js, 자바, 파이썬으로 JSON/HTTP 서비스를 만들어왔지만, 고가 가장 만들기 좋았다. 고의 선언 태그와 표준 라이브러리의 **encoding/json** 패키지를 사용하면 직렬화marshaling가 한결 간편하다. 이제부터 만들어보자.

1.2 프로젝트 환경 설정하기

프로젝트 디렉터리부터 만들자. 의존성에 대해서는 GOPATH를 이용하지 않고 Go 1.13+ 버전부터 지원하는 modules[1]를 사용하겠다. 프로젝트명은 **proglog**로 지정하자. 터미널을 열고 다음 명령을 실행하면 프로젝트 기본 설정이 이루어진다.

```
$ mkdir proglog
$ cd proglog
$ go mod init github.com/travisjeffery/proglog
```

travisjeffery 부분에는 자신의 깃허브GitHub 사용자 이름을 쓰고, github.com 부분 역시 비트버 킷Bitbucket 등의 서비스를 사용한다면 그에 맞춰서 수정한다. 이 책에서는 임포트 경로import path로 github.com/travisjeffery/proglog를 사용한다는 걸 잊지 말자.

---

1   https://github.com/golang/go/wiki/Modules

1.3 커밋 로그 프로토타입 만들기

커밋 로그에 관해서는 지속적인 커밋 로그 라이브러리를 만들 3장에서 자세히 다루겠다. 당장은 커밋 로그가 추가만 할 수 있는 데이터 구조체라는 점만 기억하자. 연속한 레코드로 이루어지며 시간순으로 정렬된다. 이처럼 간단한 커밋 로그는 슬라이스로 만든다.

프로젝트 폴더 아래에 **internal/server** 디렉터리를 만들고 다음 코드로 **log.go** 파일을 만들자.

LetsGo/internal/server/log.go

```go
package server

import (
    "fmt"
    "sync"
)

type Log struct {
    mu      sync.Mutex
    records []Record
}

func NewLog() *Log {
    return &Log{}
}

func (c *Log) Append(record Record) (uint64, error) {
    c.mu.Lock()
    defer c.mu.Unlock()
    record.Offset = uint64(len(c.records))
    c.records = append(c.records, record)
    return record.Offset, nil
}

func (c *Log) Read(offset uint64) (Record, error) {
    c.mu.Lock()
    defer c.mu.Unlock()
    if offset >= uint64(len(c.records)) {
        return Record{}, ErrOffsetNotFound
    }
    return c.records[offset], nil
}

type Record struct {
    Value  []byte `json:"value"`
    Offset uint64 `json:"offset"`
```

```
}

var ErrOffsetNotFound = fmt.Errorf("offset not found")
```

로그에 레코드를 추가하려면 슬라이스에 추가한다. 인덱스로 레코드를 읽는다는 건 슬라이스의 해당 인덱스의 레코드를 찾는다는 것이다. 클라이언트가 찾는 오프셋이 없으면, 오프셋을 찾을 수 없다는 에러를 리턴한다. 아직은 프로토타입이기에 구현이 단순하다. 여기서부터 살을 붙여나가자.

> **CAUTION** **예제 코드 파일 경로의 네임스페이스는 무시하자:** 예제 코드의 파일 경로가 internal/server/log.go가 아니라 LetsGo/internal/server/log.go로 되어 있다. 앞으로 살펴볼 예제 코드들도 장chapter마다 서로 다른 네임스페이스를 추가할 것이다. 책을 쓰면서 필요에 따라 추가한 것이니 실제 경로는 이를 빼고 생각하자.

1.4 HTTP의 JSON 만들기

JSON/HTTP 웹 서버를 만들어보자. 고 웹 서버는 API 하나의 엔드포인트마다 하나의 함수로 구성된다. 바로 **net/http** 패키지의 HandleFunc(pattern string, handler(ResponseWriter, *Request)) 함수다. 두 개의 엔드포인트를 만들어보자. 로그에 쓰는 생산(Produce)과 로그에서 읽는 소비(Consume)이다. JSON/HTTP 웹 서버를 만들 때 각 핸들러(리스너)는 다음 세 단계로 구성한다.

1. 요청request의 JSON 본문body을 구조체로 역직렬화하기
2. 요청에 관한 엔드포인트의 로직을 실행해서 결과 얻기
3. 결과를 직렬화하여 응답response에 쓰기

핸들러가 좀 더 복잡해지면 코드를 분리하고, 요청–응답 처리를 미들웨어로 옮기고, 비즈니스 로직을 스택의 좀 더 아래쪽으로 옮겨야 한다.

HTTP 서버에 사용자를 위한 함수를 추가해보자. **server** 디렉터리에 **http.go** 파일을 만들어 다음 코드를 넣는다.

LetsGo/internal/server/http.go
```
package server

import (
    "encoding/json"
    "net/http"
    "github.com/gorilla/mux"
)
```

```go
func NewHTTPServer(addr string) *http.Server {
    httpsrv := newHTTPServer()
    r := mux.NewRouter()
    r.HandleFunc("/", httpsrv.handleProduce).Methods("POST")
    r.HandleFunc("/", httpsrv.handleConsume).Methods("GET")
    return &http.Server{
        Addr: addr,
        Handler: r,
    }
}
```

NewHTTPServer(addr string) 함수는 서버의 주소를 매개변수parameter로 받아서 *http.Server
를 리턴한다. 많이들 쓰는 **gorilla/mux** 패키지를 사용해 요청request을 대응하는 핸들러에 짝지
어 주었다. / 엔드포인트를 호출하는 HTTP POST 요청은 produce 핸들러가 처리하여 레코드를 로
그에 추가하도록 했고, / 엔드포인트를 호출하는 HTTP GET 요청은 consume 핸들러가 처리하
여 로그에서 레코드를 읽도록 했다. 생성한 httpServer는 *net/http.Server로 다시 싸서 사용자는
ListenAndServe()를 이용해 요청을 처리할 수 있다.

이어서 서버를 정의하고 요청과 응답 구조를 정의해보자. NewHTTPServer(addr string)에 이어서
다음 코드를 추가하자.

LetsGo/internal/server/http.go
```go
type httpServer struct {
    Log *Log
}

func newHTTPServer() *httpServer {
    return &httpServer{
        Log: NewLog(),
    }
}

type ProduceRequest struct {
    Record Record `json:"record"`
}

type ProduceResponse struct {
    Offset uint64 `json:"offset"`
}

type ConsumeRequest struct {
    Offset uint64 `json:"offset"`
```

```
}

type ConsumeResponse struct {
    Record Record `json:"record"`
}
```

서버는 로그를 참조하고, 참조하는 로그를 핸들러에 전달한다. ProduceRequest는 호출자가 로그에 추가하길 원하는 레코드를 담고, ProduceResponse는 호출자에게 저장한 오프셋offset을 알려준다. ConsumeRequest는 원하는 레코드의 오프셋을 담고, ConsumeResponse는 오프셋에 위치하는 레코드를 보내준다. 30여 줄의 코드만으로 이 정도의 서버를 만들어냈다.

이제 서버의 핸들러를 만들자. 앞의 코드에 이어서 다음 내용을 추가하자.

LetsGo/internal/server/http.go
```
func (s *httpServer) handleProduce(w http.ResponseWriter, r *http.Request) {
    var req ProduceRequest
    err := json.NewDecoder(r.Body).Decode(&req)
    if err != nil {
        http.Error(w, err.Error(), http.StatusBadRequest)
        return
    }
    off, err := s.Log.Append(req.Record)
    if err != nil {
        http.Error(w, err.Error(), http.StatusInternalServerError)
        return
    }
    res := ProduceResponse{Offset: off}
    err = json.NewEncoder(w).Encode(res)
    if err != nil {
        http.Error(w, err.Error(), http.StatusInternalServerError)
        return
    }
}
```

produce 핸들러는 앞에서 이야기한 세 단계로 구현했다. 요청을 구조체로 역직렬화하고, 로그에 추가한 다음, 오프셋을 구조체에 담아 직렬화하여 응답한다. consume 핸들러도 유사하다. 다음 코드를 produce 핸들러에 이어서 넣어주자.

```go
func (s *httpServer) handleConsume(w http.ResponseWriter, r *http.Request) {
    var req ConsumeRequest
    err := json.NewDecoder(r.Body).Decode(&req)
    if err != nil {
        http.Error(w, err.Error(), http.StatusBadRequest)
        return
    }
    record, err := s.Log.Read(req.Offset)
    if err == ErrOffsetNotFound {
        http.Error(w, err.Error(), http.StatusNotFound)
        return
    }
    if err != nil {
        http.Error(w, err.Error(), http.StatusInternalServerError)
        return
    }
    res := ConsumeResponse{Record: record}
    err = json.NewEncoder(w).Encode(res)
    if err != nil {
        http.Error(w, err.Error(), http.StatusInternalServerError)
        return
    }
}
```

consume 핸들러는 produce 핸들러와 비슷한 구조이지만 Read(offset uint64)를 호출하여 로그에서 레코드를 읽어낸다. 이 핸들러는 좀 더 많은 에러 체크를 하여 정확한 상태 코드status code를 클라이언트에 제공한다. 서버가 요청을 핸들링할 수 없다는 에러도 있고, 클라이언트가 요청한 레코드가 존재하지 않는다는 에러도 있다.

서버 라이브러리는 모두 만들었다. 이 라이브러리를 사용하여 실행하는 프로그램을 만들어보자.

1.5 서버 실행하기

서버를 실행하려면 main() 함수를 포함한 **main** 패키지를 만들어야 한다. 프로젝트 디렉터리에 **cmd/server** 디렉터리를 만들고 **main.go** 파일에 다음 코드를 넣어주자.

LetsGo/cmd/server/main.go

```go
package main

import (
```

```
    "log"
    "github.com/travisjeffery/proglog/internal/server"
)

func main() {
    srv := server.NewHTTPServer(":8080")
    log.Fatal(srv.ListenAndServe())
}
```

main() 함수는 서버를 생성하고 실행하는 것이 전부이다. (localhost:8080)이라는 주소_address_ 정보만 넣어주고, 요청을 받아서 처리하겠다는 ListenAndServe() 메서드를 실행한다. 직접 만든 httpServer를 *net/http.Server의 NewHTTPServer() 함수로 감싸서 추가적인 관련 코드 작성을 줄였다.

이제 서비스를 테스트해보자.

1.6 API 테스트하기

서버를 실행하면 JSON/HTTP 커밋 로그 서비스가 활성화되고 curl 명령으로 테스트할 수 있다. 먼저 다음 명령으로 서버를 실행하자.

```
$ go run main.go
```

터미널에 또 하나의 탭을 열어서 다음 curl 명령으로 레코드들을 로그에 추가해보자.

```
$ curl -X POST localhost:8080 -d \
'{"record": {"value": "TGV0J3MgR28gIzEK"}}'
$ curl -X POST localhost:8080 -d \
'{"record": {"value": "TGV0J3MgR28gIzIK"}}'
$ curl -X POST localhost:8080 -d \
'{"record": {"value": "TGV0J3MgR28gIzMK"}}'
```

고의 encoding/json 패키지는 []byte를 base64-encoding string으로 인코딩한다. 그래서 앞의 curl 명령에 이미 base64로 인코딩된 "value"를 넣었다. 다음 curl 명령을 실행하면 이번에는 로그에서 각각의 오프셋에 해당하는 레코드를 서버로부터 응답받는다.

```
$ curl -X GET localhost:8080 -d '{"offset": 0}'
```

```
$ curl -X GET localhost:8080 -d '{"offset": 1}'
$ curl -X GET localhost:8080 -d '{"offset": 2}'
```

축하한다. 이제 막 간단한 JSON/HTTP 서비스를 만들고 작동을 확인했다.

1.7 마치며

1장에서는 JSON/HTTP 커밋 로그 서비스를 만들어보았다. JSON으로 요청을 받고 응답을 보내며, 메모리 로그에 저장했다. 다음에는 프로토콜 버퍼를 사용해서 API 자료형을 관리하고 코드를 생성한 다음 gRPC 서비스를 만들어보자. gRPC는 오픈소스 고성능 RPCremote procedure call 프레임워크로, 분산 서비스를 만들기에 매우 좋다.

## CHAPTER 2

프로토콜 버퍼와 구조체

분산 서비스에서 서비스들은 네트워크로 통신한다. 구조체와 같은 데이터를 네트워크로 보내려면 우선 데이터를 전송할 수 있는 형태로 인코딩해야 한다. 대표적인 형태가 JSON이다. public API 또는 클라이언트를 통제할 수 없는 프로젝트를 만든다면 JSON을 선택한다. JSON은 사람이 읽기에도 컴퓨터가 파싱하기에도 좋다. 하지만 private API 또는 클라이언트를 통제할 수 있는 상황이라면 JSON보다 더 나은 데이터 구조화와 전송 방식을 선택할 수 있다. 생산성이 더 높으면서도 빠르고 기능도 많으며 버그도 적은 서비스를 만들 수 있는 인코딩 방식 말이다.

그게 바로 **프로토콜 버퍼**Protocol Buffers(이하 **protobuf**)이다. 구글에서 만든 protobuf는 언어와 플랫폼에 상관없이 쓸 수 있고 확장할 수 있는, 데이터를 구조화하고 직렬화하는 메커니즘이다. protobuf의 장점은 다음과 같다.

- 자료형 안정성type safety 보장
- 스키마 위반 방지
- 빠른 직렬화
- 하위 호환성 제공

protobuf를 사용하면 데이터 구조를 정의할 수 있고, protobuf가 지원하는 많은 언어의 코드로 컴파일할 수 있으며, 이후 구조화된 데이터를 다른 데이터 스트림에 쓰거나 읽을 수 있다. 프로토콜 버퍼는 마이크로서비스microservice와 같은 두 시스템 사이에서 통신하기에 좋다. 구글이 고성능 RPC 프레임워크를 개발하고자 gPRC를 만들 때 protobuf를 사용한 이유이다.

protobuf를 써본 적이 없다면 추가 작업이 너무 많다고 생각할 수 있다. 하지만 이번 2장부터 책을 읽어가며 계속 protobuf를 써본다면 점점 더 마음에 들 것이다. JSON보다 장점이 많으며 결국은 해야할 일이 줄어든다.

간단한 예제를 살펴보자. 예제는 프로토콜 버퍼가 어떤 모양이고 어떻게 작동하는지를 보여준다. 트위터Twitter에서 일하며 Tweets 객체 유형object type을 다뤄야 한다고 상상해보자. Tweets는 최소한 작성자의 메시지가 있어야 한다. protobuf로 정의하면 다음과 같다.

StructureDataWithProtobuf/example.proto

```
syntax = "proto3";

package twitter;

message Tweet {
    string message = 1;
}
```

이제 원하는 언어로 컴파일해야 한다. 예를 들어 protobuf 컴파일러는 다음과 같은 고 코드를 생성할 것이다.

StructureDataWithProtobuf/example.pb.go

```
// Code generated by protoc-gen-go. DO NOT EDIT.
// source: example.proto

package twitter

type Tweet struct {
    Message string `protobuf:"bytes,1,opt,name=message,proto3"
json:"message,omitempty"`
    // 참고: Protobuf는 내부 필드와 메서드도 생성하는데
    // 여기서는 생략했다.
}
```

하지만 왜 직접 고 코드를 짜지 않는 걸까? protobuf를 쓰는 이유는 무엇일까? 지금부터 알아보자.

2.1 프로토콜 버퍼를 쓰는 이유

protobuf는 다음과 같은 여러 유용한 기능을 제공한다.

2.1.1 일관된 스키마

protobuf로 의미하는 바semantics를 인코딩하고 서비스 전반에 걸쳐 사용하면 전체 시스템의 일관성이 보장된다. 필자가 일한 회사들은 마이크로서비스를 사용했는데, 당시 동료들과 함께 인프라스트럭처를 만들었다. 'structs'라는 저장소를 두고 protobuf와 컴파일한 코드를 모아두었으며 모든 서비스가 여기에 의존하게 했다. 덕분에 여러 개의 일관성 없는 스키마를 제품에 사용할 위험을 없앨 수 있었다. 또한, 고 언어의 자료형 검사 덕분에 구조체 의존성을 업데이트하고 변경한 데이터 모델을 테스트할 수 있었다. 컴파일과 테스트를 마치면 스키마의 일관성에 문제가 없는지 확인할 수 있다.

2.1.2 버전 관리 제거

구글이 protobuf를 만든 이유 중 하나는 버전을 확인할 필요성을 없애고 다음과 같은 지저분한 코드 작성을 피하려는 것이었다.

StructureDataWithProtobuf/example.go

```go
if (version == 3) {
    ...
} else if (version > 4) {
    if (version == 5) {
        ...
    }
    ...
}
```

protobuf 메시지protobuf message를 Go 구조체라고 생각하자. 메시지를 컴파일하면 구조체가 된다. protobuf에서는 메시지의 필드마다 번호를 매기는데, 새로운 기능을 내놓거나 변경할 때 하위 호환성을 관리하려는 것이다. 덕분에 새로운 필드를 추가하기 쉽고, 파싱하고 전달만 하는 중간 서버는 모든 필드를 알 필요가 없다. 필드를 제거할 때는 더 이상 사용하지 않는 필드에 'reserved'라고 표시만 하면, 컴파일할 때 해당 필드를 사용하려는 코드가 있는지 체크해준다.

2.1.3 줄어드는 보일러플레이트 코드

컴파일로 생성한 protobuf 라이브러리에 인코딩과 디코딩 메서드가 만들어진다. 직접 관련 코드를 짤 필요가 없다.

2.1.4 확장성

protobuf 컴파일러는 확장을 지원한다. 자신만의 컴파일 로직으로 protobuf를 컴파일할 수 있다는 뜻이다. 예를 들어 여러 구조체가 공통의 메서드method를 가지게 하려면, protobuf에서 자동으로 해당 메서드를 생성하는 플러그인을 만들 수 있다.

2.1.5 언어 불가지론

protobuf는 많은 언어를 지원한다. protobuf 버전 3.0 이후로 C++, 고, 자바, 파이썬, 루비, C#, 오브젝티브-C, PHP를 지원하며 서드파티들이 다른 언어들을 지원해주기도 한다. 서로 다른 언어로 만들어진 서비스 간에 통신할 때 별도의 작업도 필요 없다. 이러한 언어 불가지론language agnosticism[1]은 여러 언어로 개발하려는 다양한 팀이 있는 회사에서, 또는 팀이 사용하는 언어를 다른 언어로 바꾸려는 상황에서 매우 유용하다.

2.1.6 성능

고성능이며 페이로드payload가 적고, 직렬화할 때 JSON보다 6배나 빠르다.[2] gPRC는 API 정의 및 메시지 직렬화에 프로토콜 버퍼를 사용한다. 우리가 만들 서버와 클라이언트에도 gPRC를 쓸 것이다.

이 정도면 protobuf가 상당히 좋다고 판단될 것이다. 그래도 따분한 이론보다는 실전이다. protobuf를 생성하고 이를 이용해서 빌드해보자.

2.2 프로토콜 버퍼 컴파일러 설치하기

프로토콜 버퍼 컴파일러를 설치해보자. 깃허브의 protobuf 릴리스(배포) 페이지[3]에서 설치하려는 컴퓨터에 맞는 릴리스를 다운로드하자. 이 책에서는 macOS 기준으로 **protoc-3.19.4-osx-x86_64.zip**를 다운로드한다. 터미널에서 다음과 같이 설치할 수 있다.

---

1   옮긴이 '인간은 신의 존재를 알 수 없다'는 불가지론에서 비롯된 말로, 특정 언어에 국한되지 않는다는 뜻이다.
2   https://auth0.com/blog/beating-json-performance-with-protobuf
3   https://github.com/protocolbuffers/protobuf/releases

```
$ wget https://github.com/protocolbuffers/protobuf/\
releases/download/v3.19.4/protoc-3.19.4-linux-x86_64.zip
$ unzip protoc-3.19.4-linux-x86_64.zip -d ~/.local/protobuf
$ rm ./protoc-3.19.4-linux-x86_64.zip
```

protobuf 디렉터리를 보면 다음과 같다.

```
> tree ~/.local/protobuf
~/.local/protobuf
├──     bin
│   └──     protoc
├──     include
│   └──     google
│       └──     protobuf
│           ├──     any.proto
│           ├──     api.proto
│           ├──     compiler
│           │   └──     plugin.proto
│           ├──     descriptor.proto
│           ├──     duration.proto
│           ├──     empty.proto
│           ├──     field_mask.proto
│           ├──     source_context.proto
│           ├──     struct.proto
│           ├──     timestamp.proto
│           ├──     type.proto
│           └──     wrappers.proto
└──     readme.txt
```

bin 디렉터리에는 protoc이라는 컴파일러 바이너리가 있고, include 디렉터리에는 protobuf의 표준 라이브러리라 할 수 있는 protobuf 파일들이 있다. 컴파일러 바이너리만 설치하고 include 디렉터리의 protobuf 파일들을 설치하지 않는 경우가 많은데, 그러면 제대로 컴파일되지 않는다.

설치가 끝났으면 PATH 환경 변수에 추가하여 어디서든 실행할 수 있도록 한다. ZSH를 사용한다면 다음과 같이 설정한다.

```
$ echo 'export PATH="$PATH:$HOME/.local/protobuf/bin"' >> ~/.zshenv
$ source ~/.zshenv
```

protobuf 컴파일러가 제대로 설치되었는지 $ protoc --version 명령으로 확인해보자. 에러 없이 버전 정보가 제대로 출력된다면 protobuf를 작성하고 컴파일할 준비가 끝났다.

2.3 프로토콜 버퍼로 도메인 자료형 정의하기

1장에서 Record 자료형을 다음과 같은 Go 구조체로 정의했다.

LetsGo/internal/server/log.go

```go
type Record struct {
    Value []byte `json:"value"`
    Offset uint64 `json:"offset"`
}
```

이를 protobuf 메시지로 바꾸려면 고 코드를 protobuf 문법에 맞게 바꿔주어야 한다.

고 프로젝트에서는 보통 **api** 디렉터리에 protobuf를 둔다. 터미널에서 다음 명령으로 프로젝트 디렉터리와 **api/v1** 디렉터리를 만들자.

```
$ mkdir -p StructureDataWithProtobuf/api/v1
```

해당 디렉터리에 **log.proto** 파일을 만들고 다음 코드를 추가하자.

StructureDataWithProtobuf/api/v1/log.proto

```proto
syntax = "proto3";

package log.v1;

option go_package = "github.com/travisjeffery/api/log_v1";

message Record {
    bytes value = 1;
    uint64 offset = 2;
}
```

protobuf 코드를 들여다보자. 우선 현재 최신 버전인 proto3을 사용한다고 명시했다. 그리고 패키지명을 명시했는데, 이 이름은 생성된 고 코드의 패키지명으로 쓰이며, 같은 이름을 가진 메시지 자료형 사이의 충돌을 막아준다.

protobuf 메시지는 앞에서 언급한 Go 구조체와 대응한다. 두 문법이 매우 비슷하다는 걸 알 수 있다. Go 구조체가 protobuf 메시지이며 둘 다 필드field들로 이루어진다. Go에서는 필드명이 왼쪽, 자료형이 오른쪽이지만, protobuf에서는 자료형이 왼쪽, 필드명이 오른쪽이며 ID까지 넣어준다.

패키지 선언을 한 다음에 Record 자료형을 정의한다. 프로토콜 버퍼에서는 `repeated` 키워드를 사용해 자료형의 슬라이스를 정의한다. 따라서 `repeated Record records`는 records 필드가 고 코드로는 []Record 자료형이라는 의미이다.

앞서 protobuf의 유용한 기능으로 필드에 버전을 부여할 수 있다고 설명했다. 각각의 필드는 자료형과 이름, 그리고 고유unique한 필드 번호를 가진다. 직렬화하면 해당 필드 번호가 해당 필드의 ID가 된다. 따라서 프로젝트에서 protobuf 메시지를 쓰기 시작했다면 필드 번호를 바꾸면 안 된다. 필드를 불변이라 생각하자. 필드를 바꿀 수는 없고, 예전 필드의 사용을 멈추고 새로운 필드를 사용하는 것이다. 단순히 기능이나 데이터를 메시지에서 추가하거나 삭제하는 작고 반복적인 변경이라면 이렇게 사용하자.

메시지들은 메이저 버전으로 구분할 수 있다. 인프라스트럭처 전체의 아키텍처를 새롭게 하거나 마이그레이션을 위해 여러 메시지 버전을 동시에 운영하려 할 때 메이저 버전을 이용한다. 대부분의 경우에는 필드 버전으로 충분하므로 메이저 버전에 따른 충돌 문제는 거의 없다. 필자도 메이저 버전 충돌 문제는 딱 두 번 겪었는데, 구글의 API 정의[4]에 따르면 그들도 겨우 두어 번 경험했다. 메이저 버전을 바꾸는 건 매우 드문 일이지만, 필요할 때를 대비해 알아두자.

앞서 **log.proto** 파일을 **api/v1** 디렉터리에 넣으라고 설명했다. 여기서 **v1**이라는 디렉터리명이 메이저 버전을 뜻한다. 프로젝트를 계속 만들어가다가 API 호환성을 깨기로 했다면 **v2** 디렉터리를 만들고 새로운 메시지를 추가한다. 그리고 사용자들에게 호환성이 없는 API 변경이 있음을 알려준다.

이제 **log.proto** 파일을 컴파일하여 고 코드를 생성해보자.

2.4 프로토콜 버퍼 컴파일하기

protobuf를 원하는 프로그래밍 언어로 컴파일하려면 해당 언어의 런타임이 필요하다.

고는 이 작업을 위한 두 개의 런타임이 있다. 구글의 Go 팀과 protobuf 팀이 먼저 런타임[5]을 개발했다. 그리고 좀 더 많은 코드 생성 기능과 더 빠른 직렬화 및 역직렬화를 원했던 외부 팀이 이를 포크fork하여 **gogoprotobuf**를 개발했다. etcd, 메소스Mesos, 쿠버네티스, 도커, 코크로치DBCockroachDB, NATS와 같은 프로젝트들과 드롭박스Dropbox, 센드그리드Sendgrid와 같은 회사들이 **gogoprotobuf**를

---

4   https://github.com/googleapis/googleapis

5   https://github.com/golang/protobuf

사용한다. 필자 역시 프로젝트들을 쿠버네티스 프로토콜 버퍼에 통합하고 추가 기능을 사용하고자 gogoprotobuf를 사용했다.

2020년 3월, Go 팀은 프로토콜 버퍼를 위해 성능을 향상한 Go API(APIv2)[6]라는 메이저 버전과, gogoprotobuf처럼 기능을 추가할 수 있는 리플렉션reflection API를 배포했다. gogoprotobuf를 사용하던 프로젝트들[7]은 APIv2[8]로 마이그레이션하기 시작했다. 성능이 더 낫기도 했고,[9] 새로운 reflection API과 gogoprotobuf가 호환되지 않는 점을 해결해야 했으며, gogoprotobuf 프로젝트에 새로운 오너십[10]이 필요하기도 했다. 현재로서는 APIv2를 사용하기를 추천한다.

protobuf를 고로 컴파일하려면 protobuf 런타임부터 설치해야 한다.

```
$ go install google.golang.org/protobuf/...@v1.27.1
```

이제 프로젝트 루트에서 다음 명령어를 실행하면 protobuf를 컴파일할 수 있다.

```
$ protoc api/v1/*.proto \
    --go_out=. \
    --go_opt=paths=source_relative \
    --proto_path=.
```

api/v1 디렉터리에 **log.pb.go** 파일이 생성되었다. 파일을 열어보면 컴파일러가 protobuf 파일로부터 생성한 고 코드를 볼 수 있다. protobuf 메시지가 Go 구조체로 생성되었고, 구조체를 protobuf 바이너리 와이어 포맷binary wire format으로 직렬화해주는 메서드들과 필드 값을 가져오는 **getter**들도 생성되었다.

protobuf가 바뀔 때마다 컴파일해야 하므로 **Makefile** 파일에 compile이라는 타깃을 만들어두면 편리하다. 만드는 김에 테스트를 위한 **test** 타깃도 만들자. 프로젝트의 루트 디렉터리에 다음과 같이 **Makefile** 파일을 만들자.

---

6   https://github.com/alexshtin/proto-bench/blob/master/README.md

7   https://github.com/istio/api/pull/1607

8   https://github.com/envoyproxy/go-control-plane/pull/226

9   https://github.com/istio/istio/pull/24956

10 https://github.com/gogo/protobuf/issues/691

```
compile:
    protoc api/v1/*.proto \
        --go_out=. \
        --go_opt=paths=source_relative \
        --proto_path=.
test:
    go test -race ./...
```

컴파일을 거쳐 고 코드까지 생성해보았다. 이제 생성한 코드를 이용하는 방법과, 컴파일러를 확장하여 자신만의 코드를 만드는 방법을 알아보자.

2.5 생성한 코드를 이용하여 작업하기

log.pb.go는 1장에서의 **log.go**보다 훨씬 긴데, 직렬화를 구현한 코드들도 있기 때문이다. 하지만 사용하는 방법은 다르지 않다. 예를 들어 & 연산자(또는 new 키워드)를 이용해 인스턴스를 생성하고, 마침표(.)를 이용하여 필드에 접근한다.

컴파일러는 생성한 구조체에 다양한 메서드를 함께 생성한다. 다만, 직접적으로는 getter들만 사용한다. 구조체의 필드에 직접 접근할 수 있다면 그래도 되지만, 여러 메시지에 같은 getter들이 있고 이를 인터페이스로 추상화하고 싶다면 getter가 유용하게 쓰인다. 예를 들어보자. 아마존Amazon 같은 판매 사이트를 만들어 책이나 게임 등 여러 종류의 상품을 판매한다고 가정하자. 상품들은 모두 가격 필드가 있다. 고객의 장바구니에 있는 상품들의 총액을 계산하고 싶다면 어떻게 할까? 먼저 Pricer 라는 인터페이스를 만들고 Total이라는 함수가 Pricer 슬라이스를 매개변수로 받도록 한다. 코드는 다음과 같다.

```
type Book struct {
    Price uint64
}

func(b *Book) GetPrice() uint64 { // ... }

type Game struct {
    Price uint64
}

func(b *Game) GetPrice() uint64 { // ... }
```

```
type Pricer interface {
    GetPrice() uint64
}

func Total(items []Pricer) uint64 { // ... }
```

이번엔 모든 상품의 가격을 변경하는 스크립트를 짠다고 생각해보자. 리플렉션reflection을 사용할 수도 있지만, 고의 격언에서 '리플렉션은 명확하지 않다reflection is never clear'라고 했듯이 리플렉션은 가능한 한 사용을 피해야 한다. 만약 setter만 있다면 다음과 같은 인터페이스를 만들어서 여러 종류의 상품의 가격을 변경할 수 있다.

```
type PriceAdjuster interface {
    SetPrice(price uint64)
}
```

컴파일로 생성한 코드만으로 부족할 때는 플러그인을 사용해서 확장할 수 있다. 이 프로젝트에서는 플러그인이 필요 없지만, 필자는 몇몇 프로젝트에서 플러그인을 작성하여 유용하게 사용한 경험이 있다. 플러그인 작성법을 배워두면 언젠가는 많은 수작업을 플러그인으로 해결하게 될 것이다.

2.6 마치며

2장에서는 protobuf의 기초를 다루었다. 실습 프로젝트에서 계속 사용할 것이다. 이 개념은 특히 프로젝트에서 gRPC 클라이언트와 서버를 만들 때 매우 중요하다.

이제 우리 프로젝트에서 또 하나의 중요한 요소인 커밋 로그 라이브러리를 만들어보자.

로그 패키지 작성

우리는 분산 서비스를 구축하는 법을 고 언어로 만들며 배우는 중이다. 그런데 왜 로그 패키지를 작성하는 것일까? 필자는 로그가 분산 서비스를 만드는 가장 중요한 도구라고 생각한다. **미리 쓰기 로그**(로그 선행 기입)write-ahead log, WAL, **트랜잭션 로그**transaction log, **커밋 로그**commit log 등으로 부르는 로그는 스토리지 엔진storage engine, 메시지 큐, 버전 컨트롤, 복제replication와 합의 알고리즘consensus algorithm의 핵심이다. 분산 시스템을 만들며 마주치는 많은 문제는 로그로 해결할 수 있다. 직접 로그를 만들어보면 다음과 같은 내용을 배울 수 있다.

- 로그를 이용해 문제를 해결하거나, 어려운 문제를 좀 더 쉽게 만드는 방법
- 기존의 로그 기반 시스템을 변경하거나, 새로운 로그 기반 시스템을 만드는 방법
- 데이터를 효율적으로 읽고 쓰는 스토리지 엔진을 만드는 방법
- 시스템 오류에도 데이터 손실을 막는 방법
- 데이터를 디스크에 저장하기 위해 인코딩하거나 자신만의 와이어 프로토콜wire protocol을 만들고 애플리케이션 간에 전송하는 방법

차세대 분산 로그 서비스를 만들어내는 주인공은 바로 여러분이 될 수도 있다.

3.1 로그는 강력한 도구

파일 시스템이나 데이터베이스의 스토리지 엔진 개발자들은 시스템의 무결성을 높이고자 로그를 사

용한다. ext 파일 시스템을 예로 들면, 로그는 직접적으로 디스크의 데이터 파일을 바꾸기보다는 저 널journal을 변경한다. 파일 시스템이 저널에 로그를 안전하게 쓰고 나면, 이 변경사항을 데이터 파일 에 적용한다. 저널에 로그를 쓰는 건 단순하면서도 빠르므로 데이터를 잃을 가능성은 적다. ext가 디 스크의 파일을 업데이트하지 못하고 컴퓨터가 꺼지더라도, 다음번 부팅에서 파일 시스템이 다시 저널 을 보고 파일 업데이트를 완료한다. PostgreSQL과 같은 데이터베이스의 개발자들 역시 이런 기법을 사용해서 시스템을 견고하게 만든다. 레코드가 변경되면 WAL에 우선 적은 다음, WAL을 데이터베 이스의 데이터 파일에 반영한다.

WAL을 복제에도 사용한다. 로그를 디스크에 쓰는 대신 네트워크 너머의 복제본replica에 쓰는 것이 다. 복제본은 이를 다시 데이터 카피에 반영하고, 둘은 같은 상태가 된다. **래프트**Raft와 같은 분산 합 의consensus 알고리즘은 이러한 아이디어를 분산 서비스가 클러스터 전반의 상태에 대해 합의할 때 사용한다. 래프트의 노드node들은 로그를 입력으로 하는 상태 머신(상태 기계)state machine을 가진다. 클러스터의 리더는 변경사항을 팔로워들의 로그로 확장한다. 상태 머신이 로그를 입력으로 받으므로 같은 레코드가 같은 순서로 로그에 쌓이고, 모든 서비스는 같은 상태가 된다.

웹 프런트엔드 개발자들은 애플리케이션의 상태를 관리하고자 로그를 사용한다. 리액트React와 함께 많이 사용하는 리덕스Redux[1] 자바스크립트 라이브러리는 변경사항을 객체object로 로그에 저장하고, 이러한 변경사항을 순수 함수pure function로 처리하여 애플리케이션의 상태를 업데이트한다.

이러한 예시에서 보듯이 로그는 순서가 있는 데이터를 저장, 공유, 처리할 때 사용한다. 하나의 도구 로 데이터베이스를 복제하고, 분산 서비스를 조율하며, 프런트엔드 애플리케이션의 상태를 관리할 수 있는 것이다. 시스템의 변경사항을 (분리할 수 없는) 한 단위의 연산까지 쪼개고 나눈 다음에 로그로 저장, 공유, 처리할 수 있다면 분산 서비스에서의 문제를 비롯한 많은 문제를 해결할 수 있다.

대부분의 데이터베이스는 상태를 과거의 특정 시점으로 복원하는, 특정 시점 복구point-in-time recovery, PITR라는 기능을 제공한다. 언제든 데이터베이스의 스냅숏을 찍어두었다가, 필요할 때 WAL을 스냅숏을 찍은 시점까지 실행한다. 만약 원하는 시점까지의 모든 로그를 보관한다면 스냅숏을 찍을 필 요도 없지만, 데이터베이스의 히스토리가 오래되고 변경사항이 많다면 쉽지 않을 것이다. 리덕스는 같 은 발상을 undo/redo 액션에 사용한다. 액션마다 애플리케이션의 상태를 로그로 남겼다가, 액션의 실 행을 취소하려면 리덕스에 UI의 상태를 로그에 저장된 이전 상태로 되돌리라고 하는 것이다. 깃Git과 같은 분산 버전 관리 시스템도 비슷하다. 커밋 로그 히스토리는 말 그대로 커밋 로그를 말한다.

---

1   https://redux.js.org

완벽한 로그는 마지막 상태를 포함한, 존재했던 모든 상태를 가지며, 이러한 로그만 있으면 복잡해 보이던 기능도 얼마든지 만들 수 있다. 단순하다는 게 로그의 좋은 점이다.

3.2 로그의 작동 원리

로그는 추가만 할 수 있는 레코드의 연속이다. 레코드는 로그의 끝에 추가하며, 보통은 최근의 로그들을 오래된 레코드부터 읽는다. 파일을 읽을 때 쓰는 `tail -f` 명령과 비슷하다. 어떠한 데이터라도 로그로 저장할 수 있다. 우리는 로그라는 표현을 사람이 읽을 문자열이라는 의미로 써왔다. 하지만 로그 시스템 사용자가 많아지면서 다른 프로그램이 읽을 수 있는, 바이너리로 인코딩된 메시지라는 의미로 바뀌었다. 이 책에서 사용하는 로그 또는 레코드라는 표현은 특정 자료형의 데이터를 의미하지 않는다. 로그에 레코드를 추가하면, 로그는 레코드에 고유하면서 순차적인 오프셋 숫자를 할당하는데, 이는 레코드의 ID와 같다. 로그는 레코드의 오프셋과 생성 시간으로 정렬된 데이터베이스 테이블과 같다.

로그를 실제로 구현하며 마주치는 첫 번째 문제는 무한한 용량의 디스크는 없다는 점이다. 파일 하나에 끝없이 추가할 수는 없으므로 로그를 여러 개의 세그먼트segment로 나눈다. 로그가 지나치게 커지면, 이미 필요한 처리를 마쳤거나 다른 공간에 별도로 보관한 오래된 세그먼트부터 지우면서 디스크 용량을 확보한다. 이러한 작업을 백그라운드로 처리하면서 서비스는 정상 작동하게 할 수도 있다. 그러면 서비스는 계속 새로운 세그먼트를 만들어내기도 하고 다른 세그먼트로부터 데이터를 소비하기도 한다. 이때 고루틴goroutine들이 같은 데이터에 접근하더라도 충돌이 거의 발생하지 않는다.

세그먼트 목록에는 항상 하나의 **활성 세그먼트**active segment가 있다. 유일하게 레코드를 쓸 수 있는 세그먼트로, 활성 세그먼트가 가득 차면 새로운 세그먼트를 생성하여 활성 세그먼트로 만든다.

세그먼트는 저장 파일store file과 인덱스 파일index file로 구성된다. 저장 파일은 레코드 데이터를 저장하고 추가해나가며, 인덱스 파일은 그 레코드들의 인덱스를 저장한다. 인덱스 파일은 레코드의 오프셋을 저장 파일의 실제 위치로 매핑해서 빠르게 읽을 수 있도록 한다. 특정 오프셋의 레코드를 읽으려면 먼저 인덱스 파일에서 원하는 레코드의 저장 파일에서의 위치를 알아내고, 저장 파일에서 해당 위치의 레코드를 읽는다. 인덱스 파일은 오프셋과 저장 파일에서의 위치라는 두 필드만을 가지므로 저장소 파일보다 훨씬 작다. 따라서 메모리 맵 파일memory-mapped file[2]로 만들어 파일 연산이 아닌 메모리 데이터를 다루듯 빠르게 만들 수 있다.

---

2 https://en.wikipedia.org/wiki/Memory-mapped_file

로그의 작동 원리를 알아보았으니 이제 로그를 만들어보자.

3.3 로그 만들기

저장 파일과 인덱스 파일부터 하나씩 차근차근 만들고 세그먼트를 만든 다음 마지막으로 로그를 만들자. 만들어나가는 단계별로 테스트도 작성하자. **로그**log는 레코드, 레코드 저장 파일, 세그먼트라는 추상적인 데이터 자료형을 아우르는 표현이기에 다음과 같이 용어들을 정리한다.

- **레코드**: 로그에 저장한 데이터
- **저장 파일**: 레코드를 저장하는 파일
- **인덱스 파일**: 인덱스를 저장하는 파일
- **세그먼트**: 저장 파일과 인덱스 파일을 묶어서 말하는 추상적 개념
- **로그**: 모든 세그먼트를 묶어서 말하는 추상적 개념

3.3.1 스토어 만들기

로그 패키지를 위한 **internal/log** 디렉터리를 만들고 **store.go** 파일을 생성하여 다음 코드를 넣어주자.

WriteALogPackage/internal/log/store.go

```go
package log

import (
    "bufio"
    "encoding/binary"
    "os"
    "sync"
)

var (
    enc = binary.BigEndian
)

const (
    lenWidth = 8
)

type store struct {
    *os.File
```

```
    mu sync.Mutex
    buf *bufio.Writer
    size uint64
}

func newStore(f *os.File) (*store, error) {
    fi, err := os.Stat(f.Name())
    if err != nil {
        return nil, err
    }
    size := uint64(fi.Size())
    return &store{
        File: f,
        size: size,
        buf: bufio.NewWriter(f),
    }, nil
}
```

store 구조체는 파일의 단순한 래퍼wrapper이며 파일에 바이트 값들을 추가하거나 읽는 두 개의 메서드를 가진다. newStore(f *os.File) 함수는 해당 파일의 스토어를 생성한다. 이 함수는 다시 os.Stat() 함수를 호출해 파일 크기를 알아두었다가 데이터가 있는 파일로 스토어를 생성할 때 사용한다(예를 들면 서비스를 재시작할 때 필요하다).

스토어에서는 변수인 enc와 상수인 lenWidth를 여러 번 참조하므로 쉽게 찾을 수 있도록 코드 위쪽에 두었다. enc는 레코드 크기와 인덱스 항목을 저장할 때의 인코딩을 정의한 것이며, lenWidth는 레코드 길이를 저장하는 바이트 개수를 정의한 것이다.

newStore() 함수 아래에 Append() 메서드를 추가하자.

WriteALogPackage/internal/log/store.go

```
func (s *store) Append(p []byte) (n uint64, pos uint64, err error) {
    s.mu.Lock()
    defer s.mu.Unlock()
    pos = s.size
    if err := binary.Write(s.buf, enc, uint64(len(p))); err != nil {
        return 0, 0, err
    }
    w, err := s.buf.Write(p)
    if err != nil {
        return 0, 0, err
    }
    w += lenWidth
```

```
    s.size += uint64(w)
    return uint64(w), pos, nil
}
```

Append(p []byte) 메서드는 바이트 슬라이스byte slice를 받아서 저장 파일에 쓴다. 나중에 읽을 때 얼마나 읽어야 할지 알 수 있도록 레코드 크기도 쓴다. 저장 파일에 직접 쓰지는 않고 버퍼를 거쳐 저장하는데, 이는 시스템 호출 횟수를 줄여 성능을 개선한다. 작은 레코드를 많이 쓰는 작업이라면 더욱 효과를 볼 수 있다. 실제로 쓴 바이트 수를 리턴할 때 Go API에서 이런 방식을 많이 쓴다. 저장 파일의 어느 위치에 썼는지도 리턴하는데, 세그먼트는 레코드의 인덱스 항목을 생성할 때 이 위치 정보를 사용한다.

Append() 메서드 아래에 Read() 메서드를 추가하자.

WriteALogPackage/internal/log/store.go

```
func (s *store) Read(pos uint64) ([]byte, error) {
    s.mu.Lock()
    defer s.mu.Unlock()
    if err := s.buf.Flush(); err != nil {
        return nil, err
    }
    size := make([]byte, lenWidth)
    if _, err := s.File.ReadAt(size, int64(pos)); err != nil {
        return nil, err
    }
    b := make([]byte, enc.Uint64(size))
    if _, err := s.File.ReadAt(b, int64(pos+lenWidth)); err != nil {
        return nil, err
    }
    return b, nil
}
```

Read(pos uint64) 메서드는 해당 위치에 저장된 레코드를 리턴한다. 읽으려는 레코드가 아직 버퍼에 있을 때를 대비해서 우선은 쓰기 버퍼의 내용을 **플러시**flush해서 디스크에 쓴다. 다음으로 읽을 레코드의 바이트 크기를 알아내고 그만큼의 바이트를 읽어 리턴한다. 함수 내에서 할당하는 메모리가 함수 바깥에서 쓰이지 않으면, 컴파일러는 그 메모리를 스택stack에 할당한다. 반대로 함수가 종료해도 함수 외부에서 계속 쓰이는 값이면 힙heap에 할당한다.

Read() 메서드 아래에 ReadAt() 메서드를 추가하자.

```
func (s *store) ReadAt(p []byte, off int64) (int, error) {
    s.mu.Lock()
    defer s.mu.Unlock()
    if err := s.buf.Flush(); err != nil {
        return 0, err
    }
    return s.File.ReadAt(p, off)
}
```

ReadAt(p byte[], off int64) 메서드는 스토어 파일에서 off 오프셋부터 len(p) 바이트만큼 p에 넣어준다. 이 메서드는 io.ReaderAt 인터페이스를 store 자료형에 구현한 것이다.

마지막으로 Close() 메서드를 추가하자.

```
func (s *store) Close() error {
    s.mu.Lock()
    defer s.mu.Unlock()
    if err := s.buf.Flush(); err != nil {
        return err
    }
    return s.File.Close()
}
```

Close() 메서드는 파일을 닫기 전 버퍼의 데이터를 파일에 쓴다.

이제 구현한 스토어를 테스트해보자. log 디렉터리에 store_test.go 파일을 만들고 다음 코드를 넣자.

```
package log
import (
    "os"
    "testing"

    "github.com/stretchr/testify/require"
)

var (
    write = []byte("hello world")
    width = uint64(len(write)) + lenWidth
)
```

```go
func TestStoreAppendRead(t *testing.T) {
    f, err := os.CreateTemp("", "store_append_read_test")
    require.NoError(t, err)
    defer os.Remove(f.Name())

    s, err := newStore(f)
    require.NoError(t, err)

    testAppend(t, s)
    testRead(t, s)
    testReadAt(t, s)

    s, err = newStore(f)
    require.NoError(t, err)
    testRead(t, s)
}
```

테스트에서는 임시 파일로 스토어를 생성하고 두 개의 테스트 도우미helper 함수를 호출해 스토어에 추가한 뒤 읽어본다. 그리고 임시 파일에서 다시 스토어를 생성해서 읽고, 서비스가 재시작하고 상태가 복원되는지를 테스트한다.

다음 도우미 함수를 테스트 코드에 추가하자.

WriteALogPackage/internal/log/store_test.go

```go
func testAppend(t *testing.T, s *store) {
    t.Helper()
    for i := uint64(1); i < 4; i++ {
        n, pos, err := s.Append(write)
        require.NoError(t, err)
        require.Equal(t, pos+n, width*i)
    }
}

func testRead(t *testing.T, s *store) {
    t.Helper()
    var pos uint64
    for i := uint64(1); i < 4; i++ {
        read, err := s.Read(pos)
        require.NoError(t, err)
        require.Equal(t, write, read)
        pos += width
    }
}
```

```go
func testReadAt(t *testing.T, s *store) {
    t.Helper()
    for i, off := uint64(1), int64(0); i < 4; i++ {
        b := make([]byte, lenWidth)
        n, err := s.ReadAt(b, off)
        require.NoError(t, err)
        require.Equal(t, lenWidth, n)
        off += int64(n)

        size := enc.Uint64(b)
        b = make([]byte, size)
        n, err = s.ReadAt(b, off)
        require.NoError(t, err)
        require.Equal(t, write, b)
        require.Equal(t, int(size), n)
        off += int64(n)
    }
}
```

그리고 아래쪽에 Close() 메서드를 테스트하는 다음 코드까지 추가하자.

WriteALogPackage/internal/log/store_test.go

```go
func TestStoreClose(t *testing.T) {
    f, err := os.CreateTemp("", "store_close_test")
    require.NoError(t, err)
    defer os.Remove(f.Name())
    s, err := newStore(f)
    require.NoError(t, err)
    _, _, err = s.Append(write)
    require.NoError(t, err)

    _, beforeSize, err := openFile(f.Name())
    require.NoError(t, err)

    err = s.Close()
    require.NoError(t, err)

    _, afterSize, err := openFile(f.Name())
    require.NoError(t, err)
    require.True(t, afterSize > beforeSize)
    t.Logf("beforeSize %d, afterSzie %d", beforeSize, afterSize)
}

func openFile(name string) (file *os.File, size int64, err error) {
    f, err := os.OpenFile(
```

```
        name,
        os.O_RDWR|os.O_CREATE|os.O_APPEND,
        0644,
    )
    if err != nil {
        return nil, 0, err
    }
    fi, err := f.Stat()
    if err != nil {
        return nil, 0, err
    }
    return f, fi.Size(), nil
}
```

테스트를 무사히 통과했다면, 로그에 레코드를 추가하고 읽는 기능이 제대로 구현된 것이다.

3.3.2 인덱스 만들기

이제 인덱스를 만들어보자. **internal/log** 디렉터리에 **index.go** 파일을 만들고 다음 코드를 넣자.

WriteALogPackage/internal/log/index.go

```
package log

import (
    "io"
    "os"

    "github.com/tysonmote/gommap"
)

var (
    offWidth uint64 = 4
    posWidth uint64 = 8
    entWidth        = offWidth + posWidth
)

type index struct {
    file *os.File
    mmap gommap.MMap
    size uint64
}
```

offWidth, posWidth, entWidth 상수들은 인덱스 코드 내에서 많이 사용한다. 스토어에서의 변수와 상수들처럼 **index.go** 파일 위쪽에 두어서 찾기 쉽게 했다. 이들은 인덱스 항목 내의 바이트 수를 정의한 것이다.

인덱스 항목은 '레코드 오프셋'과 '스토어 파일에서의 위치'라는 두 필드로 구성된다. 오프셋은 uint32 자료형, 위치는 uint64 자료형을 사용하기에 각각 4바이트와 8바이트를 차지한다. entWidth는 오프셋이 가리키는 위치를 계산(offset * entWidth)할 때 사용한다.

index는 인덱스 파일을 정의하며 파일과 메모리 맵 파일로 구성된다. size는 인덱스의 크기로, 인덱스에 다음 항목을 추가할 위치를 의미하기도 한다.

newIndex() 함수를 추가하자.

WriteALogPackage/internal/log/index.go

```go
func newIndex(f *os.File, c Config) (*index, error) {
    idx := &index{
        file: f,
    }
    fi, err := os.Stat(f.Name())
    if err != nil {
        return nil, err
    }
    idx.size = uint64(fi.Size())
    if err = os.Truncate(
        f.Name(), int64(c.Segment.MaxIndexBytes),
    ); err != nil {
        return nil, err
    }
    if idx.mmap, err = gommap.Map(
        idx.file.Fd(),
        gommap.PROT_READ|gommap.PROT_WRITE,
        gommap.MAP_SHARED,
    ); err != nil {
        return nil, err
    }
    return idx, nil
}
```

newIndex(f *os.File) 함수는 해당 파일을 위한 인덱스를 생성한다. 여기서는 인덱스와 함께 파일의 현재 크기를 저장하는데, 인덱스 항목을 추가하며 인덱스 파일의 데이터양을 추적하려는 것이다.

인덱스 파일은 먼저 최대 인덱스 크기로 바꾼 다음에 메모리 맵 파일을 만들어주며,[3] 생성한 인덱스를 리턴한다.

Close() 메서드를 이어서 추가하자.

WriteALogPackage/internal/log/index.go

```go
func (i *index) Close() error {
    if err := i.mmap.Sync(gommap.MS_SYNC); err != nil {
        return err
    }
    if err := i.file.Sync(); err != nil {
        return err
    }
    if err := i.file.Truncate(int64(i.size)); err != nil {
        return err
    }
    return i.file.Close()
}
```

Close()를 실행하면 메모리 맵 파일과 실제 파일의 데이터가 확실히 동기화되며, 실제 파일 콘텐츠가 안정적인 저장소에 플러시된다. 그런 다음 실제 데이터가 있는 만큼만 잘라내고truncate 파일을 닫는다.

인덱스를 여닫는 코드를 살펴보았다. 이제 파일을 크게 만들고 잘라낸다는 게 무슨 뜻인지 알아보자.

서비스를 시작하면, 서비스는 다음 레코드를 로그의 어디에 추가할지 오프셋을 알아야 한다. 마지막 항목의 인덱스를 찾아보면 다음 레코드의 오프셋을 알 수 있다. 인덱스 파일의 마지막 12바이트를 읽으면 된다. 하지만 메모리 맵 파일을 사용하기 위해 파일을 최대 크기로 늘리면 이 방법을 사용할 수 없다(메모리 맵 파일은 생성한 다음 크기를 바꿀 수 없기에 미리 필요한 크기로 만들어야 한다). 파일에 빈 공간을 추가해두므로 파일의 가장 끝부분이 마지막 항목이 아닌 것이다. 빈 공간을 그대로 두면 서비스를 정상적으로 재시작할 수 없다. 따라서 인덱스 파일을 실제 데이터가 있는 부분만큼 잘라내, 마지막 인덱스 항목이 파일의 끝부분에 있도록 만든 다음 서비스를 종료한다. 이렇게 정상적으로 종료graceful shutdown해야 서비스를 적절하고 효율적으로 재시작할 수 있다.

CAUTION 비정상 종료ungraceful shutdown 처리: 서비스가 진행하던 일들을 잘 마무리하고, 데이터 손실이 없도록 하고, 재시작을 준비하면 정상 종료된다. 서비스 충돌이나 하드웨어 오류로 이러한 작업을 하지 못하고 종료할 때가 비정상 종료이다. 예를 들어 인덱스 파일을 잘라내는 작업 도중에 전원이 끊길 수 있다. 이러한 경우를 고려해 서비스를 재시작하면

---

3   옮긴이 메모리 맵 파일을 사용하기 이전, 또는 이후에만 파일의 크기를 바꿀 수 있다.

온전성 검사_{sanity check}를 한다. 손상된 데이터가 있다면 데이터를 다시 생성하거나, 손상되지 않은 소스에서 복제한다. 이 책에서는 코드가 너무 복잡해지지 않도록 비정상 종료는 구현하지 않는다.

코드 구현으로 되돌아가서 다음 Read() 메서드를 추가하자.

WriteALogPackage/internal/log/index.go

```go
func (i *index) Read(in int64) (out uint32, pos uint64, err error) {
    if i.size == 0 {
        return 0, 0, io.EOF
    }
    if in == -1 {
        out = uint32((i.size / entWidth) - 1)
    } else {
        out = uint32(in)
    }
    pos = uint64(out) * entWidth
    if i.size < pos+entWidth {
        return 0, 0, io.EOF
    }
    out = enc.Uint32(i.mmap[pos : pos+offWidth])
    pos = enc.Uint64(i.mmap[pos+offWidth : pos+entWidth])
    return out, pos, nil
}
```

Read(in int64) 메서드는 매개변수로 오프셋을 받아서, 해당하는 레코드의 저장 파일 내 위치를 리턴한다. 여기에서 오프셋은 해당 세그먼트의 베이스 오프셋_{base offset}의 상댓값이다. 인덱스 첫 항목의 오프셋은 항상 0이며 그다음 1씩 증가한다. 여기서는 상대 오프셋_{relative offset}을 사용해서 uint32만으로 표현하여 크기를 줄였다. 절대 오프셋_{absolute offset}을 사용한다면 uint64를 사용해야 하므로 항목마다 4바이트가 더 필요하다. 4바이트 정도야 싶겠지만, 분산 서비스에서 사람들이 사용하는 레코드양은 엄청나게 많아서 링크드인_{LinkedIn} 같은 경우는 매일 조 단위의 레코드를 만들어낸다. 상대적으로 작은 회사도 수십억 개의 레코드를 만들어낸다.

이어서 Write() 메서드를 추가하자.

WriteALogPackage/internal/log/index.go

```go
func (i *index) Write(off uint32, pos uint64) error {
    if uint64(len(i.mmap)) < i.size+entWidth {
        return io.EOF
    }
    enc.PutUint32(i.mmap[i.size:i.size+offWidth], off)
    enc.PutUint64(i.mmap[i.size+offWidth:i.size+entWidth], pos)
```

```
        i.size += uint64(entWidth)
        return nil
}
```

Write(off uint32, pos uint32) 메서드는 오프셋과 위치를 매개변수로 받아서 인덱스에 추가한다. 먼저 추가할 공간이 있는지 확인하고, 공간이 있다면 인코딩한 다음 메모리 맵 파일에 쓴다. 마지막으로 size를 증가시켜 다음에 쓸 위치를 가리키게 한다.

다음 Name() 메서드는 인덱스 파일의 경로를 리턴한다.

WriteALogPackage/internal/log/index.go

```
func (i *index) Name() string {
    return i.file.Name()
}
```

구현한 인덱스를 테스트해보자. **internal/log** 디렉터리에 **index_test.go** 파일을 생성하고 다음 코드부터 추가하자.

WriteALogPackage/internal/log/index_test.go

```
package log
import (
    "io"
    "os"
    "testing"

    "github.com/stretchr/testify/require"
)

func TestIndex(t *testing.T) {
    f, err := os.CreateTemp(os.TempDir(), "index_test")
    require.NoError(t, err)
    defer os.Remove(f.Name())

    c := Config{}
    c.Segment.MaxIndexBytes = 1024
    idx, err := newIndex(f, c)
    require.NoError(t, err)
    _, _, err = idx.Read(-1)
    require.Error(t, err)
    require.Equal(t, f.Name(), idx.Name())
    entries := []struct {
        Off uint32
```

```
        Pos uint64
    }{
        {Off: 0, Pos: 0},
        {Off: 1, Pos: 10},
    }
```

여기까지는 테스트를 위한 기본 세팅이다. newIndex() 함수 내부에서 Truncate() 함수를 호출해 테스트 항목을 충분히 담을 만큼 크게 인덱스 파일을 키운다. 파일을 바이트 슬라이스로 메모리 매핑하기 때문에, 쓰기 전에 우선 파일을 키워야 한다. 그렇지 않으면 파일에 쓸 때 아웃 오브 바운즈out-of-bounds 에러가 발생한다.

테스트의 나머지 코드를 추가하자.

WriteALogPackage/internal/log/index_test.go

```
    for _, want := range entries {
        err = idx.Write(want.Off, want.Pos)
        require.NoError(t, err)

        _, pos, err := idx.Read(int64(want.Off))
        require.NoError(t, err)
        require.Equal(t, want.Pos, pos)
    }

    // 존재하는 항목의 범위를 넘어서서 읽으려 하면 에러가 나야 한다.
    _, _, err = idx.Read(int64(len(entries)))
    require.Equal(t, io.EOF, err)
    _ = idx.Close()

    // 파일이 있다면, 파일의 데이터에서 인덱스의 초기 상태를 만들어야 한다.
    f, _ = os.OpenFile(f.Name(), os.O_RDWR, 0600)
    idx, err = newIndex(f, c)
    require.NoError(t, err)
    off, pos, err := idx.Read(-1)
    require.NoError(t, err)
    require.Equal(t, uint32(1), off)
    require.Equal(t, entries[1].Pos, pos)
}
```

각각의 항목에 대해 인덱스에 쓰고 Read() 메서드로 읽을 수 있는지 확인한다. 그다음에는 인덱스에 저장한 항목 개수보다 큰 오프셋을 읽으려 하면 인덱스와 스캐너에서 에러가 나는지 확인한다. 서비스를 재시작하면 존재하는 파일에서 인덱스의 현재 상태를 다시 만드는지도 확인한다.

세그먼트는 스토어와 인덱스를 가지는데, 각각 최대 크기를 설정해야 한다. 설정 구조체를 추가하여 로그의 설정을 하나로 모아보자. 그러면 로그를 쉽게 설정할 수 있고 코드 전반에 걸쳐 사용하기 편리하다.

internal/log/config.go 파일을 만들고 다음 코드를 추가하자.

WriteALogPackage/internal/log/config.go

```
package log

type Config struct {
    Segment struct {
        MaxStoreBytes uint64
        MaxIndexBytes uint64
        InitialOffset uint64
    }
}
```

스토어와 인덱스 자료형을 위한 값을 가진다. 이것으로 가장 기본적인 로그를 구성했다.

3.3.3 세그먼트 만들기

세그먼트는 스토어와 인덱스를 감싸고 둘 사이의 작업을 조율한다. 예를 들어 로그가 활성 세그먼트에 레코드를 추가할 때, 세그먼트는 데이터를 스토어에 쓰고 새로운 인덱스 항목을 인덱스에 추가한다. 읽을 때도 마찬가지이다. 세그먼트는 인덱스에서 인덱스 항목을 찾고 스토어에서 데이터를 가져온다.

internal/log 디렉터리에 **segment.go** 파일을 만들고 다음 코드를 넣어주자.

WriteALogPackage/internal/log/segment.go

```
package log

import (
    "fmt"
    "os"
    "path"

    api "github.com/travisjeffery/proglog/api/v1"
    "google.golang.org/protobuf/proto"
)

type segment struct {
```

```
    store *store
    index *index
    baseOffset, nextOffset uint64
    config Config
}
```

세그먼트는 내부의 스토어와 인덱스를 호출해야 하므로 처음 두 필드에 각각의 포인터를 가진다. 베이스가 되는 오프셋과 다음에 추가할 오프셋 값도 가지는데, 인덱스 항목의 상대 오프셋을 계산하고 다음에 항목을 추가할 때 필요하다. 그리고 설정 필드를 두어서 저장 파일과 인덱스 파일의 크기를 설정의 최댓값과 비교할 수 있으므로 세그먼트가 가득 찼는지 알 수 있다.

newSegment() 함수를 이어서 작성하자.

WriteALogPackage/internal/log/segment.go

```go
func newSegment(dir string, baseOffset uint64, c Config) (*segment, error) {
    s := &segment{
        baseOffset: baseOffset,
        config: c,
    }
    var err error
    storeFile, err := os.OpenFile(
        path.Join(dir, fmt.Sprintf("%d%s", baseOffset, ".store")),
        os.O_RDWR|os.O_CREATE|os.O_APPEND,
        0644,
    )
    if err != nil {
        return nil, err
    }
    if s.store, err = newStore(storeFile); err != nil {
        return nil, err
    }
    indexFile, err := os.OpenFile(
        path.Join(dir, fmt.Sprintf("%d%s", baseOffset, ".index")),
        os.O_RDWR|os.O_CREATE,
        0644,
    )
    if err != nil {
        return nil, err
    }
    if s.index, err = newIndex(indexFile, c); err != nil {
        return nil, err
    }
    if off, _, err := s.index.Read(-1); err != nil {
        s.nextOffset = baseOffset
```

```
    } else {
        s.nextOffset = baseOffset + uint64(off) + 1
    }
    return s, nil
}
```

활성 세그먼트가 가득 찰 때처럼, 로그에 새로운 세그먼트가 필요할 때는 newSegment() 함수를 호출한다. 저장 파일과 인덱스 파일을 os.OpenFile() 함수에서 os.O_CREATE 파일 모드로 열고, 파일이 없으면 생성하게 한다. 저장 파일을 만들 때는 os.O_APPEND 플래그도 주어서 파일에 쓸 때 기존 데이터에 이어서 쓰게 한다. 저장 파일과 인덱스 파일을 열고 난 뒤 이 파일들로 스토어와 인덱스를 만든다. 마지막으로, 세그먼트의 다음 오프셋을 설정하여 다음에 레코드를 추가할 준비를 한다. 인덱스가 비었다면 다음 레코드는 세그먼트의 첫 레코드가 되고, 오프셋은 세그먼트의 베이스 오프셋이 된다. 인덱스에 하나 이상의 레코드가 있다면, 다음 레코드의 오프셋은 레코드의 마지막 오프셋이 될 것이다. 이 값은 베이스 오프셋과 상대 오프셋에 1을 더하여 구한다. 이제 세그먼트에 메서드 몇 개만 추가하면 로그에서 읽고 쓸 준비가 끝난다.

Append() 메서드부터 구현해보자.

WriteALogPackage/internal/log/segment.go

```
func (s *segment) Append(record *api.Record) (offset uint64, err error) {
    cur := s.nextOffset
    record.Offset = cur
    p, err := proto.Marshal(record)
    if err != nil {
        return 0, err
    }

    _, pos, err := s.store.Append(p)
    if err != nil {
        return 0, err
    }
    if err = s.index.Write(
        // 인덱스의 오프셋은 베이스 오프셋에서의 상댓값이다.
        uint32(s.nextOffset - uint64(s.baseOffset)),
        pos,
    ); err != nil {
        return 0, err
    }
    s.nextOffset++
    return cur, nil
}
```

Append() 메서드는 세그먼트에 레코드를 쓰고, 추가한 레코드의 오프셋을 리턴한다. 로그는 API 응답으로 오프셋을 리턴한다. 세그먼트가 레코드를 추가할 때는 먼저 스토어에 데이터를 추가한 다음 인덱스 항목을 추가한다. 인덱스 오프셋은 베이스 오프셋의 상대적인 값이기에 세그먼트의 다음 오프셋에서 베이스 오프셋(둘 다 절댓값)을 빼서 항목의 상대적 오프셋을 알아낸다. 그리고 다음번 추가를 대비해서 다음 오프셋을 하나 증가시킨다.

이어서 Read() 메서드를 추가하자.

WriteALogPackage/internal/log/segment.go

```
func (s *segment) Read(off uint64) (*api.Record, error) {
    _, pos, err := s.index.Read(int64(off - s.baseOffset))
    if err != nil {
        return nil, err
    }
    p, err := s.store.Read(pos)
    if err != nil {
        return nil, err
    }
    record := &api.Record{}
    err = proto.Unmarshal(p, record)
    return record, err
}
```

Read(off uint64) 메서드는 오프셋의 레코드를 리턴한다. 읽기와 비슷하게, 세그먼트의 레코드를 읽으려면 먼저 절댓값인 인덱스를 상대적 오프셋으로 변환하고 해당 인덱스 항목을 가져온다. 그다음 세그먼트는 인덱스 항목에서 알아낸 스토어의 레코드 위치로 가서 해당하는 데이터를 읽는다. 마지막으로, 직렬화한 값을 리턴한다.

다음으로 IsMaxed() 메서드를 추가하자.

WriteALogPackage/internal/log/segment.go

```
func (s *segment) IsMaxed() bool {
    return s.store.size >= s.config.Segment.MaxStoreBytes ||
        s.index.size+entWidth > s.config.Segment.MaxIndexBytes
}
```

IsMaxed() 메서드는 세그먼트의 스토어 또는 인덱스가 최대 크기에 도달했는지를 리턴한다. 추가하는 레코드의 저장 바이트는 가변이기에 현재 크기가 저장 바이트 제한을 넘지 않으면 되고, 추가하는 레코드에 대한 인덱스 바이트는 고정적이기에(entWidth) 현재의 크기에 인덱스 하나를 추가했을 때 인덱스 제한을 넘지 않아야 한다. 만약 개수는 적지만 크기가 큰 로그를 썼다면 세그먼트의 저장 바이트 제한을 넘어설 수 있고, 개수는 많지만 크기가 작은 로그를 썼다면 세그먼트의 인덱스 바이트 제한을 넘어설 수 있다. 이 메서드를 사용해서 세그먼트의 용량이 가득 찼는지 확인하여 로그가 새로운 세그먼트를 만들지 판단한다.

이어서 Remove() 메서드를 추가하자.

WriteALogPackage/internal/log/segment.go

```go
func (s *segment) Remove() error {
    if err := s.Close(); err != nil {
        return err
    }
    if err := os.Remove(s.index.Name()); err != nil {
        return err
    }
    if err := os.Remove(s.store.Name()); err != nil {
        return err
    }
    return nil
}
```

Remove() 메서드는 세그먼트를 닫고 인덱스 파일과 저장 파일을 삭제한다.

Close() 메서드도 추가하자.

WriteALogPackage/internal/log/segment.go

```go
func (s *segment) Close() error {
    if err := s.index.Close(); err != nil {
        return err
    }
    if err := s.store.Close(); err != nil {
        return err
    }
    return nil
}
```

세그먼트 구현이 끝났다. 이제 테스트해보자. **internal/log** 디렉터리에 **segment_test.go** 파일을 만들고 다음 테스트 코드를 추가하자.

```go
package log

import (
    "io"
    "io/ioutil"
    "os"
    "testing"

    "github.com/stretchr/testify/require"
    api "github.com/travisjeffery/proglog/api/v1"
)

func TestSegment(t *testing.T) {
    dir, _ := ioutil.TempDir("", "segment-test")
    defer os.RemoveAll(dir)

    want := &api.Record{Value: []byte("hello world")}

    c := Config{}
    c.Segment.MaxStoreBytes = 1024
    c.Segment.MaxIndexBytes = entWidth * 3

    s, err := newSegment(dir, 16, c)
    require.NoError(t, err)
    require.Equal(t, uint64(16), s.nextOffset, s.nextOffset)
    require.False(t, s.IsMaxed())
    for i := uint64(0); i < 3; i++ {
        off, err := s.Append(want)
        require.NoError(t, err)
        require.Equal(t, 16+i, off)

        got, err := s.Read(off)
        require.NoError(t, err)
        require.Equal(t, want.Value, got.Value)
    }

    _, err = s.Append(want)
    require.Equal(t, io.EOF, err)

    // 인덱스가 가득 참
    require.True(t, s.IsMaxed())

    c.Segment.MaxStoreBytes = uint64(len(want.Value) * 3)
    c.Segment.MaxIndexBytes = 1024

    s, err = newSegment(dir, 16, c)
```

```
	require.NoError(t, err)

	// 스토어가 가득 참
	require.True(t, s.IsMaxed())

	err = s.Remove()
	require.NoError(t, err)
	s, err = newSegment(dir, 16, c)
	require.NoError(t, err)
	require.False(t, s.IsMaxed())
}
```

세그먼트에 레코드를 추가하고 다시 읽어보는 테스트를 실행했다. 그리고 스토어와 인덱스를 가득 채워보았다. newSegment() 함수를 같은 베이스 오프셋과 디렉터리에서 두 번 호출해 인덱스와 로그 파일에서 세그먼트 상태를 제대로 가져오는지를 확인했다.

세그먼트의 작동을 확인했다면, 이제 로그를 만들어보자.

3.3.4 로그 코딩하기

마지막으로 로그를 구현해보자. 로그는 세그먼트들을 관리한다. **internal/go** 디렉터리에 **log.go** 파일을 생성하고 다음 코드를 추가한다.

WriteALogPackage/internal/log/log.go

```
package log

import (
	"fmt"
	"io"
	"io/ioutil"
	"os"
	"path"
	"sort"
	"strconv"
	"strings"
	"sync"

	api "github.com/travisjeffery/proglog/api/v1"
)

type Log struct {
	mu sync.RWMutex
```

```
    Dir    string
    Config Config

    activeSegment *segment
    segments      []*segment
}
```

로그는 세그먼트 포인터의 슬라이스와 활성 세그먼트를 가리키는 포인터로 구성된다. 디렉터리는 세그먼트를 저장하는 위치이다.

이어서 NewLog() 함수를 추가하자.

WriteALogPackage/internal/log/log.go

```
func NewLog(dir string, c Config) (*Log, error) {
    if c.Segment.MaxStoreBytes == 0 {
        c.Segment.MaxStoreBytes = 1024
    }
    if c.Segment.MaxIndexBytes == 0 {
        c.Segment.MaxIndexBytes = 1024
    }
    l := &Log{
        Dir:    dir,
        Config: c,
    }

    return l, l.setup()
}
```

NewLog(dir string, c Config) 함수에서는 먼저, 호출자가 설정을 정의하지 않았다면 디폴트 값으로 설정하고 로그 인스턴스를 생성한 다음 setup() 메서드로 인스턴스를 설정한다.

인스턴스를 설정하는 setup() 메서드를 추가하자.

WriteALogPackage/internal/log/log.go

```
func (l *Log) setup() error {
    files, err := ioutil.ReadDir(l.Dir)
    if err != nil {
        return err
    }
    var baseOffsets []uint64
    for _, file := range files {
        offStr := strings.TrimSuffix(
```

```go
                file.Name(),
                path.Ext(file.Name()),
        )
        off, _ := strconv.ParseUint(offStr, 10, 0)
        baseOffsets = append(baseOffsets, off)
    }
    sort.Slice(baseOffsets, func(i, j int) bool {
        return baseOffsets[i] < baseOffsets[j]
    })
    for i := 0; i < len(baseOffsets); i++ {
        if err = l.newSegment(baseOffsets[i]); err != nil {
            return err
        }
        // 베이스 오프셋은 index와 store 두 파일을 중복해서 담고 있기에
        // 같은 값이 하나 더 있다. 그래서 한 번 건너뛴다.
        i++
    }
    if l.segments == nil {
        if err = l.newSegment(
            l.Config.Segment.InitialOffset,
        ); err != nil {
            return err
        }
    }
    return nil
}
```

로그를 시작하면 이미 디스크에 존재하는 세그먼트들로 세팅하거나, 세그먼트가 없다면 첫 번째 세그먼트를 부트스트래핑한다. 디스크에서 세그먼트 목록을 가져와서 파싱하고 베이스 오프셋을 정렬한다. 그리고 newSegment() 메서드로 각각의 베이스 오프셋에 대해 세그먼트를 만들어서 세그먼트 슬라이스가 오래된 것부터 정렬되게 한다.

Append() 메서드를 추가하자.

WriteALogPackage/internal/log/log.go

```go
func (l *Log) Append(record *api.Record) (uint64, error) {
    l.mu.Lock()
    defer l.mu.Unlock()

    if l.activeSegment.IsMaxed() {
        off := l.activeSegment.nextOffset
        if err := l.newSegment(off); err != nil {
            return 0, err
        }
    }
```

```
    }
    return l.activeSegment.Append(record)
}
```

Append(record *api.Record) 메서드는 우선 활성 세그먼트가 가득 찼는지 확인하고, 가득 찼다면 새로운 세그먼트를 만들어준 다음, 레코드를 로그의 활성 세그먼트에 추가한다. Append() 메서드 내의 코드들은 뮤텍스mutex로 감싸서 접근을 조율한다. RWMutex를 사용하는데 쓰기 록lock이 걸려 있지 않으면 얼마든지 읽을 수 있다. 뮤텍스로 감싼 부분critical section의 범위가 너무 넓을 때는 세그먼트와 관련한 부분에만 뮤텍스를 쓸 수도 있지만, 여기서는 코드가 간결하도록 메서드 전체를 감쌌다.

이번에는 Read() 메서드를 추가하자.

WriteALogPackage/internal/log/log.go

```go
func (l *Log) Read(off uint64) (*api.Record, error) {
    l.mu.RLock()
    defer l.mu.RUnlock()
    var s *segment
    for _, segment := range l.segments {
        if segment.baseOffset <= off && off < segment.nextOffset {
            s = segment
            break
        }
    }
    if s == nil || s.nextOffset <= off {
        return nil, fmt.Errorf("offset out of range: %d", off)
    }
    return s.Read(off)
}
```

Read(off uint64) 메서드는 해당 오프셋에 저장된 레코드를 읽는다. 먼저 레코드가 위치한 세그먼트를 찾는다. 세그먼트들이 오래된 레코드 순서대로 정렬되고, 세그먼트의 베이스 오프셋이 세그먼트에서 가장 작은 오프셋이라는 특성을 이용해서 찾는다. 세그먼트를 찾고 나면 세그먼트의 인덱스에서 인덱스 항목을 찾아서 세그먼트의 저장 파일에서 데이터를 읽어 리턴한다.

Close(), Remove(), Reset() 메서드를 추가하자.

WriteALogPackage/internal/log/log.go

```go
func (l *Log) Close() error {
    l.mu.Lock()
    defer l.mu.Unlock()
```

```
    for _, segment := range l.segments {
        if err := segment.Close(); err != nil {
            return err
        }
    }
    return nil
}

func (l *Log) Remove() error {
    if err := l.Close(); err != nil {
        return err
    }
    return os.RemoveAll(l.Dir)
}

func (l *Log) Reset() error {
    if err := l.Remove(); err != nil {
        return err
    }
    return l.setup()
}
```

세 메서드는 서로 연관이 있다.

- Close(): 로그의 모든 세그먼트를 닫는다.

- Remove(): 로그를 닫고 데이터를 모두 지운다.

- Reset(): 로그를 제거하고 이를 대체할 새로운 로그를 생성한다.

이어서 LowestOffset()과 HighestOffset() 메서드를 추가하자.

WriteALogPackage/internal/log/log.go

```
func (l *Log) LowestOffset() (uint64, error) {
    l.mu.RLock()
    defer l.mu.RUnlock()
    return l.segments[0].baseOffset, nil
}

func (l *Log) HighestOffset() (uint64, error) {
    l.mu.RLock()
    defer l.mu.RUnlock()
    off := l.segments[len(l.segments)-1].nextOffset
    if off == 0 {
        return 0, nil
    }
```

```
        return off - 1, nil
    }
```

이 메서드들은 로그에 저장된 오프셋의 범위를 알려준다. 8장에서 다룰 복제 기능 지원이나 클러스터 조율을 할 때 이러한 정보가 필요하다. 어떤 노드가 가장 오래된, 또는 가장 새롭게 생성된 데이터를 가지는지, 그리고 어떤 노드가 뒤쳐져 있어서 복제해야 하는지를 알 수 있다.

Truncate() 메서드를 추가하자.

WriteALogPackage/internal/log/log.go

```go
func (l *Log) Truncate(lowest uint64) error {
    l.mu.Lock()
    defer l.mu.Unlock()
    var segments []*segment
    for _, s := range l.segments {
        if s.nextOffset <= lowest+1 {
            if err := s.Remove(); err != nil {
                return err
            }
            continue
        }
        segments = append(segments, s)
    }
    l.segments = segments
    return nil
}
```

Truncate(lowest uint64) 메서드는 가장 큰 오프셋이 가장 작은 오프셋보다 작은 세그먼트를 찾아 모두 제거한다. 특정 시점보다 오래된 세그먼트들을 지우는 셈이다. 디스크의 용량이 무한적일 수는 없기에, 주기적으로 Truncate() 메서드를 호출하여 데이터를 모두 처리했거나 더는 필요 없는 세그먼트를 찾아 제거할 것이다.

Reader() 메서드를 포함하는 다음 코드를 추가하자.

WriteALogPackage/internal/log/log.go

```go
func (l *Log) Reader() io.Reader {
    l.mu.RLock()
    defer l.mu.RUnlock()
    readers := make([]io.Reader, len(l.segments))
    for i, segment := range l.segments {
        readers[i] = &originReader{segment.store, 0}
```

```
    }
    return io.MultiReader(readers...)
}

type originReader struct {
    *store
    off int64
}

func (o *originReader) Read(p []byte) (int, error) {
    n, err := o.ReadAt(p, o.off)
    o.off += int64(n)
    return n, err
}
```

Reader() 메서드는 io.Reader 인터페이스 자료형을 리턴하여 전체 로그를 읽게 한다. 조율한 합의coordinate consensus를 구현할 때와 스냅숏, 로그 복원 기능을 지원할 때 필요하다. Reader() 메서드는 io.MultiReader()를 호출하여 세그먼트의 스토어들을 하나로 모은다. 세그먼트의 스토어들을 originReader 자료형으로 감싸는데, 첫 번째 이유는 io.Reader 인터페이스를 만족시켜 io.MultiReader()에 전달하려는 것이다. 두 번째 이유는 스토어의 처음부터 읽기 시작해 전체 파일을 읽는 걸 확실히 하려는 것이다.

이제 마지막 메서드로, 새로운 세그먼트를 생성하는 newSegment()를 추가하자.

WriteALogPackage/internal/log/log.go

```
func (l *Log) newSegment(off uint64) error {
    s, err := newSegment(l.Dir, off, l.Config)
    if err != nil {
        return err
    }
    l.segments = append(l.segments, s)
    l.activeSegment = s
    return nil
}
```

newSegment(off uint64)는 새로운 세그먼트를 생성해서 로그의 세그먼트 슬라이스에 추가한다. 그리고 활성 세그먼트로 만들어 이후의 레코드 추가를 여기에 쓰도록 한다.

이제 로그를 테스트할 시간이다. **internal/log** 디렉터리에 **log_test.go** 파일을 만들고 다음 코드부터 넣어준다.

WriteALogPackage/internal/log/log_test.go

```go
package log

import (
    "os"
    "testing"

    "github.com/stretchr/testify/require"
    api "github.com/travisjeffery/proglog/api/v1"
    "google.golang.org/protobuf/proto"
)

func TestLog(t *testing.T) {
    for scenario, fn := range map[string]func(
        t *testing.T, log *Log,
    ){
        "append and read a record succeeds": testAppendRead,
        "offset out of range error":         testOutOfRangeErr,
        "init with existing segments":        testInitExisting,
        "reader":                             testReader,
        "truncate":                           testTruncate,
    }{
        t.Run(scenario, func(t *testing.T) {
            dir, err := ioutil.TempDir("", "store-test")
            require.NoError(t, err)
            defer os.RemoveAll(dir)

            c := Config{}
            c.Segment.MaxStoreBytes = 32
            if scenario == "make new segment" {
                c.Segment.MaxIndexBytes = 13
            }
            log, err := NewLog(dir, c)
            require.NoError(t, err)

            fn(t, log)
        })
    }
}
```

TestLog(t *testing.T)는 로그 테스트를 위한 테스트 테이블을 정의한다. 테스트 테이블을 사용하면 테스트 케이스마다 테스트를 위한 로그 생성 코드를 중복해서 작성하지 않아도 된다.

테스트 케이스들을 정의해보자.

```go
func testAppendRead(t *testing.T, log *Log) {
    append := &api.Record{
        Value: []byte("hello world"),
    }
    off, err := log.Append(append)
    require.NoError(t, err)
    require.Equal(t, uint64(0), off)
    read, err := log.Read(off)
    require.NoError(t, err)
    require.Equal(t, append.Value, read.Value)
}
```

testAppendRead(t *testing.T, log *Log)는 로그에 레코드를 읽고 쓸 수 있는지 테스트한다. 레코드를 로그에 추가하면, 로그는 레코드의 오프셋을 리턴한다. 그래서 해당 로그의 해당 오프셋의 레코드를 요청하면, 추가했던 레코드를 읽을 수 있어야 한다.

```go
func testOutOfRangeErr(t *testing.T, log *Log) {
    read, err := log.Read(1)
    require.Nil(t, read)
    require.Error(t, err)
}
```

testOutOfRangeErr(t *testing.T, log *Log)는 로그가 저장한 범위 밖의 오프셋을 읽으려 하면 에러를 리턴하는지 테스트한다.

```go
func testInitExisting(t *testing.T, o *Log) {
    append := &api.Record{
        Value: []byte("hello world"),
    }
    for i := 0; i < 3; i++ {
        _, err := o.Append(append)
        require.NoError(t, err)
    }
    require.NoError(t, o.Close())

    off, err := o.LowestOffset()
    require.NoError(t, err)
    require.Equal(t, uint64(0), off)
    off, err = o.HighestOffset()
```

```go
    require.NoError(t, err)
    require.Equal(t, uint64(2), off)

    n, err := NewLog(o.Dir, o.Config)
    require.NoError(t, err)

    off, err = n.LowestOffset()
    require.NoError(t, err)
    require.Equal(t, uint64(0), off)
    off, err = n.HighestOffset()
    require.NoError(t, err)
    require.Equal(t, uint64(2), off)
}
```

testInitExisting(t *testing.T, o *Log)는 로그를 생성하면 이전 로그 인스턴스가 저장한 데이터를 가져와 서비스할 준비(부트스트래핑)를 마치는지 테스트한다. 세 개의 레코드를 추가하고 로그를 닫은 다음, 새로운 로그를 이전 로그와 같은 디렉터리로 설정하여 생성한다. 이제 새로운 로그가 이전 로그에서 데이터를 가져와 준비를 마쳤는지 확인하자.

WriteALogPackage/internal/log/log_test.go

```go
func testReader(t *testing.T, log *Log) {
    append := &api.Record{
        Value: []byte("hello world"),
    }
    off, err := log.Append(append)
    require.NoError(t, err)
    require.Equal(t, uint64(0), off)

    reader := log.Reader()
    b, err := ioutil.ReadAll(reader)
    require.NoError(t, err)

    read := &api.Record{}
    err = proto.Unmarshal(b[lenWidth:], read)
    require.NoError(t, err)
    require.Equal(t, append.Value, read.Value)
}
```

testReader(t *testing.T, log *Log)는 디스크에 저장한 전체 로그를 읽을 수 있는지 테스트한다. 이 기능으로 스냅숏을 찍고 로그를 복원할 수 있다. 8.2절을 참고하자.

WriteALogPackage/internal/log/log_test.go

```go
func testTruncate(t *testing.T, log *Log) {
    append := &api.Record{
        Value: []byte("hello world"),
    }
    for i := 0; i < 3; i++ {
        _, err := log.Append(append)
        require.NoError(t, err)
    }

    _, err := log.Read(0)
    require.NoError(t, err)

    err := log.Truncate(1)
    require.NoError(t, err)

    _, err = log.Read(0)
    require.Error(t, err)
}
```

testTruncate(t *testing.T, log *Log)는 로그를 잘라내고, 더는 필요 없는 오래된 세그먼트를 제거한다.

이제 로그 코드 구현이 끝났다. 단순한 기능의 로그가 아니라 카프카를 구동할 수 있는 수준의 로그를 구현했음에도 그리 어렵지 않았다.

3.4 마치며

3장에서는 로그가 무엇이고 왜 중요한지를 살펴보았다. 분산 서비스를 포함한 다양한 애플리케이션에서 어떻게 쓰이는지를 알았고 어떻게 만드는지를 배웠다. 여러분이 구현한 로그는 분산 로그의 기초가 될 것이다. 이제 구현한 라이브러리를 기반으로 서비스를 만들 수 있고, 다른 컴퓨터에서도 라이브러리의 기능에 접근할 수 있도록 할 수 있다.

네트워크

gRPC 요청 처리

지금까지 프로젝트와 프로토콜 버퍼를 세팅하고 로그 라이브러리를 만들었다. 구현한 로그 라이브러리는 한 사람이 한순간에 한 대의 컴퓨터에서만 사용할 수 있다. 게다가 그 사용자는 라이브러리의 API를 배우고 코드를 실행하며 자신의 디스크에 로그를 저장해야 한다. 이렇게 번거로운 작업을 감내할 사용자가 거의 없다고 본다면, 우리의 고객은 매우 제한적이다. 하지만 로그 라이브러리를 웹 서비스로 제공한다면 어떨까? 이러한 문제들을 해결할 수 있을 뿐만 아니라 더 많은 고객의 관심을 끌 수 있을 것이다. 하나의 컴퓨터에서 작동하는 프로그램과 비교했을 때, 네트워크로 제공하는 서비스는 다음과 같은 세 가지 이점을 제공한다.

- 가용성과 확장성을 위해 여러 컴퓨터에 걸쳐 실행할 수 있다.
- 여러 사람이 같은 데이터로 소통할 수 있다.
- 사람들이 쉽게 접근하고 사용할 수 있는 인터페이스를 제공한다.

이러한 이점을 활용할 수 있는 서비스로는 어떤 것이 있을까? 프런트엔드에 퍼블릭 API를 만들거나 내부 인프라스트럭처 도구를 만드는 경우가 있다. 사업을 위한 서비스를 구축할 수도 있다(사람들이 라이브러리 사용에 돈을 지불하는 경우는 드물다).

4장에서는 로그 라이브러리를 기반으로 여러 사람이 같은 데이터로 소통하는 서비스를 만들어보겠다. 서비스는 여러 컴퓨터에 걸쳐서 작동한다. 클러스터에 대한 구현은 8장에서 구현할 예정이다. 현재 분산 서비스에 대한 요청을 처리하는 최고의 도구는 구글의 gRPC이다.

4.1 gRPC에 관하여

과거 분산 서비스를 만들 때 가장 어려웠던 두 가지 문제는 호환성을 유지하는 문제와 서버-클라이언트 사이의 성능을 관리하는 문제였다.

서버와 클라이언트가 호환성을 유지함으로써 클라이언트가 보내는 요청을 서버가 이해하고, 서버의 응답 역시 클라이언트가 이해할 수 있다는 것을 보장하고자 했다. 서버의 호환성을 깨는 변경사항을 만들더라도 기존 고객들에게는 아무 문제가 없도록 만들려 했다. 이러한 문제는 API 버저닝API versioning으로 해결했다.

좋은 성능을 유지하기 위해 가장 중요한 것은 데이터베이스 쿼리의 최적화와, 비즈니스 로직의 구현에 사용하는 알고리즘의 최적화이다. 이렇게 최적화한 다음에는 서버가 요청을 역직렬화하고, 응답을 직렬화하는 부분을 가능한 한 빠르게 만들고, 클라이언트와 서버 간 통신에서의 오버헤드를 줄여야 한다. 요청마다 새로운 연결을 사용하기보다는 하나의 연결을 오래 사용하는 것도 오버헤드를 줄이는 방법의 하나이다.

그런 점에서 필자는 구글이 뛰어난 성능의 RPC 오픈소스 프레임워크인 **gRPC**를 발표했을 때 정말 기뻤다. **gRPC**는 분산 시스템을 만드는 과정에서 문제 해결에 큰 도움이 되었으며, 여러분의 업무도 더 쉽게 만들어줄 것이다. 그렇다면 서비스를 만들 때 **gRPC**는 어떻게 도움이 될까?

4.2 서비스를 만들 때의 목표

네트워크로 제공하는 서비스를 만들 때 지향할 목표가 무엇인지, 그리고 이러한 목표에 다가설 때 gRPC가 어떤 도움이 되는지를 정리해본다.

- **단순화**: 네트워크 통신은 기술적이며 복잡하다. 서비스를 만든다면 요청-응답의 직렬화 같은 세부적인 기술보다는 서비스로 풀어내려는 문제 자체에 집중하고, 기술적인 세부사항은 추상화되어 쉽게 가져다 쓸 수 있는 API를 사용하고 싶을 것이다. 그러면서도 때로는 이러한 추상화 아래의 세부사항에 접근해야 할 때도 있다.

  다양한 추상화 수준의 프레임워크 중에서 gRPC의 추상화는 중·상급 수준이라 할 수 있다. 익스프레스Express보다는 높은 추상화이다. gRPC는 어떻게 직렬화할지, 엔드포인트endpoint를 어떻게 구성할지 정해져 있으며 양방향 스트리밍을 제공한다. 하지만 루비 온 레일즈Ruby on Rails보다는 낮다고 할 수 있는데, 레일즈는 요청 처리에서부터 데이터 저장, 애플리케이션의 구조에 이르기까지 모두 처리하기 때문이다. gRPC는 미들웨어를 이용해 확장할 수 있다. 서비스를 만들다 보면 로킹, 인증, 속도 제한rate limiting, 트레이싱tracing과 같은 많은 문제를 만나는데, gRPC 커뮤니티[1]는 이러한 문제를 해결할 수 있는 많은 미들웨어[2]를 만들어왔다.

- **유지보수**: 서비스의 첫 버전을 만들기까지 걸리는 시간은 서비스에 쏟을 전체 시간의 일부에 불과하다. 서비스가 운영을 시작하고 고객이 사용하게 되면 하위 호환성에 신경 써야 한다. 요청-응답 형태의 API에서 가장 간단한 해법은 버전으로 구분하여 여러 인스턴스를 두는 것이다.

  gRPC에서는 작은 변경일 때는 **protobuf**의 필드 버저닝으로 충분하며, 메이저major 변경이 있을 때는 서비스의 여러 버전을 쉽게 작성하고 실행할 수 있다. 여러분이나 동료가 서비스를 만들 때 모든 요청과 응답의 자료형을 체크하면 실수로라도 하위 호환성을 깨는 일을 막을 수 있다.

- **보안**: 네트워크에 서비스를 공개하면, 네트워크 혹은 인터넷을 사용하는 모든 이용자에게 서비스를 공개하는 셈이다. 누가 서비스에 접근하는지, 무엇을 할 수 있는지를 제어하는 것은 중요하다.

  gRPC는 보안 소켓 계층Secure Sockets Layer, SSL과 전송 계층 보안Transport Layer Security, TLS를 지원하여 클라이언트와 서버 사이를 오가는 모든 데이터를 암호화한다. 또한 요청에 인증서를 첨부하게 하여 누가 요청을 보냈는지 알 수 있다. 5장에서 보안을 좀 더 다루겠다.

- **사용성**: 서비스를 만든다는 건 결국 사용자들이 서비스를 사용해서 문제를 해결하도록 하는 것이다. 서비스가 사용하기 쉬울수록 더 많은 사용자가 찾는다. API에 잘못된 요청을 보내는 것처럼 사용자가 실수하면 무엇이 잘못되었는지를 알려주는 식으로, 사용자가 점점 더 서비스에 익숙해지게 만들어야 한다.

  gRPC에서는 서비스 메서드, 요청-응답과 그 본문body 모두를 자료형으로 정의한다. 컴파일러는 **protobuf**에서 코드로 모든 코멘트를 복사하여 사용자가 자료형 정의만으로 이해하기 어려운 부분을 보완한다. 사용자는 자신이 만든 코드를 자료형 검사해서 API를 제대로 사용하는지 확인할 수 있다. 요청, 응답, 모델, 직렬화까지 모든 것을 자료형 검사하는 것은 서비스를 사용하는 법을 배울 때 큰 도움이 된다. 또한, godoc을 이용하면 gRPC API의 상세한 정보를 알 수 있다. 이처럼 유용한 두 기능을 제공하는 프레임워크는 흔치 않다.

- **성능**: 누구든지 서비스가 리소스는 적게 사용하면서 성능은 좋기를 바란다. 예를 들어 구글 클라우드 플랫폼Google Cloud Platform, GCP에서 N1 머신 계열의 표준 머신 유형으로 n1-standard-2 대신 n1-standard-1를 사용할 수 있다면 예상 비용은 월 71달러 정도에서 월 35달러 정도로 절반 이상 줄어든다.

---

1   https://github.com/grpc-ecosystem
2   https://github.com/grpc-ecosystem/go-grpc-middleware

gRPC는 protobuf와 HTTP/2를 기반으로 만들어졌다. protobuf는 직렬화에 유리하고 HTTP/2는 연결을 오래 유지할 수 있는 이점이 있다. 덕분에 gRPC를 사용하는 서비스는 효율적으로 구동하며 서버 비용을 아낄 수 있다.

• **확장성**: 확장성은 부하를 여러 컴퓨터에 골고루 분산하는 것, 또는 여러 사람이 함께 프로젝트를 개발하는 것을 의미한다. gRPC는 두 경우 모두 쉽게 확장할 수 있다.

gRPC를 사용하면 필요에 따라 다양한 로드 밸런싱[3]을 쓸 수 있다. 클라이언트thick client-side 로드 밸런싱, 프록시 로드 밸런싱, 색인lookaside 로드 밸런싱, 그리고 서비스 메시service mesh 등이 있다. 또한 gRPC를 사용하면 gRPC가 지원하는 다양한 언어로 서비스를 클라이언트 및 서버로 컴파일할 수 있다. 이처럼 다양한 언어로 서로 통신하는 서비스를 만들 수 있으므로 다양한 언어를 사용하는 개발자가 프로젝트에 참여하기 쉽다. 즉, 확장성이 좋다.

서비스의 목표를 알아보았으니 이제 그 목표를 만족하는 gRPC 서비스를 만들어보자.

4.3 gRPC 서비스 정의하기

gRPC란 관련이 있는 RPC 엔드포인트들을 묶은 그룹이다. 어떤 관련이 있는지는 개발자가 판단한다. 흔한 예로는 RESTful에서 같은 자원에 대해 작업하는 엔드포인트들을 그룹으로 묶는 경우가 있다. 다만, 반드시 서로 관련되어야 하는 것은 아니다. 좀 더 일반적으로 말하자면, 어떠한 문제를 해결하는 데 필요한 엔드포인트들이다. 우리가 만드는 서비스의 목적은 사용자가 자신들의 로그에 읽고 쓸 수 있게 하는 것이다.

gRPC 서비스를 만든다는 것은 서비스를 protobuf로 정의하고, 프로토콜 버퍼를 클라이언트와 서버로 된 코드로 컴파일하여 구현하는 것이다. 레코드 메시지를 정의했던 **log.proto** 파일을 열어서 다음과 같은 서비스 정의를 기존 메시지 위에 추가하자.

ServeRequestsWithgRPC/api/v1/log.proto

```
service Log {
    rpc Produce(ProduceRequest) returns (ProduceResponse) {}
    rpc Consume(ConsumeRequest) returns (ConsumeResponse) {}
    rpc ConsumeStream(ConsumeRequest) returns (stream ConsumeResponse) {}
    rpc ProduceStream(stream ProduceRequest) returns (stream ProduceResponse) {}
}
```

---

3 https://grpc.io/blog/grpc-load-balancing

service 키워드는 컴파일러가 생성해야 할 서비스라는 의미이며, rpc로 시작하는 각각의 줄은 서비스의 엔드포인트이고, 요청과 응답의 자료형을 명시했다. 요청과 응답은 컴파일러가 Go 구조체로 변환해 줄 메시지이다.

스트리밍 엔드포인트는 다음 두 종류가 있다.

- **ConsumeStream**: 서버 측 스트리밍 RPC이다. 클라이언트가 서버에 요청을 보내면, 서버는 연속한 메시지들을 읽을 수 있는 스트림을 보내준다.
- **ProduceStream**: 양방향 스트리밍 RPC이다. 클라이언트와 서버 양쪽이 읽고 쓸 수 있는 스트림read-write stream을 이용해 서로 연속한 메시지들을 보낸다. 두 스트림은 서로 영향을 주지 않고 독립적으로 작동하므로 서버와 클라이언트는 어떠한 순서로든 원하는 대로 읽고 쓸 수 있다. 예를 들어 서버가 클라이언트의 모든 요청을 다 받은 다음에 응답을 보낼 수 있다. 서버가 요청을 한꺼번에 처리해야 하거나 여러 요청의 처리 결과를 모아야 하는 경우가 있겠다. 필요하다면 하나의 요청마다 그에 대한 하나의 응답을 보낼 수도 있다.

서비스 정의 아래에 요청과 응답을 정의하는 코드를 추가하자.

ServeRequestsWithgRPC/api/v1/log.proto

```
message ProduceRequest {
    Record record = 1;
}

message ProduceResponse {
    uint64 offset = 1;
}

message ConsumeRequest {
    uint64 offset = 1;
}

message ConsumeResponse {
    Record record = 1;
}
```

ProduceRequest는 로그에 생성할 레코드를 가지며 ProduceResponse는 레코드의 오프셋을 회신한다. 오프셋은 사실상 레코드의 ID와 같다. ConsumeRequest는 로그에서 소비할 레코드의 오프셋을 가지며 ConsumeResponse는 오프셋에 저장된 레코드를 회신한다.

로그 서비스에 정의한 대로 클라이언트 측과 서버 측 코드를 생성하려면 protobuf 컴파일러에 gRPC 플러그인을 사용해야 한다.

4.4 gRPC 플러그인으로 컴파일하기

컴파일은 그리 어렵지 않다. 다음과 같이 **gRPC** 패키지부터 설치하자.

```
$ go install google.golang.org/protobuf/cmd/protoc-gen-go@v1.26
$ go install google.golang.org/grpc/cmd/protoc-gen-go-grpc@v1.1
```

그리고 **Makefile** 파일의 compile 타깃을 다음과 같이 수정하여 gRPC 플러그인을 활성화하고 gRPC 서비스를 컴파일하게 하자.

ServeRequestsWithgRPC/Makefile

```
compile:
    protoc api/v1/*.proto \
        --go_out=. \
        --go-grpc_out=. \
        --go_opt=paths=source_relative \
        --go-grpc_opt=paths=source_relative \
        --proto_path=.
```

$ make compile을 실행하고 **api/v1** 디렉터리의 **log_grpc.pb.go** 파일을 열어서 생성한 코드를 확인하자. 컴파일러가 gRPC 로그 클라이언트를 만들고 로그 서비스 API를 구현할 준비를 해둔 것을 알 수 있다.

4.5 gRPC 서버 구현하기

컴파일러가 서버 측 로그 서비스 구현 API를 생성했으므로, 서버를 구현하려면 구조체를 만들고 protobuf에 정의해둔 서비스에 맞는 구조체의 메서드를 구현한다.

internal 패키지는 고에서 마법과 같은 패키지로, 오직 가까운 코드에서만 임포트import할 수 있다. 예를 들어 /a/b/c/internal/d/e/f의 코드는 /a/b/c 디렉터리와 그 아래 코드에서만 임포트할 수 있다. /a/b/g 디렉터리의 코드는 임포트할 수 없다. $ mkdir -p internal/server 명령으로 **internal/server** 디렉터리를 만들고 **server.go** 파일을 생성하자. 이 파일에 **server**라는 패키지명으로 서버를 구현할 것이다. 가장 먼저 서버 자료형을 정의하고, 서버 인스턴스를 만드는 팩토리 함수를 만들자.

ServeRequestsWithgRPC/internal/server/server.go

```go
package server

import (
    "context"

    api "github.com/travisjeffery/proglog/api/v1"
    "google.golang.org/grpc"
)

type Config struct {
    CommitLog CommitLog
}

var _ api.LogServer = (*grpcServer)(nil)

type grpcServer struct {
    api.UnimplementedLogServer
    *Config
}

func newgrpcServer(config *Config) (srv *grpcServer, err error) {
    srv = &grpcServer{
        Config: config,
    }
    return srv, nil
}
```

log_grpc.pb.go 파일의 API를 구현하려면 Consume()과 Produce() 핸들러를 구현해야 한다. gRPC 계층은 구현이 복잡하지 않다. 로그 라이브러리를 호출하고 에러를 처리하는 것이 전부이다. 다음 코드를 추가하자.

ServeRequestsWithgRPC/internal/server/server.go

```go
func (s *grpcServer) Produce(ctx context.Context, req *api.ProduceRequest) (
    *api.ProduceResponse, error) {
    offset, err := s.CommitLog.Append(req.Record)
    if err != nil {
        return nil, err
    }
    return &api.ProduceResponse{Offset: offset}, nil
}
```

```go
func (s *grpcServer) Consume(ctx context.Context, req *api.ConsumeRequest) (
    *api.ConsumeResponse, error) {
    record, err := s.CommitLog.Read(req.Offset)
    if err != nil {
        return nil, err
    }
    return &api.ConsumeResponse{Record: record}, nil
}
```

서버의 메서드인 Produce(ctx context.Context, req *api.ProduceRequest)와 Consume(ctx context.Context, req *api.ConsumeRequest)를 구현했다. 이 두 메서드는 서버의 로그에 생산 produce하고 소비consume해달라는 클라이언트의 요청을 처리한다. 이제 스트리밍 API를 구현해보자.

ServeRequestsWithgRPC/internal/server/server.go

```go
func (s *grpcServer) ProduceStream(
    stream api.Log_ProduceStreamServer,
) error {
    for {
        req, err := stream.Recv()
        if err != nil {
            return err
        }
        res, err := s.Produce(stream.Context(), req)
        if err != nil {
            return err
        }
        if err = stream.Send(res); err != nil {
            return err
        }
    }
}

func (s *grpcServer) ConsumeStream(
    req *api.ConsumeRequest,
    stream api.Log_ConsumeStreamServer,
) error {
    for {
        select {
        case <-stream.Context().Done():
            return nil
        default:
            res, err := s.Consume(stream.Context(), req)
            switch err.(type) {
            case nil:
            case api.ErrOffsetOutOfRange:
```

```
            continue
        default:
            return err
        }
        if err = stream.Send(res); err != nil {
            return err
        }
        req.Offset++
    }
  }
}
```

ProduceStream(stream api.Log_ProduceStreamServer) 메서드는 양방향 스트리밍 RPC이다. 클라이언트는 서버의 로그로 데이터를 스트리밍할 수 있고, 서버는 각 요청의 성공 여부를 회신할 수 있다. ConsumeStream(req *api.ConsumeRequest, streamapi.Log_ConsumeStreamServer) 메서드는 서버 측 스트리밍 RPC이다. 클라이언트가 로그의 어느 위치의 레코드를 읽고 싶은지를 밝히면, 서버는 그 위치로부터 이어지는 모든 레코드를 스트리밍한다. 나아가 서버가 로그 끝까지 스트리밍하고 나면, 누군가가 레코드를 추가할 때까지 기다렸다가(정확히는 요청과 에러를 반복하다가) 레코드가 들어오는 대로 클라이언트에 스트리밍한다.

gRPC 서비스를 구성하는 코드는 짧고 간단하다. 네트워크 관련 코드와 로그 코드가 깔끔하게 분리된 덕분이지만, 한편으로는 가장 기본적인 에러 처리만 하기 때문이다. 로그 라이브러리가 리턴하는 에러를 그대로 클라이언트에 전달한다.

클라이언트가 메시지를 소비consume하려고 한 요청이 실패했다면, 개발자는 이유가 궁금할 것이다. 서버가 메시지를 찾지 못했을까? 서버가 예상하지 못한 실패일까? 서버는 이러한 정보를 상태 코드status code로 전달한다. 또한 고객 역시 어떻게 애플리케이션이 실패했는지도 알아야 한다. 따라서 서버는 에러를 사람이 읽을 수 있는 형태로 전달하여 클라이언트가 사용자에게 보여줄 수 있게 한다.

서비스의 에러 처리를 개선해보자.

4.5.1 gRPC의 에러 처리

gRPC는 에러 처리를 잘 지원한다. 앞서 구현한 코드에서는 고의 표준 라이브러리처럼 에러를 리턴했다. 코드는 서로 다른 컴퓨터를 사용하는 사용자 사이의 호출을 처리하지만, 마치 하나의 컴퓨터에서 작동하는 프로그램처럼 느껴진다. 네트워크 구현부를 추상화하는 gRPC 덕분이다. 기본적으로 에러는 단지 문자열로 표현된다. 하지만 상태 코드나 임의의 데이터 같은 정보를 추가할 수 있다.

고의 gRPC 구현은 **status** 패키지[4] 덕분에 에러에 상태 코드를 포함한 그 어떤 데이터도 추가할 수 있다. 상태 코드를 포함한 에러를 생성하려면 **status** 패키지의 Error() 함수에 **codes** 패키지[5]의 코드를 전달한다. 이 상태 코드는 각자의 에러 자료형과 매칭된다. 에러에 첨부한 상태 코드는 **codes** 패키지에 정의된 코드여야 한다. gRPC가 지원하는 모든 프로그래밍 언어는 이 상태 코드가 같다. 예를 들어 특정 ID의 레코드를 찾을 수 없다면 NotFound 코드를 사용한다.

```
err := status.Error(codes.NotFound, "id was not found")
return nil, err
```

클라이언트 측에서는 **status** 패키지의 FromError() 함수를 이용하여 에러에서 코드를 추출한다. 목표는 가능한 한 많은 에러에 상태 코드를 추가하는 것이다. 상태 코드로 에러의 원인을 파악하면 정상 처리할 수 있다. 하지만, 예측하지 못한 에러나 서버 내부에서 발생한 에러일 때는 상태 코드가 없을 수 있다. 다음과 같이 FromFrror() 함수를 이용해 gRPC 에러에서 상태 코드를 추출한다.

```
st, ok := status.FromError(err)
if !ok {
    // 상태 코드를 가진 에러가 아니다.
}
// st.Message()와 st.Code()를 사용하여 메시지와 상태 코드를 알 수 있다.
```

에러를 디버깅하거나 로그나 트레이스를 통한 추가 정보가 필요할 때처럼 상태 코드 그 이상이 필요하다면, **status** 패키지의 WithDetails() 함수를 사용해보자. 에러에 원하는 protobuf 메시지를 첨부할 수 있다.

errdetails 패키지[6]는 서비스를 만들 때 유용한 protobuf를 제공한다. bad request 처리, 디버그 정보, 현지화localized 메시지 등이 있다.

errdetails 패키지의 LocalizedMessage() 함수를 써보자. 앞선 예시 코드를 바꾸어 사용자에게 회신하기에 좀 더 안전하게 만들자. 다음 코드에서는 먼저 not-found 상태 코드를 생성하고, 현지화한 메시지와 로케일locale 정보를 생성한다. 그런 다음 상태의 세부 정보를 추가하고, 마지막으로 Go 에러로 변환하여 상태를 리턴한다.

---

4   https://godoc.org/google.golang.org/grpc/status

5   https://godoc.org/google.golang.org/grpc/codes

6   https://godoc.org/google.golang.org/genproto/googleapis/rpc/errdetails

```go
st := status.New(codes.NotFound, "id was not found")
d := &errdetails.LocalizedMessage{
    Locale: "en-US",
    Message: fmt.Sprintf(
        "We couldn't find a user with the email address: %s",
        id,
    ),
}
var err error
st, err = st.WithDetails(d)
if err != nil {
    // 여기서 에러가 발생한다면 에러는 항상 발생한다.
    // 따라서 단순히 에러를 전달하기보다는
    // panic을 발생시켜서 문제의 원인을 파악해야 한다.
    panic(fmt.Sprintf("Unexpected error attaching metadata: %v", err))
}
return st.Err()
```

클라이언트 측에서 세부 정보를 추출하려면 에러를 status로 변환한 다음 Details() 메서드로 추출한다. 그리고 세부 정보의 자료형을 서버에서 설정한 자료형에 맞게 변환한다. 코드는 다음과 같다.

```go
st := status.Convert(err)
for _, detail := range st.Details() {
    switch t := detail.(type) {
    case *errdetails.LocalizedMessage:
        // t.Message를 사용자에게 보낸다.
    }
}
```

서비스로 다시 돌아가서 ErrOffsetOutOfRange라는 커스텀 에러를 추가해보자. 클라이언트가 로그 범위를 벗어난 오프셋의 레코드를 소비하려 할 때 서버가 회신하는 에러이다. **api/v1** 디렉터리에 **error.go** 파일을 만들고 다음 코드를 추가하자.

ServeRequestsWithgRPC/api/v1/error.go

```go
package log_v1

import (
    "fmt"

    "google.golang.org/genproto/googleapis/rpc/errdetails"
    "google.golang.org/grpc/status"
)
```

```go
type ErrOffsetOutOfRange struct {
    Offset uint64
}

func (e ErrOffsetOutOfRange) GRPCStatus() *status.Status {
    st := status.New(
        404,
        fmt.Sprintf("offset out of range: %d", e.Offset),
    )
    msg := fmt.Sprintf(
        "The requested offset is outside the log's range: %d",
        e.Offset,
    )
    d := &errdetails.LocalizedMessage{
        Locale: "en-US",
        Message: msg,
    }
    std, err := st.WithDetails(d)
    if err != nil {
        return st
    }
    return std
}

func (e ErrOffsetOutOfRange) Error() string {
    return e.GRPCStatus().Err().Error()
}
```

그다음에는 로그가 이 에러를 사용하도록 하자. **internal/log/log.go** 파일의 Read(offset uint64) 메서드에서 다음 부분을 찾아보자.

WriteALogPackage/internal/log/log.go

```go
if s == nil || s.nextOffset <= off {
    return nil, fmt.Errorf("offset out of range: %d", off)
}
```

이 코드를 다음과 같이 변경하자.

ServeRequestsWithgRPC/internal/log/log.go

```go
if s == nil || s.nextOffset <= off {
    return nil, api.ErrOffsetOutOfRange{Offset: off}
```

```
    }
```

마지막으로 **internal/log/log_test.go** 파일의 testOutOfRange(t *testing.T, log *Log) 테스
트를 수정하자.

ServeRequestsWithgRPC/internal/log/log_test.go

```
func testOutOfRangeErr(t *testing.T, log *Log) {
    read, err := log.Read(1)
    require.Nil(t, read)
    apiErr := err.(api.ErrOffsetOutOfRange)
    require.Equal(t, uint64(1), apiErr.Offset)
}
```

클라이언트가 로그 범위 바깥의 오프셋을 소비하려 하면, 로그는 현지화 메시지, 상태 코드, 에러
메시지 등의 유용한 정보를 담은 커스텀 에러를 회신할 것이다. 커스텀 에러가 구조체 자료형이기에
Read(offset uint64) 메서드의 리턴 값을 자료형 변환하여 분석할 수 있다. ConsumeStream(req
*api.ConsumeRequest, stream api.Log_ConsumeStreamServer) 메서드에서 이 방법을 사용했다.
서버가 로그의 마지막을 읽었는지 확인하고, 누군가가 또 다른 레코드를 생산할 때까지 (요청과 에러를
무한 반복하며) 기다리는 부분이다.

ServeRequestsWithgRPC/internal/server/server.go

```
func (s *grpcServer) ConsumeStream(
    req *api.ConsumeRequest,
    stream api.Log_ConsumeStreamServer,
) error {
    for {
        select {
        case <-stream.Context().Done():
            return nil
        default:
            res, err := s.Consume(stream.Context(), req)
            switch err.(type) {
            case nil:
            case api.ErrOffsetOutOfRange:
                continue
            default:
                return err
            }
            if err = stream.Send(res); err != nil {
                return err
            }
        }
```

```
            req.Offset++
        }
    }
}
```

지금까지 서비스의 에러 처리를 개선했다. 상태 코드를 추가했고, 사람이 읽을 수 있으면서 현지화한 에러 메시지를 추가했다. 사용자는 에러가 발생한 원인을 좀 더 자세히 알 수 있다. 다음으로는 여러 로그 구현을 받을 수 있고 서비스의 테스트 코드를 짜기 쉽도록 서비스의 로그 필드를 정의해보자.

4.5.2 인터페이스를 이용한 의존관계 역전

구현한 서버는 추상화한 로그에 의존한다. 예를 들어 사용자의 데이터를 잘 보관해야 하는 프로덕션 production 환경에서 서비스는 로그 라이브러리에 의존성을 가진다. 하지만 테스트 환경에서는 데이터를 저장해둘 필요 없이 인메모리in-memory 로그를 사용해도 된다. 인메모리를 사용하면 테스트 속도도 빠르다.

서비스는 특정한 로그 구현에 묶이지 않는 게 좋다. 원할 때 필요한 로그 구현을 전달하는 것이다. 그러려면 서비스가 로그 구현체가 아닌 로그 인터페이스에 의존하도록 한다. 그러면 서비스는 어떠한 로그 구현이든 로그 인터페이스만 만족하면 사용할 수 있다.

다음 코드를 **server.go** 파일에 추가하자.

ServeRequestsWithgRPC/internal/server/server.go

```
type CommitLog interface {
    Append(*api.Record) (uint64, error)
    Read(uint64) (*api.Record, error)
}
```

이 간단한 코드만으로 서비스는 CommitLog 인터페이스를 만족하는 어떠한 로그 구현도 사용할 수 있다.

다음으로 외부로 내보내는exported API를 구현해서 사용자가 새로운 서비스를 인스턴스화할 수 있도록 하자.

4.6 서버 등록하기

지금까지의 서버 구현 과정에 아직 gRPC에 관한 부분은 없었다. 서비스가 gRPC로 작동하려면 세 단계가 필요하며, 우리는 그중 두 단계만 해결하면 된다. 먼저 gRPC 서버를 만들고, 서비스를 등록하는 것이다. 마지막 단계는 서버에 연결하려는 요청을 받는 리스너listener를 추가하는 것인데, 이 단계는 사용자가 자신이 구현한 리스너를 전달하도록 할 것이다. 사용자가 테스트할 용도로 사용할 수도 있다. 세 단계를 모두 마치면 gRPC 서버는 네트워크상에서 요청을 수신하여 처리하고, 서비스를 호출하고, 클라이언트에 결과를 회신할 것이다.

server.go 파일에 NewGRPCServer() 함수를 추가하여 서비스를 인스턴스화하고, gRPC 서버를 생성하며, 서비스를 서버에 등록할 수 있게 한다. 사용자는 연결 요청을 수락하는 리스너만 추가하면 되는 gRPC 서버를 가진다.

ServeRequestsWithgRPC/internal/server/server.go

```
func NewGRPCServer(config *Config) (*grpc.Server, error) {
    gsrv := grpc.NewServer()
    srv, err := newgrpcServer(config)
    if err != nil {
        return nil, err
    }
    api.RegisterLogServer(gsrv, srv)
    return gsrv, nil
}
```

서비스 구현이 끝났다. 이제 서비스의 작동을 확인하는 테스트를 만들자.

4.7 gRPC 서버와 클라이언트 테스트하기

gRPC 서버를 모두 구현했다. 이제 기대한 대로 작동하는지 테스트해보자. 로그 라이브러리는 이미 테스트했으니, 여기서는 좀 더 높은 수준의 테스트로서 gRPC와 라이브러리의 연결과, gRPC 클라이언트와 서버의 통신을 확인하는 테스트 코드를 짜보자.

grpc 디렉터리에 server_test.go 파일을 만들어 테스트 준비 작업을 추가한다.

ServeRequestsWithgRPC/internal/server/server_test.go

```
package server
```

```go
import (
    "context"
    "io/ioutil"
    "net"
    "testing"

    "github.com/stretchr/testify/require"
    api "github.com/travisjeffery/proglog/api/v1"
    "github.com/travisjeffery/proglog/internal/log"
    "google.golang.org/grpc"
)

func TestServer(t *testing.T) {
    for scenario, fn := range map[string]func(
        t *testing.T,
        client api.LogClient,
        config *Config,
    ){
        "produce/consume a message to/from the log succeeeds":
            testProduceConsume,
        "produce/consume stream succeeds":
            testProduceConsumeStream,
        "consume past log boundary fails":
            testConsumePastBoundary,
    } {
        t.Run(scenario, func(t *testing.T) {
            client, config, teardown := setupTest(t, nil)
            defer teardown()
            fn(t, client, config)
        })
    }
}
```

TestServer(t *testing.T) 테스트 함수는 테스트 케이스들을 정의하고 각각의 케이스에 대해 서브 테스트들을 실행한다. setupTest(t *testing.T, fn func(*Config)) 테스트 함수를 추가하자.

ServeRequestsWithgRPC/internal/server/server_test.go

```go
func setupTest(t *testing.T, fn func(*Config)) (
    client api.LogClient,
    cfg *Config,
    teardown func(),
) {
    t.Helper()

    l, err := net.Listen("tcp", ":0")
```

```
        require.NoError(t, err)

        clientOptions := []grpc.DialOption{grpc.WithInsecure()}
        cc, err := grpc.Dial(l.Addr().String(), clientOptions...)
        require.NoError(t, err)

        dir, err := ioutil.TempDir("", "server-test")
        require.NoError(t, err)

        clog, err := log.NewLog(dir, log.Config{})
        require.NoError(t, err)

        cfg = &Config{
            CommitLog: clog,
        }
        if fn != nil {
            fn(cfg)
        }
        server, err := NewGRPCServer(cfg)
        require.NoError(t, err)

        go func() {
            server.Serve(l)
        }()
        client = api.NewLogClient(cc)
        return client, cfg, func() {
            server.Stop()
            cc.Close()
            l.Close()
            clog.Remove()
        }
    }
```

setupTest(t *testing.T, fn func(*Config)) 함수는 각각의 테스트 케이스를 위한 준비를 해주는 도우미 함수이다. 테스트는 서버를 실행할 컴퓨터의 로컬 네트워크 주소를 가진 리스너부터 만든다. 0포트로 설정하면 자동으로 사용하지 않는 포트를 할당한다. 다음으로, 리스너에 보안을 고려하지 않은 연결을 수행한다. 클라이언트는 이 연결을 사용할 것이다.

그다음으로 서버를 생성하고 고루틴goroutine에서 요청을 처리한다. Serve() 메서드가 블로킹 호출 blocking call이므로 고루틴 안에서 호출하지 않으면 이어지는 테스트가 실행되지 않는다.

이제 테스트 케이스를 작성하자.

ServeRequestsWithgRPC/internal/server/server_test.go

```go
func testProduceConsume(t *testing.T, client api.LogClient, config *Config) {
    ctx := context.Background()

    want := &api.Record{
        Value: []byte("hello world"),
    }

    produce, err := client.Produce(
        ctx,
        &api.ProduceRequest{
            Record: want,
        },
    )
    require.NoError(t, err)

    consume, err := client.Consume(ctx, &api.ConsumeRequest{
        Offset: produce.Offset,
    })
    require.NoError(t, err)
    require.Equal(t, want.Value, consume.Record.Value)
    require.Equal(t, want.Offset, consume.Record.Offset)
}
```

testProduceConsume(t *testing.T, client api.LogClient, config *Config) 테스트는 클라
이언트와 서버를 이용해 생산과 소비가 이루어지는지, 로그에 레코드를 추가하고 다시 소비하는지 확
인한다. 그리고 보냈던 레코드가 받은 레코드와 같은지를 확인한다.

다음 테스트 케이스를 추가하자.

ServeRequestsWithgRPC/internal/server/server_test.go

```go
func testConsumePastBoundary(
    t *testing.T,
    client api.LogClient,
    config *Config,
) {
    ctx := context.Background()

    produce, err := client.Produce(ctx, &api.ProduceRequest{
        Record: &api.Record{
            Value: []byte("hello world"),
        },
    })
    require.NoError(t, err)
```

```
    consume, err := client.Consume(ctx, &api.ConsumeRequest{
        Offset: produce.Offset + 1,
    })
    if consume != nil {
        t.Fatal("consume not nil")
    }
    got := grpc.Code(err)
    want := grpc.Code(api.ErrOffsetOutOfRange{}.GRPCStatus().Err())
    if got != want {
        t.Fatalf("got err: %v, want: %v", got, want)
    }
}
```

testConsumePastBoundary(t *testing.T,client api.LogClient, config *Config) 테스트는
클라이언트가 로그의 범위를 벗어난 소비를 시도할 때, 서버가 api.ErrOffsetOutOfRange() 에러를
회신하는지 확인한다.

다음은 마지막 테스트 케이스다.

ServeRequestsWithgRPC/internal/server/server_test.go

```
func testProduceConsumeStream(
    t *testing.T,
    client api.LogClient,
    config *Config,
) {
    ctx := context.Background()

    records := []*api.Record{{
        Value: []byte("first message"),
        Offset: 0,
    }, {
        Value: []byte("second message"),
        Offset: 1,
    }}

    {
        stream, err := client.ProduceStream(ctx)
        require.NoError(t, err)

        for offset, record := range records {
            err = stream.Send(&api.ProduceRequest{
                Record: record,
            })
```

```
        require.NoError(t, err)
        res, err := stream.Recv()
        require.NoError(t, err)
        if res.Offset != uint64(offset) {
            t.Fatalf(
                "got offset: %d, want: %d",
                res.Offset,
                offset,
            )
        }
    }
}

{
    stream, err := client.ConsumeStream(
        ctx,
        &api.ConsumeRequest{Offset: 0},
    )
    require.NoError(t, err)

    for i, record := range records {
        res, err := stream.Recv()
        require.NoError(t, err)
        require.Equal(t, res.Record, &api.Record{
            Value: record.Value,
            Offset: uint64(i),
        })
    }
}
}
```

testProduceConsumeStream(t *testing.T,client api.LogClient, config *Config) 테스트는 testProduceConsume() 테스트와 비슷한, 스트리밍에 대한 테스트이다. 스트림을 통한 생산과 소비를 확인한다. $ make test 명령으로 테스트해보면 TestServer 테스트를 통과하는 것을 볼 수 있다.

드디어 첫 번째 gRPC 서비스를 구현하고 테스트까지 마쳤다.

4.8 마치며

protobuf에서 gRPC 서비스를 정의하고, gRPC protobuf를 컴파일하여 코드를 만든 다음, gRPC 서버를 만드는 법을 배웠다. 그리고 이 모든 구현이 클라이언트와 서버를 통해 작동하는 것을 테스트하는 법을 배웠다. 이제 gRPC 서버와 클라이언트를 만들고, 네트워크에서 로그 라이브러리를 사용할 수 있다.

이번에는 서비스의 보안을 강화해보자. 클라이언트와 서버가 주고받는 데이터를 SSL/TLS로 암호화하고, 요청을 인증하여 누가 요청을 보냈고 권한이 있는지를 확인하자.

5

서비스 보안

우리는 어떠한 문제를 해결하고자 프로젝트를 시작한다. 하지만 문제의 해결에만 집중하다 보면 중요한 것을 놓칠 수 있다. 보안이 그중 하나로, 정말 중요한 주제이지만 가볍게 취급된다.

보안을 고려한 설루션은 구현하기 훨씬 복잡하지만, 사람들이 실제로 사용하는 서비스라면 보안은 빠뜨릴 수 없다. 그리고 보안 기능을 넣으려면 처음부터 함께 구현해야 한다. 프로젝트를 다 만든 다음에 추가하기란 매우 어렵다. 이 책에서도 데이터 스트림을 예로 들자면 단순한 구현이 아닌, 보안을 적용한 데이터 스트림을 구현하려 한다.

소프트웨어 엔지니어 커리어를 막 시작했다면 보안 기능이 그리 달갑지는 않을 것이다. 제대로 구현해도 알아주는 사람도 없고, 잘못 구현할까 조심스러우면서 한편으로는 지겹기도 하다. 하지만, 필자는 서비스형 소프트웨어software-as-a-service, SaaS 스타트업을 몇 개 만들며 경력을 쌓는 과정에서 보안에 대한 생각이 많이 바뀌었다. 서비스의 보안은 프로젝트에서 해결하려는 문제만큼 중요하다. 그이유는 다음과 같다.

* **해킹을 막아준다.** 보안의 모범 사례들을 따르지 않으면 놀랄 만큼 자주 서비스가 깨지고 중요한 데이터가 새어 나간다. 이런 사고에 관한 뉴스를 종종 보았을 것이다. 서비스를 구현할 때면, 필자는 안전하게 지키려는 데이터가 온 세상에 공개되는 상상을 하곤 한다. 그리고 그런 일이 절대로 일어나서는 안 된다고 다짐한다. 다행히 아직은 그런 일이 없었다.
* **보안이 우수해야 팔린다.** 고객이 내가 만든 소프트웨어를 구매하려 할 때, 가장 중요한 요소는 결국 보안 요구사항을 만족하는가였다.

- **보안 기능을 나중에 넣기는 어렵다.** 기본적인 보안마저 부족한 서비스에 보안을 더 추가하는 작업은 힘들고 어렵다. 처음부터 보안 기능을 넣는 편이 훨씬 쉽다.

이처럼 보안의 중요성을 생각해보면 서비스를 만들 때 보안 기능은 결코 빠질 수 없다. 그럼 시작해보자.

5.1 서비스 보안의 세 단계

분산 서비스의 보안은 다음 세 단계로 나눌 수 있다.

1. 주고받은 데이터는 암호화하여 중간자 공격man-in-the-middle attack, MITM[1]에 대비한다.
2. 클라이언트를 인증한다.
3. 인증한 클라이언트의 권한을 결정한다.

이러한 단계로부터 얻을 수 있는 이점을 알아보고 서비스에 단계별로 구현해보자.

5.1.1 주고받는 데이터의 암호화

데이터를 암호화하여 주고받으면 중간자 공격을 막을 수 있다. 대표적인 중간자 공격으로는 능동 도청active eavesdropping이 있다. 공격자는 피해자들이 서로 직접 연결되었다고 생각하게 하면서, 중간에서 대화를 가로채거나 제어한다. 그뿐만 아니라 둘 사이의 메시지를 악의적으로 변경할 수도 있다. 예를 들어 밥Bob이 앨리스Alice에게 페이팔PayPal을 이용해 송금하려 할 때 맬러리Mallory가 수신 계좌를 자신의 계좌로 바꿀 수 있다.

> **TIP** 암호학에서 관습적으로 쓰이는 이름: 밥Bob, 앨리스Alice, 맬러리Mallory는 암호학에서 흔히 쓰이는 이름이다.[2] 앨리스와 밥은 메시지를 교환하려 하며, 맬러리는 악의를 가진 공격자이다. 이때 이름의 첫 문자를 역할에 맞게 라임을 주어 기억하기 쉽게 했다. 예를 들어 맬러리는 악의적인 공격자malicious attacker, 이브Eve는 도청자eavesdropper, 크레이그Craig는 비밀번호 크래커password cracker이다.

주고받는 데이터를 중간자 공격으로부터 막아주는, 가장 널리 쓰이는 암호화 방법은 TLS이다. SSL을 계승한 TLS는 한때 온라인 은행처럼 보안이 매우 중요한 웹사이트에만 필요하다고 여겨졌으나, 이제는 모든 사이트가 TLS를 사용해야 한다[3]는 인식이 자리 잡았다. 모던 브라우저들은 TLS를 쓰지 않

---

1   https://en.wikipedia.org/wiki/Man-in-the-middle_attack

2   https://en.wikipedia.org/wiki/Alice_and_Bob#Cast_of_characters

3   https://doesmysiteneedhttps.com

는 사이트에 대해 안전하지 않으니 주의하라 알리며 사용하지 말 것을 권한다.

클라이언트와 서버의 통신은 TLS 핸드셰이크handshake부터 시작한다. 핸드셰이크 과정에서 클라이언트와 서버는 다음 과정을 거친다.

1. 사용할 TLS 버전을 명시한다.
2. 사용할 암호화 스위트cipher suite(암호화 알고리즘들의 모음)을 결정한다.
3. 서버의 개인 키와 인증 기관의 서명으로 서버를 인증한다.
4. 핸드셰이크가 끝나면 대칭 키 암호화를 위해 세션 키를 생성한다.

핸드셰이크가 끝나면 클라이언트와 서버는 안전하게 통신할 수 있다.

TLS 핸드셰이크는 TLS가 알아서 처리해준다. 우리는 클라이언트와 서버의 인증서만 준비하면 된다. 이 인증서를 이용해서 gRPC over TLS를 할 수 있다.

이제부터 TLS 지원을 구현하여 서비스가 주고받는 데이터를 암호화하고 서버를 인증할 것이다.

5.1.2 클라이언트 인증

TLS로 클라이언트와 서버 통신의 보안을 강화했으니, 다음은 인증이다. 여기서 인증이란 클라이언트가 누구인지 확인하는 것이다(참고로, 서버는 TLS가 이미 인증했다). 예를 들어 트위터는 여러분이 트위터에 포스팅할 때마다 트윗tweet을 포스팅하는 사람이 본인인지 확인한다.

대부분의 웹 서비스는 TLS를 단방향 인증으로 서버만 인증한다. 클라이언트 인증은 애플리케이션에서 구현할 몫이며, 보통은 사용자명-비밀번호와 토큰token의 조합으로 구현한다. TLS 상호 인증mutual authentication(양방향 인증two-way authentication이라고도 한다)은 기계 간 통신machine-to-machine communication에 많이 사용한다. 분산 시스템이 대표적이다. 이 경우에는 서버와 클라이언트 모두 인증서를 이용해 자신을 인증해야 한다. TLS 상호 인증은 효과적이고 간단하며 이미 많이 적용되었다(이용자도 많고 지원하는 기술도 많다). 많은 회사가 내부의 분산 서비스 사이의 통신 보안[4]에 TLS 상호 인증을 사용한다. TLS 상호 인증의 사용자가 많은 만큼, 새로운 서비스를 만든다면 이를 지원해야 한다. 이제 서비스에 TLS 상호 인증을 구현하자.

---

4 https://blog.cloudflare.com/how-to-build-your-own-public-key-infrastructure

5.1.3 클라이언트 권한

인증authentication과 권한 결정(인가)authorization은 깊게 연관되며 둘 다 'auth'라 줄여 불리고는 한다. 또한 인증과 권한은 요청의 생명주기에서 거의 동시에 이루어지며 서버 코드에서도 서로 가까운 곳에 있다. 사실 특정 리소스의 소유자가 하나인 대부분의 웹 서비스에서는 인증과 권한이 하나의 프로세스이다. 예를 들어 트위터 계정은 소유자가 하나이다. 그래서 클라이언트 인증이 되면, 그 계정에서 할 수 있는 활동은 다 할 수 있다.

인증과 권한의 구분은 리소스의 접근을 공유하고 소유권의 레벨이 다양할 때 필요하다. 우리가 만든 로그 서비스를 예로 들면, 앨리스는 로그의 소유자이면서 읽고 쓰기 접근 권한을 가지고 있지만 밥은 읽을 권한만 가지는 식이다. 이런 경우에 세분화한 접근 제어 권한이 필요하다.

우리 서비스에서는 목록에 기반한 접근 제어 권한을 구현하겠다. 접근 제어 권한으로 클라이언트에 로그를 읽거나 쓸 권한을 줄지를 제어할 것이다.

분산 시스템 보안의 핵심 세 가지를 모두 들여다보았으니, 서비스에 보안을 구현해보자.

5.2 TLS로 서버 인증하기

TLS가 필요한 이유와 작동하는 원리를 간단히 살펴보았다. 이제 주고받는 데이터를 암호화하고 서버를 인증할 때 TLS를 사용해보자. 인증서를 얻고 사용할 때 더 쉽게 관리하는 법도 다루겠다.

5.2.1 CFSSL로 나만의 CA 작동하기

서버 코드를 바꾸기 전에 인증서부터 준비하자. 서드파티 인증 기관certificate authority, CA에서 인증서를 받을 수도 있지만 인증 기관에 따라 돈이 들고 꽤 번거롭다. 우리가 만드는 서비스처럼 내부에서만 사용하는 서비스는 이러한 서드파티 인증기관에서 발급한 인증서까지는 필요 없다. 신뢰할 수 있는 인증서가 필요하다고 해서 반드시 코모도Comodo나 레츠인크립트Let's Encrypt와 같은 회사에서 발급하지 않아도 된다. 직접 만든 CA로 인증서를 발급하면 되는 것이다. 적절한 도구만 쓰면 무료로 쉽게 발급할 수 있다.

글로벌 보안업체인 클라우드플레어CloudFlare[5]가 만든 CFSSL 툴킷은 TLS 인증서를 서명하고, 증명하며, 묶을bundle 수 있다. 클라우드플레어는 CFSSL을 자사 내부 서비스의 TLS 인증서를 만들어내는

---

5   https://www.cloudflare.com

그들만의 인증 기관처럼 사용한다. 오픈소스라서 누구든 사용할 수 있으며, 심지어 레츠인크립트[6]도 CFSSL을 쓴다. 이처럼 유용한 툴킷을 만든 클라우드플레어에 감사할 따름이다.

CFSSL 중에서 다음 두 개의 도구를 사용할 것이다.

- **cfssl**: TLS 인증서를 서명하고, 증명하며, 묶어주고, 그 결과를 JSON으로 내보낸다.
- **cfssljson**: JSON 출력을 받아서 키, 인증서, CSR, 번들 파일로 나눈다.

다음 명령으로 설치해보자.

```
$ go install github.com/cloudflare/cfssl/cmd/cfssl@v1.6.1
$ go install github.com/cloudflare/cfssl/cmd/cfssljson@v1.6.1
```

CA를 초기화하고 인증서를 생성하려면 cfssl에 다양한 설정 파일을 전달해야 한다. CA 생성과 서버 인증서 생성을 위한 각각의 설정 파일과, CA에 관한 일반적인 정보를 담은 설정 파일이 필요하다. **test** 디렉터리를 만들고 **ca-csr.json** 파일에 다음 JSON을 넣어주자.

SecureYourServices/test/ca-csr.json

```
{
    "CN": "My Awesome CA",
    "key": {
        "algo": "rsa",
        "size": 2048
    },
    "names": [
        {
            "C": "CA",
            "L": "ON",
            "ST": "Toronto",
            "O": "My Awesome Company",
            "OU": "CA Services"
        }
    ]
}
```

cfssl은 이 파일로 CA의 인증서를 설정한다. CN은 Common Name을 뜻하며 "My Awesome CA"라고 이름 붙였다. key는 인증서 서명에 사용할 알고리즘과 키의 크기를 담고 있으며, names는 인증서

6 　[옮긴이] https://letsencrypt.org/

에 추가할 다양한 이름 정보이다. names의 각 객체는 최소한 하나 이상의 "C," "L," "O," "OU," 또는 "ST"가 있어야 하며 하나 이상 조합할 수도 있다. 이들의 의미는 다음과 같다.

- **C**: 나라country
- **L**: 지역locality or municipality
- **ST**: 주state or province
- **O**: 조직organization
- **OU**: 부서organizational unit(예를 들어 key를 소유한 부서)

이번에는 CA의 정책을 정의하는 **test/ca-config.json**을 추가한다.

SecureYourServices/test/ca-config.json

```json
{
    "signing": {
        "profiles": {
            "server": {
                "expiry": "8760h",
                "usages": [
                    "signing",
                    "key encipherment",
                    "server auth"
                ]
            },
            "client": {
                "expiry": "8760h",
                "usages": [
                    "signing",
                    "key encipherment",
                    "client auth"
                ]
            }
        }
    }
}
```

CA가 어떤 인증서를 발행할지에 관한 설정이다. `signing` 부분은 서명 정책에 대한 설정이다. 설정대로 만들어지는 CA는 클라이언트와 서버의 인증서를 생성할 수 있고 생성한 인증서는 1년 뒤에 만료되며 디지털 서명, 암호화 키, 인증에 사용할 수 있다.

server-csr.json 파일을 만들고 다음 내용을 추가하자.

```json
{
    "CN": "127.0.0.1",
    "hosts": [
        "localhost",
        "127.0.0.1"
    ],
    "key": {
        "algo": "rsa",
        "size": 2048
    },
    "names": [
        {
            "C": "CA",
            "L": "ON",
            "ST": "Toronto",
            "O": "My Awesome Company",
            "OU": "Distributed Services"
        }
    ]
}
```

cfssl은 이 설정 파일로 서버 인증서를 설정한다. hosts 필드는 인증서가 유효한 도메인명을 담고 있으며, 로컬 네트워크에서 서비스를 실행하기에 127.0.0.1 과 localhost를 넣어두었다.

Makefile을 업데이트하여 cfssl과 cfssljson을 사용해서 인증서를 생성해보자. Makefile은 다음과 같다.

```makefile
CONFIG_PATH=${HOME}/.proglog/

.PHONY: init
init:
	mkdir -p ${CONFIG_PATH}

.PHONY: gencert
gencert:
	cfssl gencert \
		-initca test/ca-csr.json | cfssljson -bare ca

	cfssl gencert \
		-ca=ca.pem \
		-ca-key=ca-key.pem \
		-config=test/ca-config.json \
```

```
            -profile=server \
            test/server-csr.json | cfssljson -bare server
    mv *.pem *.csr ${CONFIG_PATH}

.PHONY: test
test:
    go test -race ./...

.PHONY: compile
compile:
    protoc api/v1/*.proto \
        --go_out=. \
        --go-grpc_out=. \
        --go_opt=paths=source_relative \
        --go-grpc_opt=paths=source_relative \
        --proto_path=.
```

추가한 `CONFIG_PATH` 변수는 생성한 인증서를 저장할 위치이다. `init` 타깃에서 해당 디렉터리를 생성한다. 파일 시스템의 변하지 않는, 알려진 위치에 두면 코드에서 인증서를 찾고 사용하기 편리하다. `gencert` 타깃은 cfssl 도구와 우리가 추가한 설정 파일들을 사용하여 CA와 서버에서 쓸 인증서와 개인 키를 생성한다.

테스트에서 설정 파일들을 자주 참조하므로 별도의 패키지에 생성한 파일들의 경로를 변수에 넣어두면 참조하기 더 쉽다. **internal/config** 디렉터리에 **files.go** 파일을 만들자.

SecureYourServices/internal/config/files.go

```
package config

import (
    "os"
    "path/filepath"
)

var (
    CAFile         = configFile("ca.pem")
    ServerCertFile = configFile("server.pem")
    ServerKeyFile  = configFile("server-key.pem")
)

func configFile(filename string) string {
    if dir := os.Getenv("CONFIG_DIR"); dir != "" {
        return filepath.Join(dir, filename)
    }
```

```
    homeDir, err := os.UserHomeDir()
    if err != nil {
        panic(err)
    }
    return filepath.Join(homeDir, ".proglog", filename)
}
```

생성한 인증서들의 경로를 정의한 이 변수들은 테스트할 때 인증서를 찾고 파싱하고자 사용한다. 만약 고 언어에서 함수 호출의 결과를 상수로 저장할 수 있었다면 상수를 썼을 것이다.[7]

인증서와 키 파일들로 *tls.Configs들을 만들어보겠다. 이를 위해 도우미 함수와 구조체를 추가해보자. **config** 디렉터리에 **tls.go** 파일을 만들고 다음 코드부터 추가하자.

SecureYourServices/internal/config/tls.go

```
package config

import (
    "crypto/tls"
    "crypto/x509"
    "fmt"
    "io/ioutil"
)

func SetupTLSConfig(cfg TLSConfig) (*tls.Config, error) {
    var err error
    tlsConfig := &tls.Config{}
    if cfg.CertFile != "" && cfg.KeyFile != "" {
        tlsConfig.Certificates = make([]tls.Certificate, 1)
        tlsConfig.Certificates[0], err = tls.LoadX509KeyPair(
            cfg.CertFile,
            cfg.KeyFile,
        )
        if err != nil {
            return nil, err
        }
    }
    if cfg.CAFile != "" {
        b, err := ioutil.ReadFile(cfg.CAFile)
        if err != nil {
            return nil, err
        }
```

---

7   [옮긴이] 컴파일 타임 시 확정되는 값만 const로 선언할 수 있다.

```
        ca := x509.NewCertPool()
        ok := ca.AppendCertsFromPEM([]byte(b))
        if !ok {
            return nil, fmt.Errorf(
                "failed to parse root certificate: %q",
                cfg.CAFile,
            )
        }
        if cfg.Server {
            tlsConfig.ClientCAs = ca
            tlsConfig.ClientAuth = tls.RequireAndVerifyClientCert
        } else {
            tlsConfig.RootCAs = ca
        }
        tlsConfig.ServerName = cfg.ServerAddress
    }
    return tlsConfig, nil
}
```

테스트마다 조금씩 다른 *tls.Config 설정을 사용하는데, SetupTLSConfig() 함수는 테스트마다 요청하는 자료형에 맞는 *tls.Config를 리턴한다. 각각의 설정은 다음과 같다.

- 클라이언트의 *tls.Config는 서버 인증서를 검증하는 설정으로 *tls.Config의 RootCAs를 설정한다.

- 클라이언트의 *tls.Config는 서버 인증서의 검증과 함께, 서버가 클라이언트 인증서를 검증할 수 있게 RootCAs와 Certificates를 설정한다.

- 서버의 *tls.Config는 클라이언트 인증서의 검증과 함께, 클라이언트가 서버 인증서를 검증할 수 있게 ClientCAs, Certificates를 설정하고 ClientAuth 모드를 tls.RequireAndVerifyClientCert로 설정한다.

이번에는 구조체를 추가하자.

SecureYourServices/internal/config/tls.go

```
type TLSConfig struct {
    CertFile      string
    KeyFile       string
    CAFile        string
    ServerAddress string
    Server        bool
}
```

TLSConfig는 SetupTLSConfig() 함수가 사용할 매개변수이며, 이 설정에 따라 그에 맞는 *tls.Config를 리턴한다.

테스트로 돌아가서, 클라이언트가 CA를 사용하여 서버의 인증서를 검증하도록 해보자. 서버 인증서가 다른 인증 기관에서 만든 것이라면, 즉, 클라이언트가 가진 CA로 인증서를 검증할 수 없다면, 클라이언트는 서버를 신뢰할 수 없기에 연결하지 않는다. **setup_test.go** 파일에 다음 패키지들을 임포트하자.

SecureYourServices/internal/server/server_test.go

```
"github.com/travisjeffery/proglog/internal/config"
"google.golang.org/grpc/credentials"
```

그리고 setupTest() 함수의 코드를 다음과 같이 바꾸자.

SecureYourServices/internal/server/server_test.go

```
t.Helper()

l, err := net.Listen("tcp", "127.0.0.1:0")
require.NoError(t, err)
clientTLSConfig, err := config.SetupTLSConfig(config.TLSConfig{
    CAFile: config.CAFile,
})
require.NoError(t, err)

clientCreds := credentials.NewTLS(clientTLSConfig)
cc, err := grpc.Dial(
    l.Addr().String(),
    grpc.WithTransportCredentials(clientCreds),
)
require.NoError(t, err)

client = api.NewLogClient(cc)
```

이 코드에서는 클라이언트의 TLS 인증서가 우리가 만든 CA를 클라이언트의 Root CA로, 다시 말해 서버의 인증서를 검증할 때 사용하도록 설정했다. 그리고 클라이언트는 이 인증서를 사용해 연결한다.

이번에는 서버에 인증서를 넣어서 TLS 연결을 처리하도록 해보자. 다음 코드를 추가하자.

```
serverTLSConfig, err := config.SetupTLSConfig(config.TLSConfig{
    CertFile: config.ServerCertFile,
    KeyFile: config.ServerKeyFile,
    CAFile: config.CAFile,
    ServerAddress: l.Addr().String(),
})
require.NoError(t, err)
serverCreds := credentials.NewTLS(serverTLSConfig)

dir, err := ioutil.TempDir("", "server-test")
require.NoError(t, err)

clog, err := log.NewLog(dir, log.Config{})
require.NoError(t, err)

cfg = &Config{
    CommitLog: clog,
}
if fn != nil {
    fn(cfg)
}
server, err := NewGRPCServer(cfg, grpc.Creds(serverCreds))
require.NoError(t, err)

go func() {
    server.Serve(l)
}()

return client, cfg, func() {
    server.Stop()
    cc.Close()
    l.Close()
}
```

이 코드에서는 먼저 서버의 인증서와 키를 파싱했다. 그리고 서버의 TLS 인증서를 설정할 때 사용했다. 이렇게 만든 인증서를 NewGRPCServer() 함수의 gRPC 서버 옵션으로 전달해서 gRPC 서버를 만들었다. gRPC 서버 옵션으로는 gRPC 서버의 여러 기능을 활성화할 수 있다. 여기서는 서버 연결을 위한 인증서 설정에 사용했는데, 그 외에도 연결의 타임아웃이나 keep alive 정책 등 다양한 서버 옵션[8]을 설정할 수 있다.

---

8 https://godoc.org/google.golang.org/grpc#ServerOption

마지막으로 **server.go** 파일의 NewGRPCServer() 함수를 수정하여 gRPC 서버 옵션을 받아서 서버를
생성하도록 만들자. 함수를 다음과 같이 수정한다.

SecureYourServices/internal/server/server.go

```go
func NewGRPCServer(config *Config, opts ...grpc.ServerOption) (
    *grpc.Server,
    error,
) {
    gsrv := grpc.NewServer(opts...)
    srv, err := newgrpcServer(config)
    if err != nil {
        return nil, err
    }
    api.RegisterLogServer(gsrv, srv)
    return gsrv, nil
}
```

여기까지 코드를 `$ make test`로 테스트하면 무사히 통과할 것이다. 이제 서버는 인증되고 연결은 암
호화로 보호된다. 테스트 코드의 클라이언트 연결을 `grpc.WithInsecure()` 다이얼 옵션dial option[9]으
로 되돌려 테스트하면 실패할 것이다. 서버는 클라이언트가 TLS를 사용하지 않으면 연결하지 않기 때
문이다.

클라이언트가 서버 인증을 하면, 중간의 공격자가 아닌 진짜 서버이기에 안심하고 통신할 수 있다.
이제는 TLS 상호 인증으로 클라이언트 역시 신뢰할 수 있는지 검증하자.

5.3 TLS 상호 인증으로 클라이언트 인증하기

TLS를 이용해 연결을 암호화하고 서버를 인증해보았다. 여기서 더 나아가 TLS 상호 인증(또는 양방향
인증)을 구현해보자. 서버 역시 CA를 사용하여 클라이언트를 검증할 것이다.

먼저 클라이언트 인증서가 필요하다. cfssl과 cfssljson으로 생성할 수 있다. 다음 JSON을 **test** 디렉터
리의 **client-csr.json** 파일에 넣어주자.

SecureYourServices/test/client-csr.json

```json
{
    "CN": "client",
```

---

9   옮긴이 https://github.com/grpc/grpc-go/blob/4c776ec01572d55249df309251900554b46adb41/dialoptions.go#L51 참고

```
        "hosts": [""],
        "key": {
            "algo": "rsa",
            "size": 2048
        },
        "names": [
            {
                "C": "CA",
                "L": "ON",
                "ST": "Toronto",
                "O": "My Company",
                "OU": "Distributed Services"
            }
        ]
    }
}
```

CN 필드가 중요하다. 클라이언트의 ID 또는 사용자명으로, 권한을 줄 때 사용하는 ID이다. 이 부분은 뒤에서 구현하겠다.

Makefile 파일의 getcert 타깃을 수정해서 다음 부분을 추가하자. 서버 인증서를 생성하는 부분 바로 아래에 추가한다.

SecureYourServices/Makefile

```
cfssl gencert \
    -ca=ca.pem \
    -ca-key=ca-key.pem \
    -config=test/ca-config.json \
    -profile=client \
    test/client-csr.json | cfssljson -bare client
```

추가한 다음엔 $ make gencert 명령으로 클라이언트 인증서를 생성하자.

internal/config/files.go 파일에 클라이언트 인증서를 위한 설정 파일 변수를 추가하자(다음 코드의 강조한 부분이다).

SecureYourServices/internal/config/files.go

```
var (
    CAFile         = configFile("ca.pem")
    ServerCertFile = configFile("server.pem")
    ServerKeyFile  = configFile("server-key.pem")
    ClientCertFile = configFile("client.pem")
```

```
    ClientKeyFile = configFile("client-key.pem")
)
```

다음으로, 서버가 클라이언트 인증서가 우리 CA로 서명되었는지 검증하도록 수정하자. **server_test.go** 파일의 서버 설정 부분을 다음과 같이 수정하자.

SecureYourServices/internal/server/server_test.go

```
clientTLSConfig, err := config.SetupTLSConfig(config.TLSConfig{
    CertFile: config.ClientCertFile,
    KeyFile: config.ClientKeyFile,
    CAFile: config.CAFile,
})
require.NoError(t, err)

clientCreds := credentials.NewTLS(clientTLSConfig)
cc, err := grpc.Dial(
    l.Addr().String(),
    grpc.WithTransportCredentials(clientCreds),
)
require.NoError(t, err)

client = api.NewLogClient(cc)

serverTLSConfig, err := config.SetupTLSConfig(config.TLSConfig{
    CertFile: config.ServerCertFile,
    KeyFile: config.ServerKeyFile,
    CAFile: config.CAFile,
    ServerAddress: l.Addr().String(),
    Server: true,
})
```

테스트는 통과할 것이다. 클라이언트 인증서를 우리 CA로 만들었고, 그 CA로 서버에서 검증하기 때문이다. 재미 삼아 다른 CA로 클라이언트 인증서를 만들고 사용해보자. 테스트는 실패할 것이다.

서버와 클라이언트는 서로의 인증서에 대해 CA로 TLS 상호 인증했다. 서버는 중간자의 도청 걱정 없이 실제 클라이언트와 안심하고 통신한다.

5.4 ACL로 권한 부여하기

클라이언트 뒤에 누가 있는지를 **인증**하면, 인증한 누군가의 특정 행위에 대한 **권한**을 확인하게 된다. 권한이란 누군가가 무엇인가에 접근할 수 있을지를 확인하는 것이다.

권한을 구현하는 가장 간단한 방법은 **접근 제어 목록**access control list, ACL이다.[10] ACL은 규칙 테이블이라 할 수 있는데 각 행은 'A는 B라는 행위를 C라는 대상에 할 수 있다'는 형식의 규칙을 담는다. 예를 들어 이런 규칙이 있다고 하자. 앨리스는 《Distributed Services with Go》[11] 책을 읽을 권한이 있다. 여기에서 앨리스는 행위의 주체, 읽는 것은 행위, 《Distributed Services with Go》 책은 대상이다.

ACL은 만들기가 쉽다. 맵map이나 CSV 파일과 같은 테이블일 뿐이며 데이터로 전환할 수 있다. 조금 더 복잡하게 구현한다면 키-값 저장key-value store 또는 관계형 데이터베이스에 저장할 수 있다. 그래서 ACL 라이브러리를 처음부터 구현하기란 어렵지 않지만, 여기서는 **Casbin**[12]이라는 라이브러리를 써보자. ACL을 포함한 다양한 제어 모델[13]에 기반하여 권한을 강제한다. Casbin은 여러 서비스에서 많이 사용하고 테스트했으며 확장할 수도 있다. 어떻게 사용하고 활용할지 알아보자.

우선은 Casbin 패키지를 다음 명령으로 추가하자.

```
$ go get github.com/casbin/casbin@v1.9.1
```

우리는 **internal** 패키지에서 Casbin을 사용할 것이다. 이렇게 하면 나중에 Casbin이 아닌 다른 권한 도구로 바꾸더라도 **internal** 패키지 외부의 코드는 수정할 필요가 없다. **internal/auth** 디렉터리부터 만들자.

```
$ mkdir internal/auth
```

디렉터리에 **authorizer.go** 파일을 만들고 다음 코드를 추가하자.

SecureYourServices/internal/auth/authorizer.go

```
package auth

import (
    "fmt"

    "github.com/casbin/casbin"
    "google.golang.org/grpc/codes"
    "google.golang.org/grpc/status"
```

---

10 https://en.wikipedia.org/wiki/Access_control_list
11 옮긴이 이 책의 원서 제목이다.
12 https://github.com/casbin/casbin
13 https://github.com/casbin/casbin#supported-models

```
)

func New(model, policy string) *Authorizer {
    enforcer := casbin.NewEnforcer(model, policy)
    return &Authorizer{
        enforcer: enforcer,
    }
}

type Authorizer struct {
    enforcer *casbin.Enforcer
}

func (a *Authorizer) Authorize(subject, object, action string) error {
    if !a.enforcer.Enforce(subject, object, action) {
        msg := fmt.Sprintf(
            "%s not permitted to %s to %s",
            subject,
            action,
            object,
        )
        st := status.New(codes.PermissionDenied, msg)
        return st.Err()
    }
    return nil
}
```

Authorizer 구조체와 Authorize() 메서드를 정의했는데, 이 메서드는 Casbin의 Enforce() 함수를
사용한다. Enforce() 함수는 특정한 주체가 특정 행위를 특정 대상에 할 수 있는지를 Casbin에 설
정한 모델과 정책에 기반해서 확인하여 알려준다. New() 함수의 모델과 정책 매개변수는 이들을 정
의한 파일의 경로이다. 모델을 정의하는 파일은 Casbin의 권한 판단 메커니즘을 설정하며 우리가 사
용할 모델은 ACL이다. 정책의 경우는 ACL 테이블을 담은 CSV 파일이다.

권한을 확인하려면 다른 권한이 허가된 여러 클라이언트가 필요하다. 따라서 여러 개의 클라이언트
인증서가 필요하다. 다른 권한을 가진 여러 클라이언트의 요청을 받은 서버는 ACL에 정의된 규칙에
따라 허용할지를 결정한다. **Makefile**의 인증서 생성 부분을 수정하여 여러 개의 인증서를 생성하자.
gencert 타깃의 클라이언트 인증서 부분을 다음과 같이 수정한다.

SecureYourServices/Makefile

```
cfssl gencert \
    -ca=ca.pem \
    -ca-key=ca-key.pem \
```

```
    -config=test/ca-config.json \
    -profile=client \
    -cn="root" \
    test/client-csr.json | cfssljson -bare root-client

cfssl gencert \
    -ca=ca.pem \
    -ca-key=ca-key.pem \
    -config=test/ca-config.json \
    -profile=client \
    -cn="nobody" \
    test/client-csr.json | cfssljson -bare nobody-client
```

$ make gencert를 실행하여 인증서들을 만들자.

이번에는 서버 테스트에 권한을 확인하는 테스트를 추가하자. 아직은 서버에 권한 관련 구현이 없으니 테스트는 실패하겠지만, 구현하고 나면 성공할 것이다. 테스트가 성공한다는 것은 구현이 잘 되었다는 의미다.

먼저 테스트의 클라이언트 설정 부분을 수정하여 클라이언트를 두 개 만들자. 권한 설정 테스트를 위해 사용할 것이다. server_test.go의 클라이언트 설정 코드를 다음과 같이 변경한다.

SecureYourServices/internal/server/server_test.go

```
newClient := func(crtPath, keyPath string) (
    *grpc.ClientConn,
    api.LogClient,
    []grpc.DialOption,
) {
    tlsConfig, err := config.SetupTLSConfig(config.TLSConfig{
        CertFile: crtPath,
        KeyFile:  keyPath,
        CAFile:   config.CAFile,
        Server:   false,
    })
    require.NoError(t, err)
    tlsCreds := credentials.NewTLS(tlsConfig)
    opts := []grpc.DialOption{grpc.WithTransportCredentials(tlsCreds)}
    conn, err := grpc.Dial(l.Addr().String(), opts...)
    require.NoError(t, err)
    client := api.NewLogClient(conn)
    return conn, client, opts
}

var rootConn *grpc.ClientConn
```

```
rootConn, rootClient, _ = newClient(
    config.RootClientCertFile,
    config.RootClientKeyFile,
)

var nobodyConn *grpc.ClientConn
nobodyConn, nobodyClient, _ = newClient(
    config.NobodyClientCertFile,
    config.NobodyClientKeyFile,
)
```

Teardown() 함수 부분도 클라이언트 연결을 끊도록 수정하자.

SecureYourServices/internal/server/server_test.go

```
return rootClient, nobodyClient, cfg, func() {
    server.Stop()
    rootConn.Close()
    nobodyConn.Close()
    l.Close()
}
```

이렇게 두 개의 클라이언트를 만들었다. superuser[14] 클라이언트는 root라고도 부르며, 생산과 소비를 할 수 있다. nobody[15] 클라이언트는 아무런 권한이 없다. 두 클라이언트를 생성하는 코드 자체는 인증서와 키를 제외하고는 다르지 않으므로 클라이언트 생성 코드를 별도의 도우미 함수인 newClient(crtPath, keyPath string)로 리팩터링했다. 서버는 이제 Authorizer 인스턴스를 받는데 서버의 권한 로직을 맡는다. root와 nobody 클라이언트를 테스트 함수에 전달하면 권한이 있거나 없는 클라이언트로 서버를 테스트할 때 사용한다. 마지막 수정사항은 테스트 코드 역시 수정해야 한다. 다음과 같이 수정해보자.

SecureYourServices/internal/server/server_test.go

```
func TestServer(t *testing.T) {
    for scenario, fn := range map[string]func(
        t *testing.T,
        rootClient api.LogClient,
        nobodyClient api.LogClient,
        config *Config,
    ){
```

---

14 https://en.wikipedia.org/wiki/Superuser
15 https://en.wikipedia.org/wiki/Nobody_(username)

```
        // ...
    } {
        t.Run(scenario, func(t *testing.T) {
            rootClient,
                nobodyClient,
                config,
                teardown := setupTest(t, nil)
            defer teardown()
            fn(t, rootClient, nobodyClient, config)
        })
    }
}
```

두 번째 클라이언트를 처리하도록 테스트를 수정해야 한다. 테스트 함수의 매개변수를 다음과 같이
변경한다.

```
t *testing.T, client, _ api.LogClient, cfg *Config
```

nobody 클라이언트의 인증서와 키의 위치, 그리고 Casbin에 사용할 설정 파일의 위치를 저장할 변수
들도 추가하자. internal/config/files.go 파일에 다음과 같이 추가한다.

SecureYourServices/internal/config/files.go
```
var (
    CAFile = configFile("ca.pem")
    ServerCertFile = configFile("server.pem")
    ServerKeyFile = configFile("server-key.pem")
    RootClientCertFile = configFile("root-client.pem")
    RootClientKeyFile = configFile("root-client-key.pem")
    NobodyClientCertFile = configFile("nobody-client.pem")
    NobodyClientKeyFile = configFile("nobody-client-key.pem")
    ACLModelFile = configFile("model.conf")
    ACLPolicyFile = configFile("policy.csv")
)
```

ACL 정책은 명확히 정의되었고 테스트 전반에 사용되므로 Casbin 설정을 test 디렉터리에 넣어주
자. test/model.conf 파일을 만들고 다음 설정을 넣는다.

SecureYourServices/test/model.conf
```
# 요청 정의
```

```
[request_definition]
r = sub, obj, act

# 정책 정의
[policy_definition]
p = sub, obj, act

# 정책 효과
[policy_effect]
e = some(where (p.eft == allow))

# 매칭
[matchers]
m = r.sub == p.sub && r.obj == p.obj && r.act == p.act
```

이 설정은 Casbin이 ACL을 권한 판단 메커니즘으로 사용하게 한다.

model.conf 파일과 함께 **policy.csv** 파일을 다음 내용을 담아 추가한다.

SecureYourServices/test/policy.csv

```
p, root, *, produce
p, root, *, consume
```

이것이 ACL 테이블이다. 두 항목은 root 클라이언트가 모든(*) 대상에 대해 생산과 소비 권한이 있다는 의미이다. nobody를 포함한 다른 모든 클라이언트는 거부된다.

이제 정책과 모델 파일을 **CONFIG_PATH**에 저장해서 테스트에서 찾을 수 있게 하자. **Makefile**의 **test** 타깃을 다음과 같이 수정하자.

SecureYourServices/Makefile

```
$(CONFIG_PATH)/model.conf:
    cp test/model.conf $(CONFIG_PATH)/model.conf
$(CONFIG_PATH)/policy.csv:
    cp test/policy.csv $(CONFIG_PATH)/policy.csv
.PHONY: test
test: $(CONFIG_PATH)/policy.csv $(CONFIG_PATH)/model.conf
    go test -race ./...
```

다시 테스트할 수 있게 되었다. $ make test로 테스트해보면 통과한다. 현재 테스트는 생산과 소비 권한이 있는 root 클라이언트만 사용하기도 하고, 클라이언트는 권한이 있다고 가정하기 때문이다.

권한이 없는 클라이언트는 거부하는지 확인하는 테스트를 추가해보자. **server_test.go**에 다음 패키지들을 추가하자.

SecureYourServices/internal/server/server_test.go

```
"google.golang.org/grpc/codes"
"google.golang.org/grpc/status"
```

testProduceConsumeStream() 테스트 아래에 testUnauthorized() 테스트를 추가하자.

SecureYourServices/internal/server/server_test.go

```go
func testUnauthorized(
    t *testing.T,
    _,
    client api.LogClient,
    config *Config,
) {
    ctx := context.Background()
    produce, err := client.Produce(ctx,
        &api.ProduceRequest{
            Record: &api.Record{
                Value: []byte("hello world"),
            },
        },
    )
    if produce != nil {
        t.Fatalf("produce response should be nil")
    }
    gotCode, wantCode := status.Code(err), codes.PermissionDenied
    if gotCode != wantCode {
        t.Fatalf("got code: %d, want: %d", gotCode, wantCode)
    }
    consume, err := client.Consume(ctx, &api.ConsumeRequest{
        Offset: 0,
    })
    if consume != nil {
        t.Fatalf("consume response should be nil")
    }
    gotCode, wantCode = status.Code(err), codes.PermissionDenied
    if gotCode != wantCode {
        t.Fatalf("got code: %d, want: %d", gotCode, wantCode)
    }
}
```

테스트에서는 nobody 클라이언트를 사용한다. 아무런 권한이 없는 nobody 클라이언트로 생산과 소비를 시도하므로 서버는 거부한다. 리턴 에러를 보고 서버가 거부한 것을 확인할 수 있다.

테스트 테이블의 TestServer(t *testing.T) 테스트에 권한이 없을 때의 테스트를 다음 코드의 강조한 부분처럼 한 줄 추가하자.

SecureYourServices/internal/server/server_test.go

```
"produce/consume a message to/from the log succeeeds": testProduceConsume,
"produce/consume stream succeeds":                     testProduceConsumeStream,
"consume past log boundary fails":                     testConsumePastBoundary,
"unauthorized fails":                                  testUnauthorized,
```

$ make test를 해보면 테스트는 실패한다. 서버가 아직 권한 관련 구현을 하지 않았기에 에러가 나는 것이다. 서버에 권한 관련 코드를 추가하자.

server.go 파일의 **Config**와 패키지 임포트 부분을 수정하자.

SecureYourServices/internal/server/server.go

```
import (
    "context"

    api "github.com/travisjeffery/proglog/api/v1"
    grpc_middleware "github.com/grpc-ecosystem/go-grpc-middleware"
    grpc_auth "github.com/grpc-ecosystem/go-grpc-middleware/auth"
    "google.golang.org/grpc"
    "google.golang.org/grpc/credentials"
    "google.golang.org/grpc/codes"
    "google.golang.org/grpc/peer"
    "google.golang.org/grpc/status"
)
```

Config 구조체에 Authorizer 필드를 추가하고, 권한에 사용할 상수들도 추가하자.

SecureYourServices/internal/server/server.go

```
type Config struct {
    CommitLog CommitLog
    Authorizer Authorizer
}

const (
    objectWildcard = "*"
```

```
    produceAction  = "produce"
    consumeAction  = "consume"
)
```

상수들은 ACL 정책 테이블의 값과 매칭된다. 이 파일에서 여러 번 참조할 것이기에 상수로 만들었다. Config의 Authorizer 필드는 인터페이스이다. 다음과 같이 정의하자.

SecureYourServices/internal/server/server.go

```
type Authorizer interface {
    Authorize(subject, object, action string) error
}
```

Authorizer 인터페이스에 의존성을 가지므로 권한 구현 부분은 언제든지 바꿀 수 있다. 4.6절에서 다룬 CommitLog와 같다. Produce() 메서드에 다음과 같이 코드를 추가해서 수정하자.

SecureYourServices/internal/server/server.go

```
func (s *grpcServer) Produce(ctx context.Context, req *api.ProduceRequest) (
    *api.ProduceResponse, error) {
    if err := s.Authorizer.Authorize(
        subject(ctx),
        objectWildcard,
        produceAction,
    ); err != nil {
        return nil, err
    }
    offset, err := s.CommitLog.Append(req.Record)
    if err != nil {
        return nil, err
    }
    return &api.ProduceResponse{Offset: offset}, nil
}
```

Consume() 메서드도 마찬가지로 수정한다.

SecureYourServices/internal/server/server.go

```
func (s *grpcServer) Consume(ctx context.Context, req *api.ConsumeRequest) (
    *api.ConsumeResponse, error) {
    if err := s.Authorizer.Authorize(
        subject(ctx),
        objectWildcard,
        consumeAction,
```

```
    ); err != nil {
        return nil, err
    }
    record, err := s.CommitLog.Read(req.Offset)
    if err != nil {
        return nil, err
    }
    return &api.ConsumeResponse{Record: record}, nil
}
```

이제 서버는 클라이언트를 인증서의 주체subject로 인증하여, 생산과 소비 권한이 있는지를 확인한다.
만약 권한이 없다면 허가가 거부되었다는 에러를 클라이언트에 회신한다. 생산을 요청하는 클라이언
트가 권한이 있다면 메서드는 레코드를 로그에 추가할 것이다. 소비 요청 시 클라이언트가 권한이 있
다면 로그에서 레코드를 소비할 것이다. 클라이언트 인증서에서 주체를 얻어내려면 두 개의 도우미
함수가 필요하다. **server.go** 파일에 다음 코드를 추가하자.

```
func authenticate(ctx context.Context) (context.Context, error) {
    peer, ok := peer.FromContext(ctx)
    if !ok {
        return ctx, status.New(
            codes.Unknown,
            "couldn't find peer info",
        ).Err()
    }

    if peer.AuthInfo == nil {
        return context.WithValue(ctx, subjectContextKey{}, ""), nil
    }
    tlsInfo := peer.AuthInfo.(credentials.TLSInfo)
    subject := tlsInfo.State.VerifiedChains[0][0].Subject.CommonName
    ctx = context.WithValue(ctx, subjectContextKey{}, subject)

    return ctx, nil
}

func subject(ctx context.Context) string {
    return ctx.Value(subjectContextKey{}).(string)
}

type subjectContextKey struct{}
```

authenticate(ctx context.Context) 함수는 클라이언트 인증서에서 주체를 읽어서 RPC의 콘텍

스트context에 쓴다. 이러한 함수를 인터셉터interceptor라 하는데, 각각의 RPC 호출을 가로채고 변경해서 요청 처리를 작고 재사용 가능한 단위로 나눈다. 다른 프레임워크에서는 이러한 개념을 미들웨어middleware라 부르기도 한다. subject(ctx context.Context) 함수는 클라이언트 인증서의 주체를 리턴하여 클라이언트를 인식하고 접근 가능 여부를 확인한다.

NewGRPCServer(config *Config, opts ...grpc.ServerOption) 함수를 다음과 같이 수정하자.

SecureYourServices/internal/server/server.go

```go
func NewGRPCServer(config *Config, opts ...grpc.ServerOption) (
    *grpc.Server,
    error,
) {
    opts = append(opts,
        grpc.StreamInterceptor(
            grpc_middleware.ChainStreamServer(
                grpc_auth.StreamServerInterceptor(authenticate))),
        grpc.UnaryInterceptor(
            grpc_middleware.ChainUnaryServer(
                grpc_auth.UnaryServerInterceptor(authenticate))),
    )
    gsrv := grpc.NewServer(opts...)
    srv, err := newgrpcServer(config)
    if err != nil {
        return nil, err
    }
    api.RegisterLogServer(gsrv, srv)
    return gsrv, nil
}
```

authenticate() 인터셉터를 gRPC 서버에 연결해서 서버가 각각의 RPC의 주체를 확인하고 권한을 확인하게 했다.

테스트 서버의 설정을 변경해서 authorizer를 전달하게 하자. setup_test.go의 setupTest 테스트에서 auth 패키지를 임포트하고 서버의 설정 부분을 다음과 같이 수정하자.

SecureYourServices/internal/server/server_test.go

```go
authorizer := auth.New(config.ACLModelFile, config.ACLPolicyFile)
cfg = &Config{
    CommitLog: clog,
    Authorizer: authorizer,
}
```

이제 서버는 요청의 권한을 확인할 수 있다. `$ make test` 명령으로 모든 구현이 잘 작동하는지 확인해보자. 마지막 테스트에서는 서버가 권한이 없는 **nobody** 클라이언트를 거부하지 않아서 테스트가 실패했지만, 이제는 서버가 ACL을 기반으로 권한이 있는 클라이언트만 허용하기에 테스트가 성공한다.

5.5 마치며

지금까지 서비스 보안의 세 단계를 배웠다. 1) TLS로 연결 암호화하기, 2) TLS 상호 인증으로 클라이언트와 서버 인증하기, 3) ACL 기반으로 권한을 확인하여 클라이언트의 요청을 허가할지 결정하기였다. 다음에는 메트릭metric, 로그log, 트레이스trace를 추가하여 서비스를 관측해보겠다.

6

시스템 관측

어느 날 아침, 바지를 입는데 허리 벨트의 마지막 구멍도 맞지 않는다고 상상해보자. 얼른 체중계에 올라갔더니 밤사이 체중이 엄청나게 늘었다. 전격적으로 다이어트와 건강 요법을 해본다. 몇 주 뒤에 다시 체중을 재어보았더니 체중이 더 늘어버렸다. 도대체 어떻게 된 것일까?

몸에서 무슨 일이 일어나고 있는지 알아내야 한다. 만약 몸을 관측observe할 수 있다면, 몸의 메트릭을 얻어서 대시보드에 호르몬 레벨을 그래프로 나타낼 수 있을 것이다. 별다른 변화가 없는데 호르몬의 갑작스러운 불균형이 보인다면 호르몬 불균형이 주요 원인일 가능성이 높다. 하지만 무엇이 바뀌었는지 볼 수 없다면, 문제를 찾기 위해 여러 가지로 수정해보아야 하고 그에 따른 영향을 받게 된다.

우리가 시스템을 관측할 수 있으면, 시스템의 상황을 확인하거나 예상치 못한 문제에 관해 디버깅할 수 있다. 여기서 '예상치 못한' 이라는 표현이 중요하다. 시스템을 관측하면 처음 발생하는 알 수 없는 문제도 해결할 수 있다. 6장에서는 내부의 작동과 상황을 파악할 수 있도록 서비스를 관측 가능 observable하게 구현해보자.

6.1 세 종류의 원격 측정 데이터

관측 가능 여부는 시스템의 내부 작동과 상태를 외부 출력에서 얼마나 알 수 있는지를 측정하는 척도이다. 메트릭, 구조화한 로그, 트레이스가 관측을 위한 대표적인 외부 출력이다. 세 종류의 원격 측정telemetry은 각각의 용도가 있으며 같은 이벤트에서 비롯한다. 예를 들어 웹 서비스가 요청을 처리할 때 '요청 처리됨' 메트릭을 증가시키고 로그를 발생하며 트레이스한다.

6.1.1 메트릭

메트릭metric은 시간의 경과에 따른 데이터 수치를 측정한다. 얼마나 많은 수의 요청이 실패했는지, 요청마다 처리 시간은 얼마나 소요되었는지와 같은 수치 데이터이다. 이러한 메트릭은 서비스 수준 지표service-level indicator, SLI, 목표service-level objective, SLO, 계약service-level agreement, SLA을 정의할 때 도움이 된다. 메트릭을 활용하면 시스템의 건강 상태를 보고하고, 내부 경고를 트리거하고, 대시보드의 그래프로 표시하여 한 눈에 시스템 상태를 파악할 수 있다.

메트릭은 수치 데이터이므로 저장 공간과 쿼리 시간을 줄이려고 해상도를 조금씩 줄일 수 있다. 예를 들어 어느 출판사에서 각 도서에 관한 판매량 메트릭을 가지고 있다고 가정하자. 고객에게 책을 배송하려면 고객의 주문 정보를 알아야 하지만, 배송 후 반송할 수 있는 날짜가 지난 뒤에는 더 신경 쓰지 않아도 된다. 사업상 회계나 분석을 한다면 이런 세세한 메트릭까지는 필요 없다. 세금 계산을 위한 분기별 수익, 연간 성장률, 그리고 사업을 확장하기 위해 더 많은 편집자나 작가를 고용할 수 있는지가 궁금할 것이다.

메트릭은 다음 세 종류로 구분한다.

- **카운터**counter: 실패한 요청의 개수와 같은 특정 이벤트가 발생한 횟수나, 시스템이 처리한 전체 바이트와 같은 숫자를 추적한다. 카운터는 비율을 얻을 때도 사용한다. 예를 들어 일정 시간 단위에 발생한 이벤트 수와 같은 값이다. 수신한 요청 수는 서비스가 얼마나 인기 있는지 자랑하는 것 외에는 의외로 쓸모가 없다. 초당 혹은 분당 얼마나 많은 요청을 처리했는지 등의 지표가 중요하다. 지표가 갑자기 크게 떨어진다면 시스템의 레이턴시를 확인해봐야 한다. 요청 실패율이 치솟는다면 문제를 찾아 수정할 것이다.
- **히스토그램**histogram: 데이터 분포를 보여준다. 주로 요청의 기간과 크기를 백분위로 측정한다.
- **게이지**gauge: 어떠한 대상의 현재 값을 추적한다. 그리고 값을 완전히 바꿀 수도 있다. 호스트의 디스크 사용 비율이나 클라우드의 최대 허용 개수 대비 로드 밸런서의 개수와 같은 포화 유형 saturation-type 메트릭에 유용하다.

측정할 수 있는 대상 중 실제로 어떠한 데이터를 측정해야 할까? 어떤 메트릭이 시스템에 가치 있는 신호를 제공할 것인가? 다음은 구글이 밝힌 네 가지 중요 신호이다.[1]

- **레이턴시**(지연)latency: 서비스가 요청을 처리하는 데 걸리는 시간이다. 레이턴시가 치솟으면 시스템

---

[1] https://landing.google.com/sre/sre-book/chapters/monitoring-distributed-systems/#xref_monitoring_goldensignals

의 인스턴스를 좀 더 고사양으로 바꾸거나(스케일 업scale up), 로드 밸런서에 인스턴스를 추가(스케일 아웃scale out)해야 한다.

- **트래픽**traffic: 서비스 요청량으로, 일반적인 웹 서비스라면 보통 초당 요청 처리 개수를 말한다. 온라인 비디오 게임 또는 비디오 스트리밍 서비스라면 보통 동시 접속 사용자 수이다. 이 메트릭은 서비스가 얼마나 인기가 많은지를 보여주기도 하지만, 현재 어떤 규모로 작업하고 있으며 언제쯤 확장하고 새로운 디자인을 적용해야 할지를 알려준다는 점에서 더 중요하다.
- **에러**: 서비스의 요청 처리 실패율이다. 내부 서버 에러internal server error가 특히 중요하다.
- **포화도**saturation: 서비스 용량을 측정한다. 예를 들어 서비스가 데이터를 디스크에 저장한다면 데이터 입력 속도를 기준으로 하드 디스크 용량이 곧 부족해질 것인지, 디스크가 아닌 인 메모리in-memory 저장소라면 사용 가능한 메모리에 비해 서비스가 사용하고 있는 메모리는 얼마인지를 알 수 있다.

대부분의 디버깅은 메트릭에서 출발한다. 경고가 발생하거나 대시보드에서 이상한 지점을 발견하는 것이다. 그다음 로그를 들여다보고 트레이스해서 문제를 더 자세히 들여다본다. 이 과정을 살펴보자.

6.1.2 구조화 로그

로그log는 시스템에 발생한 이벤트를 기록한 것이다. 서비스에 관한 의미 있는 정보를 제공한다면 어떠한 이벤트라도 로그로 저장해야 한다. 로그는 무엇이 잘못되었고 누가 어떤 이유로 무슨 작업을 했으며 시간은 얼마나 걸렸는지를 알아내서 문제 해결troubleshooting, 감사audit, 프로파일링profile에 도움이 되어야 한다. 예를 들어 gRPC 서비스의 로그는 RPC 요청 하나에 대해 다음과 같은 로그를 남긴다.

```
{
    "request_id": "f47ac10b-58cc-0372-8567-0e02b2c3d479",
    "level": "info",
    "ts": 1600139560.3399575,
    "caller": "zap/server_interceptors.go:67",
    "msg": "finished streaming call with code OK",
    "peer.address": "127.0.0.1:54304",
    "grpc.start_time": "2020-09-14T22:12:40-05:00",
    "system": "grpc",
    "span.kind": "server",
    "grpc.service": "log.v1.Log",
    "grpc.method": "ConsumeStream",
    "peer.address": "127.0.0.1:54304",
    "grpc.code": "OK",
```

```
    "grpc.time_ns": 197740
}
```

로그를 보면 메서드를 호출한 시간, 호출한 IP 주소, 호출한 서비스와 메서드, 호출의 성공 여부, 처리 시간을 알 수 있다. 분산 시스템에서 request ID는 여러 서비스에서 처리되는 요청들을 모아 하나의 그림을 그려보는 데 도움이 된다.

gRPC 로그는 JSON 형식의 구조화 로그structured log이다. 구조화 로그는 키와 값으로 된 쌍들이 일관된 스키마와 형식으로 인코딩되어 프로그램에서 읽기 쉽다. 구조화 로그를 통해 로그를 수집하고, 전달하고, 저장하고, 질의하는 작업을 분리할 수 있다. 예를 들어 프로토콜 버퍼 형식으로 로그를 수집하고 전송한 뒤에 파케이Parquet[2] 형식으로 다시 인코딩하여 열 지향 데이터베이스에 저장할 수 있다.

구조화 로그를 수집한다면 카프카 같은 이벤트 스트림 플랫폼을 추천한다. 로그를 원하는 대로 처리하거나 전송하기 좋다. 예를 들어 카프카를 빅쿼리BigQuery 같은 데이터베이스에 연결하여 로그 질의에 사용하고, 구글 클라우드 스토리지Google Cloud Storage, GCS와 같은 저장소에 연결하여 기록용 복사본으로 저장한다.

로그가 적으면 문제를 디버깅하기 어렵고, 로그가 많으면 무엇이 중요한지 찾기 어렵다. 그 사이의 적절한 균형을 찾아야 한다. 우선은 조금 과하다 싶게 로깅하고, 필요 없는 로그를 조금씩 줄여나가는 것을 추천한다. 이렇게 하면 문제 해결이나 감사를 할 때 정보가 부족하지 않다.

6.1.3 트레이스

트레이스trace는 요청의 라이프사이클을 수집해서, 요청이 시스템 내부를 흘러가는 것을 추적한다. 사용자 인터페이스를 추적하는 데에는 예거Jaegar,[3] 스택드라이버Stackdriver,[4] 라이트스텝Lightstep[5] 같은 도구를 사용한다. 이 도구들은 요청이 시스템의 어디에서 얼마나 시간을 보냈는지 시각화해서 보여준다. 분산 시스템에서는 요청이 여러 서비스에서 수행되므로 특히 유용하다. 다음 스크린숏은 Jocko의 요청을 트레이스한 것을 예거에서 처리한 예이다.

---

2   https://parquet.apache.org

3   https://www.jaegertracing.io

4   https://cloud.google.com/products/operations

5   https://lightstep.com

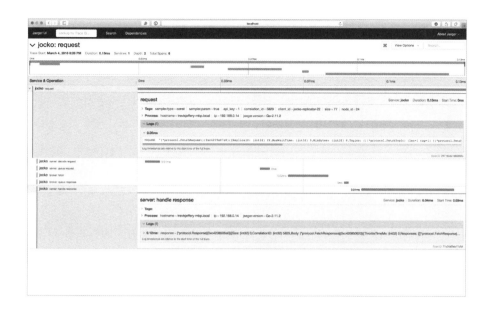

트레이스에 태그와 세부 정보를 추가하면 요청에 대해 좀 더 알 수 있다. 대표적으로, 각각의 트레이스에 사용자 ID를 태그하면 사용자에게 문제가 발생했을 때 해당 사용자의 요청을 빠르게 찾을 수 있다.

트레이스는 하나 이상의 **스팬**span으로 구성된다. 스팬들은 서로 부모/자식 또는 형제의 관계를 가지며 각각의 스팬은 요청 처리의 일부를 의미한다. 얼마나 잘게 나눌지는 여러분이 판단하겠지만 처음에는 넓게 트레이스할 것을 추천한다. 요청이 서비스들을 흘러가는 처음부터 끝까지 하나의 스팬으로 트레이스하는 것이다. 그다음 각각의 서비스, 더 나아가 중요한 메서드 호출로 더 세부화해 나눈다.

이제 서비스를 관측 가능하도록 수정해보자.

6.2 서비스를 관측 가능하게 만들기

메트릭과 구조화 로그, 트레이스를 추가하여 서비스를 관측 가능observable하게 만들어보자. 서비스를 실제로 배포하면 보통은 이들을 프로메테우스,[6] 일래스틱서치,[7] 예거와 같은 외부 서비스로 보내도록 설정한다. 하지만 여기서는 간단히 파일에 기록해서 데이터를 들여다보겠다.

---

6   https://prometheus.io
7   https://www.elastic.co/elasticsearch

오픈텔레메트리OpenTelemetry[8]는 클라우드 네이티브 컴퓨팅 재단Cloud Native Computing Foundation, CNCF의 오픈소스 프로젝트로, 서비스에 메트릭과 분산 트레이스 기능을 넣어주는 견고하고 포터블한 API와 라이브러리들이다. 오픈텔레메트리는 오픈센서스OpenCensus와 오픈트레이싱OpenTracing을 합친 것이며 오픈센서스에 대해 하위 호환성을 제공한다. Go gRPC에 들어간 오픈텔레메트리는 트레이스만 지원하므로, 이 책에서는 메트릭과 트레이스를 모두 지원하는 오픈센서스를 사용한다. 아쉽게도 오픈텔레메트리와 오픈센서스 모두 로그는 지원하지 않는다. 한 특수이익집단[9]이 오픈텔레메트리의 로깅 스펙을 계획 중이니 언젠가는 지원할 것이다. 그러니 이 책에서는 우버Uber의 Zap 로그 라이브러리[10]를 쓰도록 하자.

대부분의 고 네트워킹 API는 미들웨어를 지원하여 요청 처리를 원하는 로직으로 감쌀 수 있다. 모든 요청을 메트릭, 로그, 트레이스로 감쌀 수 있다는 뜻이다. 오픈센서스와 Zap의 인터셉터를 사용하면 된다.

프로젝트 디렉터리 안에서 다음 명령을 실행해서 오픈센서스와 **Zap** 패키지를 사용하자.

```
$ go get go.uber.org/zap@v1.21.0
$ go get go.opencensus.io@v0.23.0
```

internal/server/server.go 파일을 열고 import에 다음과 같이 코드를 추가하자.

ObserveYourServices/internal/server/server.go

```
import (
    "context"

    grpc_middleware "github.com/grpc-ecosystem/go-grpc-middleware"
    grpc_auth "github.com/grpc-ecosystem/go-grpc-middleware/auth"
    api "github.com/travisjeffery/proglog/api/v1"

    "time"

    grpc_zap "github.com/grpc-ecosystem/go-grpc-middleware/logging/zap"
    grpc_ctxtags "github.com/grpc-ecosystem/go-grpc-middleware/tags"
    "go.opencensus.io/plugin/ocgrpc"
    "go.opencensus.io/stats/view"
    "go.opencensus.io/trace"
```

---

8   https://opentelemetry.io

9   https://github.com/open-telemetry/community#special-interest-groups

10   https://github.com/uber-go/zap

```
    "go.uber.org/zap"
    "go.uber.org/zap/zapcore"

    "google.golang.org/grpc"
    "google.golang.org/grpc/codes"
    "google.golang.org/grpc/credentials"
    "google.golang.org/grpc/peer"
    "google.golang.org/grpc/status"
)
```

이번에는 NewGRPCServer() 함수에 Zap 설정을 추가하자.

ObserveYourServices/internal/server/server.go

```
func NewGRPCServer(config *Config, grpcOpts ...grpc.ServerOption) (
    *grpc.Server,
    error,
) {
    logger := zap.L().Named("server")
    zapOpts := []grpc_zap.Option{
        grpc_zap.WithDurationField(
            func(duration time.Duration) zapcore.Field {
                return zap.Int64(
                    "grpc.time_ns",
                    duration.Nanoseconds(),
                )
            },
        ),
    }
```

로거명을 "server"라고 명시하여 서버 로그를 서비스의 다른 로그와 구분하고자 했다. 그리고 "grpc.
time_ns" 필드를 구조화 로그에 추가해서 각 요청의 처리시간을 나노초로 기록하게 했다.

이어서 오픈센서스가 메트릭과 트레이스를 어떻게 수집할지 설정하는 코드를 추가하자.

ObserveYourServices/internal/server/server.go

```
trace.ApplyConfig(trace.Config{DefaultSampler: trace.AlwaysSample()})
err := view.Register(ocgrpc.DefaultServerViews...)
if err != nil {
    return nil, err
}
```

아직 서비스를 개발 중이므로 모든 요청을 트레이스하기 위해 항상 샘플링하도록 설정했다.

프로덕션에서는 이렇게까지 하지 않는다. 성능에 영향을 주고, 너무 많은 데이터를 요구하며, 기밀 데이터를 트레이스할 수 있기 때문이다. 트레이스를 지나치게 많이 하는 게 문제라면, 확률 샘플러를 사용해서 일정 비율의 요청만 샘플링할 수 있다. 다만 이렇게 하면 중요한 요청에 대한 트레이스를 놓칠 수가 있다. 이러한 트레이드오프를 해결하기 위해, 중요한 요청은 항상 트레이스하고 나머지 요청은 일정 비율로 샘플링하는 샘플러를 구현하면 다음과 같다.

```
trace.ApplyConfig(trace.Config{
    DefaultSampler: func(p trace.SamplingParameters) trace.SamplingDecision {
        if strings.Contains(p.Name, "Produce"){
            return trace.SamplingDecision{Sample: true}
        }
        return halfSampler(p)
    },
})
```

뷰view는 오픈센서스가 어떤 통계를 수집할지 명시한다. 디폴트 서버 뷰는 다음과 같은 통계를 추적한다.

- RPC당 받은 바이트
- RPC당 보낸 바이트
- 지연 시간
- 처리 완료한 RPC 개수

grpcOpts에 다음과 같이 강조한 부분의 코드를 추가해서 수정하자.

ObserveYourServices/internal/server/server.go

```
grpcOpts = append(grpcOpts,
    grpc.StreamInterceptor(
        grpc_middleware.ChainStreamServer(
            grpc_ctxtags.StreamServerInterceptor(),
            grpc_zap.StreamServerInterceptor(logger, zapOpts...),
            grpc_auth.StreamServerInterceptor(authenticate),
        )), grpc.UnaryInterceptor(grpc_middleware.ChainUnaryServer(
            grpc_ctxtags.UnaryServerInterceptor(),
            grpc_zap.UnaryServerInterceptor(logger, zapOpts...),
            grpc_auth.UnaryServerInterceptor(authenticate),
        )),
    grpc.StatsHandler(&ocgrpc.ServerHandler{}),
)
```

gRPC에 Zap 인터셉터들을 적용했다. gRPC 호출을 로깅하고, 오픈센서스를 서버의 통계 핸들러로 붙여서 서버의 요청 처리 통계를 기록하게 했다.

테스트 설정 부분이 남았다. 메트릭과 트레이스 로그 파일을 설정하면 된다. **internal/server/ server_test.go** 파일에 다음 임포트를 추가하자.

ObserveYourServices/internal/server/server_test.go

```
"os"
"time"
"flag"

"go.opencensus.io/examples/exporter"
"go.uber.org/zap"
```

그리고 디버그 플래그를 정의하는 코드를 추가하자. 관측 출력을 활성화하는 코드이다.

ObserveYourServices/internal/server/server_test.go

```
// imports...

var debug = flag.Bool("debug", false, "Enable observability for debugging.")

func TestMain(m *testing.M) {
    flag.Parse()
    if *debug {
        logger, err := zap.NewDevelopment()
        if err != nil {
            panic(err)
        }
        zap.ReplaceGlobals(logger)
    }
    os.Exit(m.Run())
}
```

TestMain(m *testing.M)을 구현하면, 고는 테스트를 직접 실행하지 않고 TestMain() 함수를 호출한다. 따라서 테스트 파일 내의 모든 테스트에 적용할 설정을 여기에 해두면 좋다. 플래그 파싱은 init()가 아닌 TestMain()에서 해야 하는데, 그렇지 않으면 플래그를 정의할 수 없게 되어 코드 에러가 나서 종료된다.

setupTest() 함수에 다음 코드를 추가하자.

```
var telemetryExporter *exporter.LogExporter
if *debug {
    metricsLogFile, err := os.CreateTemp("", "metrics-*.log")
    require.NoError(t, err)
    t.Logf("metrics log file: %s", metricsLogFile.Name())

    tracesLogFile, err := os.CreateTemp("", "traces-*.log")
    require.NoError(t, err)
    t.Logf("traces log file: %s", tracesLogFile.Name())

    telemetryExporter, err = exporter.NewLogExporter(exporter.Options{
        MetricsLogFile: metricsLogFile.Name(),
        TracesLogFile: tracesLogFile.Name(),
        ReportingInterval: time.Second,
    })
    require.NoError(t, err)
    err = telemetryExporter.Start()
    require.NoError(t, err)
}
```

이 코드는 설정을 마친 다음에 텔레메트리 출력기telemetry exporter를 시작하여 두 파일에 쓸 수 있게 한다. 각각의 테스트에 별도의 트레이스 파일과 메트릭 파일이 생기므로 테스트별 요청을 볼 수 있다.

setupTest()의 맨 아래에 있는 teardown() 함수에 다음과 같이 강조한 부분의 코드를 추가해서 수정하자.

```
return rootClient, nobodyClient, cfg, func() {
    server.Stop()
    rootConn.Close()
    nobodyConn.Close()
    l.Close()
    if telemetryExporter != nil {
        time.Sleep(1500 * time.Millisecond)
        telemetryExporter.Stop()
        telemetryExporter.Close()
    }
}
```

1.5초의 sleep은 텔레메트리가 데이터를 디스크에 플러시할 시간을 주는 것이다. 그러고 나서 출력기를 멈춘 다음 닫아준다.

internal/server 디렉터리로 가서 다음 명령으로 서버를 테스트해보자.

```
$ go test -v -debug=true
```

테스트 출력에서 메트릭과 트레이스 파일 로그를 확인하고, 메트릭과 트레이스 데이터 출력을 확인하자.

```
metrics log file: /tmp/metrics-{{random string}}.log
traces log file: /tmp/traces-{{random string}}.log
```

다음은 RPC 완료 통계의 예시이다. 서버가 두 개의 생산 호출을 잘 처리한 것을 알 수 있다.

```
Metric: name: grpc.io/server/completed_rpcs, type: TypeCumulativeInt64, unit: ms
    Labels: [
        {grpc_server_method}={log.v1.Log/Produce true}
        {grpc_server_status}={OK true}]
        Value : value=2
```

그리고 다음은 생산 호출의 트레이스이다.

```
TraceID: 3e3343b74193e6a807cac515e82fb3b3
SpanID:   045493d1be3f7188

Span:      log.v1.Log.Produce
Status:    [0]
Elapsed:   1ms
SpanKind: Server
Attributes:
    - Client=false
    - FailFast=false

MessageEvents:
Received
UncompressedByteSize: 15
CompressedByteSize: 0


Sent
UncompressedByteSize: 0
CompressedByteSize: 5
```

이제 서비스를 관측할 수 있다.

6.3 마치며

관측에 관해서 배웠고, 관측이 시스템을 좀 더 신뢰할 수 있게 해준다는 것을 배웠다. 트레이싱은 분산 시스템에서 특히 유용한데, 여러 서비스에 걸친 요청의 전체 흐름을 알려주기 때문이다. 서비스를 관측할 수 있게 하는 방법도 배웠다. 이제 서버가 클러스터링을 지원하는 법을 배울 차례이다. 클러스터링으로 서비스의 가용성과 확장성을 높여보자.

CHAPTER

7

서버 간 서비스 디스커버리

지금까지 보안을 적용한 독립형stand-alone **gRPC** 웹 서비스를 만들었다. 이제 독립형을 넘어서서 분산 서비스를 만들어보자. 서비스 디스커버리를 사용하면 클러스터에 노드를 자동으로 추가하고 삭제할 수 있다.

서비스 디스커버리를 처음 접하는 독자라도 7장을 다 읽고 나면 익숙해질 것이다. 서비스 디스커버리는 분산 서비스에서 가장 멋진 기능으로, 머신이 다른 머신을 자동으로 찾아준다. 스카이넷Skynet[1]이 자신을 인식하고 제어하게 된다면, 분명 서비스 디스커버리가 중요한 역할을 했을 것이다. 서비스 디스커버리의 주요 이점부터 하나씩 알아보자.

7.1 서비스 디스커버리를 사용하는 이유

서비스 디스커버리는 서비스에 연결하는 방법을 알아내는 과정이다. 서비스 디스커버리는 **레지스트리**registry 목록을 항상 최신 상태로 유지해야 한다. 레지스트리는 서비스와 서비스의 위치, 그리고 서비스의 이상 유무를 가진다. 다운스트림 서비스가 레지스트리를 질의하여 업스트림 서비스의 위치를 알아내고 연결한다. 예를 들자면, 웹 서비스가 데이터베이스를 찾아서 연결하는 것이다. 이렇게 하면 업스트림 서비스가 스케일 업, 스케일 아웃, 또는 교체되더라도 다운스트림 서비스는 여전히 이들과 연결할 수 있다.

1 　(옮긴이) 영화 〈터미네이터〉 시리즈에 나오는 가상의 인공지능 시스템

클라우드 서비스가 없던 시절에는 '서비스 디스커버리'를 일일이 관리하고 고정된 주소로 설정할 수 있었다. 특정 하드웨어에서 애플리케이션이 돌아가기에 가능한 일이었다. 하지만, 작동하는 노드가 수시로 바뀌는 모던 클라우드 애플리케이션에서는 서비스 디스커버리가 중요한 역할을 한다.

서비스 디스커버리 대신 로드 밸런서를 서비스 앞쪽에 두는 개발자도 있다. 이때 로드 밸런서는 고정 IP를 가진다. 하지만 서버 간 통신에서는 본인이 서버를 제어하고, 로드 밸런서가 클라이언트와 서버 사이의 신뢰 범위trust boundary[2] 역할을 할 필요가 없으므로 로드 밸런서 대신 서비스 디스커버리를 사용하는 편이 낫다. 로드 밸런서는 비용이 추가되고, 레이턴시가 증가하며, 단일 장애점single point of failure이 생기고, 스케일 업/스케일 다운을 할 때 업데이트해야 하는 단점이 있다. 수십~수백 개의 마이크로서비스를 관리할 때 서비스 디스커버리를 사용하지 않는다면 수십~수백 개의 로드 밸런서와 DNS 레코드를 관리해야 한다. 우리가 만드는 분산 서비스에 로드 밸런서를 사용한다면 엔진엑스 Nginx 같은 로드 밸런서나 클라우드 로드 밸런서인 AWS의 ELB, GCP의 로드 밸런서를 사용해야 한다. 결국에는 운영 부담이 커지고 인프라스트럭처 비용과 레이턴시가 늘어난다.

우리 시스템에는 해결해야 할 두 가지 서비스 디스커버리 문제가 있다.

- 클러스터 내의 서버들이 어떻게 서로를 찾아낼 것인가?
- 클라이언트들은 어떻게 서버를 찾아낼 것인가?

7장에서는 서버 디스커버리를 구현하고, 8장에서 합의 부분을 구현한 다음, 9장에서 클라이언트 디스커버리를 알아본다.

서비스 디스커버리가 무엇을 할 수 있는지 알아보았다. 이제부터 우리 서비스에 구현해보자.

7.2 서비스 디스커버리 넣어주기

서비스와 통신해야 하는 애플리케이션이라면, 서비스 디스커버리를 위한 도구에는 다음과 같은 기능이 필요하다.

- 서비스들에 대한 레지스트리(서비스의 IP나 포트 정보를 담고 있음) 관리하기
- 레지스트리를 이용해 서비스가 다른 서비스를 찾을 수 있도록 돕기
- 서비스 인스턴스가 잘 작동하는지 수시로 체크하고, 문제가 있다면 제거하기

---

2 https://en.wikipedia.org/wiki/Trust_boundary

- 서비스가 오프라인이면 등록 취소하기

지금까지 분산 서비스를 만든 사람들은 서비스 디스커버리를 위해 (콘술Consul, 주키퍼ZooKeeper, etcd 등) 별도의 독립적인 서비스를 사용해왔다. 이러한 아키텍처는 두 개의 클러스터를 가지는데, 하나는 서비스 자체를 위한 클러스터이고 다른 하나는 서비스 디스커버리를 위한 클러스터이다. 이렇게 했을 때 장점은 직접 서비스 디스커버리를 만들 필요가 없다는 것이다. 하지만, 서비스 사용자 입장에서는 서비스 디스커버리 클러스터에 관해 배우고 실행하며 작동시켜야 한다는 단점이 있다. 다시 말해, 직접 만들어야 하는 부담을 덜어서 서비스 사용자에게 지우는 셈이다. 이러한 부담 때문에 사용자는 줄어들고, 사용자들 역시 주위에 서비스를 추천하지 않게 된다.

그런데도 독립적인 서비스 디스커버리를 사용하여 분산 서비스를 만드는 사람이나 그러한 서비스를 사용하는 이들이 많다. 분산 서비스를 만들 때 서비스 디스커버리를 서비스에 넣어줄 수 있는 라이브러리가 없고, 사용자는 선택의 여지가 없기 때문이다.

다행스럽게도 고 언어 개발자들은 **서프**Serf 라이브러리를 쓸 수 있다. 분산 클러스터 멤버십, 실패 감지, 오케스트레이션orchestration을 지원하여 분산 서비스에 서비스 디스커버리를 쉽게 추가할 수 있다. 실제로 하시코프 사는 서프를 만들어 자사 제품인 콘술에 대해 사용한다.

서프를 이용해 서비스 디스커버리를 서비스에 포함한다는 건, 서비스 디스커버리를 직접 구현하지 않으면서도 별도의 클러스터 역시 필요 없다는 의미이므로 최고라 할 수 있다.

> **NOTE** 언제 독립형 서비스 디스커버리 설루션을 사용해야 할까? 때로는 서비스 디스커버리를 위한 독립형 서비스가 필요하다. 예를 들어 여러 플랫폼에 서비스 디스커버리를 포함해야 할 때가 있다. 엄청난 노력과 시간이 필요한 작업으로, 콘술과 같은 서비스를 사용하면 손쉽게 해결할 수 있다. 이때 서프로 시작해보기를 추천한다. 서비스를 개발하여 풀려는 문제를 해결하고, 어느 정도 안정적으로 작동하게 되면 서비스 디스커버리 서비스를 사용해야 할지를 판단할 수 있을 것이다.

서프로 서비스를 만들면 다음과 같은 추가 이점이 있다.

- 서비스 개발 초기에는 별도 서비스를 준비하는 것보다 빠르게 만들 수 있다.
- 독립형 서비스에서 서프로 바꾸기보다는 서프에서 독립형 서비스로 바꾸는 편이 훨씬 간단하므로 나중에 선택을 바꾸기도 쉽다.
- 서비스를 훨씬 쉽고 유연하게 배포할 수 있다. 덕분에 서비스 접근이 편리해진다.

이러한 이유로 서프를 사용하여 서비스 디스커버리를 만들어보려 한다.

서프의 이점은 알아보았으니 서프가 어떻게 작동하는지 알아보자.

7.3 서프를 이용한 서비스 디스커버리

서프는 클러스터 멤버십을 관리하는데, 서비스 노드 간 통신을 위해 가볍고 효율적인 가십 프로토콜 gossip protocol을 사용한다. 주키퍼나 콘술 같은 서비스 레지스트리 프로젝트와는 달리, 서프는 중앙 레지스트리 아키텍처가 아니다. 대신 각각의 서비스 인스턴스가 서프 노드로서 작동한다. 노드들은 마치 세기말 좀비들처럼 메시지를 교환하는데, 감염된 좀비가 다른 이들을 전염시키는 것과 같다. 서프를 사용하면 좀비 바이러스가 아닌 노드에 대한 정보가 클러스터에 퍼진다. 서프를 통해 클러스터 내의 변동사항을 들으면 그에 맞게 처리하는 것이다.

서프를 이용해 서비스 디스커버리를 구현하려면 다음과 같은 작업이 필요하다.

1. 각 서버에 서프 노드를 생성한다.
2. 각 서프 노드에 다른 노드들의 요청을 듣고 연결을 받아들일 주소를 설정한다.
3. 각 서프 노드에 다른 노드들의 주소를 설정하고 그들의 클러스터에 조인한다.
4. 서프의 클러스터 디스커버리 이벤트를 처리한다. 노드가 클러스터에 조인하거나 실패하는 이벤트가 있다.

이제 코딩해보자.

서프는 가벼운 도구이기에 다양한 유스케이스에 사용할 수 있다. 하지만 특정한 문제를 해결해야 한다면 서프의 API는 지나치게 상세할 수 있다. 우리 디스커버리 계층에서는 서버가 클러스터에 조인하거나 떠날 때 해당 서버의 ID와 주소 정도만 알려는 것이다. 이를 위해 서버에서 사용할 최소한의 API만 사용하는 **discovery** 패키지를 만들어보자.

우선 서프 패키지를 가져오자.

```
$ go get github.com/hashicorp/serf@v0.9.7
```

그리고 **internal/discovery** 디렉터리를 만들고 **membership.go** 파일을 생성해 다음 코드를 넣어주자.

```go
package discovery

import (
    "net"

    "go.uber.org/zap"

    "github.com/hashicorp/serf/serf"
)

type Membership struct {
    Config
    handler Handler
    serf    *serf.Serf
    events  chan serf.Event
    logger  *zap.Logger
}

func New(handler Handler, config Config) (*Membership, error) {
    c := &Membership{
        Config: config,
        handler: handler,
        logger: zap.L().Named("membership"),
    }
    if err := c.setupSerf(); err != nil {
        return nil, err
    }
    return c, nil
}
```

`Membership` 구조체로 서프를 감쌌다. 서비스에 디스커버리와 클러스터 멤버십을 제공한다. 사용자는 New() 함수를 호출해서 설정과 핸들러를 반영한 `Membership`을 생성한다.

이어서 다음 코드를 추가하여 설정 자료형을 정의하고 서프를 설정하자.

```go
type Config struct {
    NodeName string
    BindAddr string
    Tags map[string]string
    StartJoinAddrs []string
}
```

```
func (m *Membership) setupSerf() (err error) {
    addr, err := net.ResolveTCPAddr("tcp", m.BindAddr)
    if err != nil {
        return err
    }
    config := serf.DefaultConfig()
    config.Init()
    config.MemberlistConfig.BindAddr = addr.IP.String()
    config.MemberlistConfig.BindPort = addr.Port
    m.events = make(chan serf.Event)
    config.EventCh = m.events
    config.Tags = m.Tags
    config.NodeName = m.Config.NodeName
    m.serf, err = serf.Create(config)
    if err != nil {
        return err
    }
    go m.eventHandler()
    if m.StartJoinAddrs != nil {
        _, err = m.serf.Join(m.StartJoinAddrs, true)
        if err != nil {
            return err
        }
    }
    return nil
}
```

서프는 다양한 매개변수를 설정할 수 있는데, 가장 많이 쓰는 매개변수 다섯 개는 다음과 같다.

- NodeName: 노드명은 서프 클러스터 안에서 노드의 고유한 ID 역할을 한다. 따로 설정하지 않으면 서프는 호스트명hostname을 사용한다.

- BindAddr와 BindPort: 가십을 듣기 위한 주소와 포트이다.

- Tags: 서프는 클러스터 내의 노드들에 태그를 공유하는데, 클러스터에 이 노드를 어떻게 다룰지 간단히 알려준다. 예를 들어 콘술은 각 노드의 RPC 주소와 서프 태그를 공유하며, 노드들이 서로 RPC를 요청할 수 있다. 콘술은 노드가 투표자인지 여부 또한 공유하는데, 이 정보로 래프트 클러스터에서 노드의 역할을 바꾼다. 이 부분은 다음 장에서 래프트로 클러스터의 합의에 관해 다룰 때 좀 더 설명한다. 여기 코드에서는, 콘술처럼 각 노드에서 사용자가 설정한 RPC 주소와 서프 태그를 공유하여 노드들이 어떤 주소로 RPC를 보낼지 알게 한다.

- EventCh: 이벤트 채널은 노드가 클러스터에 조인할 때와 떠날 때의 서프 이벤트를 어떻게 수신할 지를 설정한다. 특정 시점의 멤버들 스냅숏이 필요하다면 Members() 메서드를 호출하자.

- **StartJoinAddrs**: 새로운 노드를 만들어 클러스터에 추가한다면, 새 노드는 이미 클러스터에 있는 노드 중 하나 이상을 가리켜야 한다. 새 노드가 기존 노드에 연결되면 새 노드는 클러스터의 나머지 노드들을 알게 되고, 기존 노드들 역시 새 노드를 알게 된다. **StartJoinAddrs** 필드는 새 노드가 기존의 클러스터에 어떻게 조인할지를 설정한다. 클러스터에 있는 노드의 주소를 설정하기만 하면 서프의 가십 프로토콜이 클러스터 조인에 필요한 나머지 작업을 처리한다. 프로덕션 환경에서는 최소한 세 개의 주소를 넣어서 네트워크나 몇몇 노드에 장애가 발생해도 문제가 없도록 하자.

setupSerf() 메서드는 서프 인스턴스를 설정대로 생성하며, eventsHandler() 고루틴을 시작해서 서프 이벤트를 처리하게 한다.

다음과 같이 Handler 인터페이스를 정의하자.

ServerSideServiceDiscovery/internal/discovery/membership.go

```
type Handler interface {
    Join(name, addr string) error
    Leave(name string) error
}
```

Handler 인터페이스는 서비스 내의 컴포넌트를 의미하며, 어떤 서버가 클러스터에 조인하거나 떠나는 것을 알 수 있어야 한다. 이번 장에서 클러스터에 조인하는 서버의 데이터를 복제하는 컴포넌트를 만들고, 다음 장에서는 서비스 내에서 합의하는 부분을 만드는데, 래프트는 클라이언트에 서버가 조인하는 것을 알아차리고 조율해야 한다.

eventHandler() 메서드를 정의하는 다음 코드를 추가하자.

ServerSideServiceDiscovery/internal/discovery/membership.go

```
func (m *Membership) eventHandler() {
    for e := range m.events {
        switch e.EventType() {
        case serf.EventMemberJoin:
        for _, member := range e.(serf.MemberEvent).Members {
            if m.isLocal(member) {
                continue
            }
            m.handleJoin(member)
        }
        case serf.EventMemberLeave, serf.EventMemberFailed:
```

```
            for _, member := range e.( serf.MemberEvent).Members {
                if m.isLocal(member) {
                    return
                }
                m.handleLeave(member)
            }
        }
    }
}

func (m *Membership) handleJoin(member serf.Member) {
    if err := m.handler.Join(
        member.Name,
        member.Tags["rpc_addr"],
    ); err != nil {
        m.logError(err, "failed to join", member)
    }
}

func (m *Membership) handleLeave(member serf.Member) {
    if err := m.handler.Leave(
        member.Name,
    ); err != nil {
        m.logError(err, "failed to leave", member)
    }
}
```

eventHandler() 메서드는 서프가 보낸 이벤트를 읽고, 자료형에 따라 적절한 이벤트 채널로 보내는 루프를 실행한다. 노드가 클러스터에 조인하거나 떠나면, 서프는 해당 노드까지 포함한 모든 노드에 이벤트를 보낸다. 따라서 이벤트가 로컬 서버 자신이 발생시킨 것이라면 처리하지 않도록 한다. 예를 들어 서버가 그 자신에게 시도하거나 복제하지 않도록 하는 것이다.

서프는 여러 멤버의 업데이트를 하나의 이벤트로 보낼 수도 있다. 예를 들어 열 개의 노드가 거의 동시에 조인한다면, 서프는 열 개의 멤버가 조인했다는 하나의 이벤트를 보낼 것이다. 이벤트의 멤버들을 순회하는 이유이다.

Membership의 나머지 메서드들을 추가하자.

ServerSideServiceDiscovery/internal/discovery/membership.go

```
func (m *Membership) isLocal(member serf.Member) bool {
    return m.serf.LocalMember().Name == member.Name
}
```

```go
func (m *Membership) Members() []serf.Member {
    return m.serf.Members()
}

func (m *Membership) Leave() error {
    return m.serf.Leave()
}

func (m *Membership) logError(err error, msg string, member serf.Member) {
    m.logger.Error(
        msg,
        zap.Error(err),
        zap.String("name", member.Name),
        zap.String("rpc_addr", member.Tags["rpc_addr"]),
    )
}
```

이러한 메서드들은 다음과 같은 역할을 한다.

- `isLocal()`: 해당 서프 멤버가 로컬 멤버인지 멤버명을 확인한다.

- `Members()`: 호출 시점의 클러스터 서프 멤버들의 스냅숏을 리턴한다.

- `Leave()`: 자신이 서프 클러스터를 떠난다고 알려준다.

- `logError()`: 받은 에러와 메시지를 로그로 저장한다.

Membership 코드를 테스트해보자. **membership_test.go** 파일을 internal/discovery 디렉터리에 만들고 다음 코드를 추가하자.

ServerSideServiceDiscovery/internal/discovery/membership_test.go
```go
package discovery_test

import (
    "fmt"
    "testing"
    "time"

    "github.com/hashicorp/serf/serf"
    "github.com/stretchr/testify/require"
    "github.com/travisjeffery/go-dynaport"
    . "github.com/travisjeffery/proglog/internal/discovery"
)
```

```
func TestMembership(t *testing.T) {
    m, handler := setupMember(t, nil)
    m, _ = setupMember(t, m)
    m, _ = setupMember(t, m)

    require.Eventually(t, func() bool {
        return 2 == len(handler.joins) &&
            3 == len(m[0].Members()) &&
            0 == len(handler.leaves)
        }, 3*time.Second, 250*time.Millisecond)

    require.NoError(t, m[2].Leave())

    require.Eventually(t, func() bool {
        return 2 == len(handler.joins) &&
        3 == len(m[0].Members()) &&
        serf.StatusLeft == m[0].Members()[2].Status &&
        1 == len(handler.leaves)
    }, 3*time.Second, 250*time.Millisecond)

    require.Equal(t, fmt.Sprintf("%d", 2), <-handler.leaves)
}
```

테스트는 클러스터와 여러 개의 서버를 준비하고, Membership이 멤버십에 조인한 모든 서버를 리턴하는지, 그리고 서버가 클러스터를 떠나면 업데이트하는지를 체크한다. handler의 joins와 leaves 채널은 어떤 서버들에 대해 각각의 이벤트가 얼마나 많이 발생했는지 말해준다. 각 멤버는 현재의 상태를 가진다.

- **Alive**: 서버가 클러스터에서 잘 작동하고 있다.
- **Leaving**: 서버가 클러스터를 정상적으로 떠나고 있다.
- **Left**: 서버가 클러스터를 정상적으로 떠났다.
- **Failed**: 서버가 예상치 못하게 클러스터를 떠났다.

TestMembership() 테스트는 setupMember() 도우미 함수를 이용해 매번 멤버를 준비한다. setupMember() 도우미 함수를 정의해보자.

ServerSideServiceDiscovery/internal/discovery/membership_test.go

```
func setupMember(t *testing.T, members []*Membership) (
    []*Membership, *handler,
) {
    id := len(members)
```

```go
    ports := dynaport.Get(1)
    addr := fmt.Sprintf("%s:%d", "127.0.0.1", ports[0])
    tags := map[string]string{
        "rpc_addr": addr,
    }
    c := Config{
        NodeName: fmt.Sprintf("%d", id),
        BindAddr: addr,
        Tags:     tags,
    }
    h := &handler{}
    if len(members) == 0 {
        h.joins = make(chan map[string]string, 3)
        h.leaves = make(chan string, 3)
    } else {
        c.StartJoinAddrs = []string{
            members[0].BindAddr,
        }
    }
    m, err := New(h, c)
    require.NoError(t, err)
    members = append(members, m)
    return members, h
}
```

setupMember() 도우미 함수는 사용하지 않는 포트에 새로운 멤버를 준비하고, members의 길이를 노드명으로 사용하여 멤버마다 고유한 이름을 가지게 한다. members의 길이로 멤버가 초기 멤버인지, 이미 조인할 클러스터가 있는지를 알 수 있다.

목mock 핸들러를 정의하며 테스트 코드를 마무리하자.

ServerSideServiceDiscovery/internal/discovery/membership_test.go

```go
type handler struct {
    joins chan map[string]string
    leaves chan string
}

func (h *handler) Join(id, addr string) error {
    if h.joins != nil {
        h.joins <- map[string]string{
            "id": id,
            "addr": addr,
        }
    }
}
```

```
    return nil
}

func (h *handler) Leave(id string) error {
    if h.leaves != nil {
        h.leaves <- id
    }
    return nil
}
```

목 핸들러는 Membership이 핸들러의 Join()과 Leave() 메서드를 얼마나 호출했는지 ID, 주소와 함께 추적한다.

Membership 테스트가 통과하는지 실행해보자.

이제 **discovery**와 **membership** 패키지가 준비되었다. 패키지들을 서비스에 통합하여 복제 기능을 구현해보자.

7.4 디스커버드 서비스의 요청과 로그 복제

서비스 디스커버리에 복제replication 기능을 추가해보자. 클러스터에 서버가 여러 개 있다면 그만큼의 로그 복사본을 저장할 수 있다. 서비스는 복제 기능 덕분에 실패에 대한 회복력을 가진다. 노드의 디스크가 고장 나서 데이터가 복구되지 않더라도, 다른 디스크의 복제본을 이용해 해결할 수 있는 것이다.

다음 장에서는 서버들을 조율하여 복제가 리더-팔로워leader-follower 관계를 갖게 하겠지만, 일단은 서버들이 서로를 발견discover하면 (마치 쥐라기 공원의 과학자들이 그러했듯이) 복제해야 하는지를 판단하지 않고 무조건 복제하도록 만들겠다. 7장의 나머지 부분에서는 서비스 디스커버리를 이용하는 간단한 구현, 그리고 다음 장에서 이야기할 조율한 복제를 위한 준비를 다루겠다.

디스커버리 그 자체만으로는 아무 의미가 없다. 디스커버리 이벤트가 서비스의 다른 프로세스를 트리거하여 복제, 합의와 같은 작업을 하게 만드는 것이 중요하다. 우리가 만드는 서비스에서는 서버가 다른 서버를 찾으면 복제하도록 구현할 것이다. 그러려면 서버가 클러스터에 조인할 때 복제하거나, 떠날 때 복제를 끝낼 컴포넌트가 필요하다.

복제는 풀pull을 기반으로 한다. 복제 컴포넌트가 발견한discovered 서버에서 소비하고, 복사본을 로컬 서버에 생산하는 것이다. 풀 기반 복제에서는 소비하는 측에서 데이터 소스에 소비할 새로운 데이터가 있는지 주기적으로 확인한다. 푸시push 기반 복제라면 데이터 소스에서 데이터를 복제하는 쪽으로 보내준다. 다음 장에서는 래프트를 사용해서 푸시 기반 복제를 구현할 것이다.

풀 기반 시스템의 유연성은 작업과 소비의 방식이나 시점이 다를 수 있는 상황에서의 로그와 메시지 시스템에 적합하다. 예를 들어 한 클라이언트는 데이터를 스트림으로 계속해서 내보내고, 또 다른 클라이언트는 24시간마다 배치 프로세스로 데이터를 처리할 수 있다. 서버 간 복제에서는 최신 데이터를 최소한의 레이턴시로 같은 서버에 복제한다. 그래서 풀 베이스와 푸시 베이스 시스템이 차이가 없다. 하지만, 풀 베이스 복제를 만들어보면 왜 합의가 필요한지 쉽게 이해할 수 있을 것이다.

클러스터에 복제 기능을 넣으려면, 복제 컴포넌트를 만들어서 클러스터에 서버가 조인하거나 떠날 때 멤버십을 처리하는 역할을 맡겨야 한다. 클러스터에 서버가 조인하면 컴포넌트는 서버에 연결하고 연결한 서버에서 반복해 소비하여 로컬 서버에 생산해준다.

internal/log 디렉터리에 **replicator.go** 파일을 만들고 다음 코드를 추가하자.

ServerSideServiceDiscovery/internal/log/replicator.go

```go
package log

import (
    "context"
    "sync"

    "go.uber.org/zap"
    "google.golang.org/grpc"

    api "github.com/travisjeffery/proglog/api/v1"
)

type Replicator struct {
    DialOptions []grpc.DialOption
    LocalServer api.LogClient

    logger *zap.Logger

    mu      sync.Mutex
    servers map[string]chan struct{}
    closed  bool
    close   chan struct{}
}
```

복제 역할을 하는 레플리케이터replicator는 **gRPC** 클라이언트를 이용해 다른 서버에 연결하는데, 클라이언트가 서버 인증을 할 수 있게 설정해주어야 한다. DialOptions에 설정해주면 된다. servers 필드는 서버 주소를 키로, 채널을 값으로 하는 맵이다. 레플리케이터가 연결한 서버가 실패하거나 클러스터를 떠나서, 복제하는 것을 멈출 때 사용한다. 레플리케이터가 다른 서버들로부터 소비한 메시지들의 복사본은 생산 함수를 호출하여 저장한다.

Replicator 구조체 아래에 Join() 메서드를 추가하자.

ServerSideServiceDiscovery/internal/log/replicator.go

```go
func (r *Replicator) Join(name, addr string) error {
    r.mu.Lock()
    defer r.mu.Unlock()
    r.init()

    if r.closed {
        return nil
    }

    if _, ok := r.servers[name]; ok {
        // 이미 복제중이니 건너뛰자.
        return nil
    }
    r.servers[name] = make(chan struct{})

    go r.replicate(addr, r.servers[name])

    return nil
}
```

Join(name, addr string) 메서드는 받은 서버 주소를 복제할 서버 목록에 추가하고, 새로운 고루틴으로 복제를 시작한다.

복제 로직을 구현한 replicate(addr string) 메서드를 추가하자.

ServerSideServiceDiscovery/internal/log/replicator.go

```go
func (r *Replicator) replicate(addr string, leave chan struct{}) {
    cc, err := grpc.Dial(addr, r.DialOptions...)
    if err != nil {
        r.logError(err, "failed to dial", addr)
        return
    }
    defer cc.Close()
```

```
client := api.NewLogClient(cc)

ctx := context.Background()
stream, err := client.ConsumeStream(ctx,
    &api.ConsumeRequest{
        Offset: 0,
    },
)
if err != nil {
    r.logError(err, "failed to consume", addr)
    return
}

records := make(chan *api.Record)
go func() {
    for {
        recv, err := stream.Recv()
        if err != nil {
            r.logError(err, "failed to receive", addr)
            return
        }
        records <- recv.Record
    }
}()
```

생산자producer와 소비자consumer 스트림을 테스트할 때와 비슷하다. 클라이언트를 생성하고 스트림을 열어서 서버의 모든 로그를 소비한다.

다음 코드를 추가하여 replicate() 메서드를 마무리하자.

ServerSideServiceDiscovery/internal/log/replicator.go

```
    for {
        select {
        case <-r.close:
            return
        case <-leave:
            return
        case record := <-records:
            _, err = r.LocalServer.Produce(ctx,
                &api.ProduceRequest{
                    Record: record,
                },
            )
            if err != nil {
                r.logError(err, "failed to produce", addr)
```

```
            return
        }
    }
    }
}
```

찾아낸 서버의 로그를 스트림을 통해 반복하여 소비하면서, 로컬 서버에 생산하여 복사본을 저장한다. 특정 서버가 실패하거나 클러스터를 떠나서 레플리케이터가 그 서버의 채널을 닫을 때까지 계속해서 메시지를 복제한다. 레플리케이터는 서프가 다른 서버가 클러스터를 떠났다는 이벤트를 받으면 채널을 닫은 다음 Leave() 메서드를 호출한다.

Leave(name string) 메서드를 이어서 추가하자.

ServerSideServiceDiscovery/internal/log/replicator.go

```go
func (r *Replicator) Leave(name string) error {
    r.mu.Lock()
    defer r.mu.Unlock()
    r.init()
    if _, ok := r.servers[name]; !ok {
        return nil
    }
    close(r.servers[name])
    delete(r.servers, name)
    return nil
}
```

Leave(name string) 메서드는 특정 서버가 클러스터를 떠날 때 해당 서버를 복제할 서버 목록에서 제거하며 채널 역시 닫아준다. 채널을 닫아주면 replicate() 메서드의 고루틴에 있는 리시버에 신호가 전달되어 해당 서버의 복제를 멈추게 한다.

init() 도우미 메서드를 추가하자.

ServerSideServiceDiscovery/internal/log/replicator.go

```go
func (r *Replicator) init() {
    if r.logger == nil {
        r.logger = zap.L().Named("replicator")
    }
    if r.servers == nil {
        r.servers = make(map[string]chan struct{})
    }
    if r.close == nil {
```

```
            r.close = make(chan struct{})
    }
}
```

init() 도우미 메서드는 서버 맵을 게으르게 초기화lazily initialize한다. 지연된 초기화로 구조체에 유용한 제로 값useful zero value[3]을 가지게 하는데, 유용한 제로 값을 가지면 같은 기능을 하면서도 API의 크기와 복잡도를 줄일 수 있다. 유용한 제로 값이 없다면, 레플리케이터의 생성자 함수나 servers 필드를 엑스포트해서 사용자가 설정할 수 있게 해줘야 하는데, 결국 사용자가 알아야 할 API가 많아지고, 구조체를 사용하기 전에 작성해야 할 코드도 많아진다.

Close() 메서드를 추가하자.

ServerSideServiceDiscovery/internal/log/replicator.go

```
func (r *Replicator) Close() error {
    r.mu.Lock()
    defer r.mu.Unlock()
    r.init()
    if r.closed {
        return nil
    }
    r.closed = true
    close(r.close)
    return nil
}
```

Close() 메서드는 레플리케이터를 닫아서 새로 조인하는 서버나 기존에 복제하던 서버들의 복제를 멈춘다. 정확히 말하자면 replicate() 메서드의 고루틴을 종료한다.

마지막으로, 에러를 처리하는 도우미 함수인 logError(err error, msg, addr string) 메서드를 추가하자.

ServerSideServiceDiscovery/internal/log/replicator.go

```
func (r *Replicator) logError(err error, msg, addr string) {
    r.logger.Error(
        msg,
        zap.String("addr", addr),
        zap.Error(err),
```

---

3   https://dave.cheney.net/2013/01/19/what-is-the-zero-value-and-why-is-it-useful

```
    )
}
```

이 메서드는 코드를 간결하게 하고자 에러를 로그에 저장하는 것이 전부이다. 사용자가 에러에 접근하기를 원한다면, 에러 채널을 외부에 노출하고 에러를 보내서 사용자가 받아 처리하게 한다.

레플리케이터 구현을 마쳤다. 컴포넌트의 개념으로 본다면 레플리케이터, 멤버십, 로그, 서버까지 구현한 것이다. 각각의 서비스 인스턴스는 이들 컴포넌트를 설정하고 연결해서 함께 작동하게 해야 한다. 간단하고 잠깐 실행하는 프로그램이라면, **run** 패키지를 만들고 Run() 함수를 외부에 노출하여 프로그램을 실행할 수 있도록 한다. 롭 파이크Rob Pike의 아이비 프로젝트Ivy project[4]가 그렇게 작동한다. 좀 더 복잡하고 오래 실행하는 서비스라면 **agent** 패키지를 만들고 Agent 자료형을 외부로 노출하여 서비스를 구성하는 여러 컴포넌트와 프로세스를 관리하게 한다. 하시코프 사의 콘술[5]이 이렇게 작동한다.

여기서 **Agent**를 작성하고 로그, 서버, 멤버십, 레플리케이터를 전부 끝에서 끝까지 종단 간end-to-end 테스트를 해보자.

internal/agent 디렉터리를 만들고 **agent.go** 파일을 생성하여 다음 코드를 추가하자.

ServerSideServiceDiscovery/internal/agent/agent.go

```
package agent

import (
    "crypto/tls"
    "fmt"
    "net"
    "sync"

    "go.uber.org/zap"

    "google.golang.org/grpc"
    "google.golang.org/grpc/credentials"

    api "github.com/travisjeffery/proglog/api/v1"
    "github.com/travisjeffery/proglog/internal/auth"
    "github.com/travisjeffery/proglog/internal/discovery"
    "github.com/travisjeffery/proglog/internal/log"
```

---

4   https://github.com/robpike/ivy

5   https://github.com/hashicorp/consul

```
        "github.com/travisjeffery/proglog/internal/server"
)

type Agent struct {
    Config

    log         *log.Log
    server      *grpc.Server
    membership  *discovery.Membership
    replicator  *log.Replicator

    shutdown     bool
    shutdowns    chan struct{}
    shutdownLock sync.Mutex
}
```

Agent는 모든 서비스 인스턴스를 실행하고, 설정하며, 컴포넌트들을 연결한다. 구조체는 Agent가 관리하는 log, server, membership, replicator 컴포넌트 모두를 참조한다.

Config 구조체를 추가하자.

ServerSideServiceDiscovery/internal/agent/agent.go

```
type Config struct {
    ServerTLSConfig *tls.Config
    PeerTLSConfig   *tls.Config
    DataDir         string
    BindAddr        string
    RPCPort         int
    NodeName        string
    StartJoinAddrs  []string
    ACLModelFile    string
    ACLPolicyFile   string
}

func (c Config) RPCAddr() (string, error) {
    host, _, err := net.SplitHostPort(c.BindAddr)
    if err != nil {
        return "", err
    }
    return fmt.Sprintf("%s:%d", host, c.RPCPort), nil
}
```

Agent의 Config는 컴포넌트들의 매개변수들로 구성되며, Agent가 컴포넌트들에 전달하여 설정한다.

Agent 생성자 함수를 추가하자.

ServerSideServiceDiscovery/internal/agent/agent.go

```go
func New(config Config) (*Agent, error) {
    a := &Agent{
        Config: config,
        shutdowns: make(chan struct{}),
    }
    setup := []func() error{
        a.setupLogger,
        a.setupLog,
        a.setupServer,
        a.setupMembership,
    }
    for _, fn := range setup {
        if err := fn(); err != nil {
            return nil, err
        }
    }
    return a, nil
}
```

New(config Config) 함수는 Agent 인스턴스를 생성하고, 에이전트의 컴포넌트들을 설정하는 메서드들을 실행한다. New() 함수를 실행하면 제대로 기능하고 작동하는 서비스가 생기는 것이다. 이미 각각의 컴포넌트들을 테스트하면서 컴포넌트 설정 부분을 살펴보았으므로 여기서는 간단히 훑어보겠다.

먼저 setupLogger() 메서드로 logger를 설정한다.

ServerSideServiceDiscovery/internal/agent/agent.go

```go
func (a *Agent) setupLogger() error {
    logger, err := zap.NewDevelopment()
    if err != nil {
        return err
    }
    zap.ReplaceGlobals(logger)
    return nil
}
```

setupLog() 메서드로 log도 설정한다.

ServerSideServiceDiscovery/internal/agent/agent.go

```go
func (a *Agent) setupLog() error {
    var err error
    a.log, err = log.NewLog(
        a.Config.DataDir,
        log.Config{},
    )
    return err
}
```

다음으로는 setupServer() 메서드로 server를 설정한다.

ServerSideServiceDiscovery/internal/agent/agent.go

```go
func (a *Agent) setupServer() error {
    authorizer := auth.New(
        a.Config.ACLModelFile,
        a.Config.ACLPolicyFile,
    )
    serverConfig := &server.Config{
        CommitLog:  a.log,
        Authorizer: authorizer,
    }
    var opts []grpc.ServerOption
    if a.Config.ServerTLSConfig != nil {
        creds := credentials.NewTLS(a.Config.ServerTLSConfig)
        opts = append(opts, grpc.Creds(creds))
    }
    var err error
    a.server, err = server.NewGRPCServer(serverConfig, opts...)
    if err != nil {
        return err
    }
    rpcAddr, err := a.RPCAddr()
    if err != nil {
        return err
    }
    ln, err := net.Listen("tcp", rpcAddr)
    if err != nil {
        return err
    }
    go func() {
        if err := a.server.Serve(ln); err != nil {
            _ = a.Shutdown()
        }
    }()
```

```
        return err
    }
```

이어서 setupMembership() 메서드로 membership 컴포넌트를 설정한다.

ServerSideServiceDiscovery/internal/agent/agent.go

```
func (a *Agent) setupMembership() error {
    rpcAddr, err := a.Config.RPCAddr()
    if err != nil {
        return err
    }
    var opts []grpc.DialOption
    if a.Config.PeerTLSConfig != nil {
        opts = append(opts,
            grpc.WithTransportCredentials(
                credentials.NewTLS(a.Config.PeerTLSConfig)),
        )
    }
    conn, err := grpc.Dial(rpcAddr, opts...)
    if err != nil {
        return err
    }
    client := api.NewLogClient(conn)
    a.replicator = &log.Replicator{
        DialOptions: opts,
        LocalServer: client,
    }
    a.membership, err = discovery.New(a.replicator, discovery.Config{
        NodeName: a.Config.NodeName,
        BindAddr: a.Config.BindAddr,
        Tags: map[string]string{
            "rpc_addr": rpcAddr,
        },
        StartJoinAddrs: a.Config.StartJoinAddrs,
    })
    return err
}
```

setupMembership() 메서드는 다른 서버들과 클라이언트의 연결에 필요한 gRPC 다이얼 옵션을 적용하여 Replicator를 설정한다. 이로써 replicator는 다른 서버들에 연결하고, 데이터를 소비하며, 로컬 서버에 데이터 복사본을 생산할 수 있다. 그다음 Membership을 생성해서 replicator와 replicator의 핸들러에 넣어주는데, 클러스터에 서버들이 조인하거나 떠날 때 Replicator에 알려주려는 것이다.

에이전트의 설정 코드는 이게 전부이다. New() 함수만 호출하면 작동하는 에이전트가 만들어진다. 에이전트의 종료를 처리하는 Shutdown() 메서드를 추가하자.

ServerSideServiceDiscovery/internal/agent/agent.go

```go
func (a *Agent) Shutdown() error {
    a.shutdownLock.Lock()
    defer a.shutdownLock.Unlock()
    if a.shutdown {
        return nil
    }
    a.shutdown = true
    close(a.shutdowns)
    shutdown := []func() error{
        a.membership.Leave,
        a.replicator.Close,
        func() error {
            a.server.GracefulStop()
            return nil
        },
        a.log.Close,
    }
    for _, fn := range shutdown {
        if err := fn(); err != nil {
            return err
        }
    }
    return nil
}
```

이렇게 구현하면 Shutdown() 메서드를 여러 번 호출해도 한 번만 실행된다. 에이전트와 컴포넌트들은 다음과 같이 종료한다.

- 멤버십을 떠난다. 다른 서버들이 서버가 클러스터를 떠나는 것을 알게 되고, 디스커버리 이벤트를 더는 보내지 않는다.
- 레플리케이터를 닫아서 복제를 멈춘다.
- 서버를 정상적으로 멈춘다. 새로운 연결을 더 받지 않고, 지연된 RPC들을 마무리할 때까지 막아 둔다.
- 로그를 닫는다.

서비스에 서프를 구현해 넣었다. 이제 서비스 인스턴스를 여러 개 실행하면, 서로를 찾아내고 데이터를 복제한다. 서비스 디스커버리와 복제가 잘 작동하는지 확인하여 이후 8장에서 합의를 구현할 때 문제가 없도록 테스트해보자.

7.5 디스커버리와 종단 간 서비스의 테스트

서비스 디스커버리부터 복제까지 종단 간end-to-end 테스트를 해보자. 세 개의 노드를 가진 클러스터를 준비하고, 하나의 서버에서 레코드를 생산하면 다른 서버들이 메시지를 소비하여 복제하는지를 확인하자.

internal/agent 디렉터리에 agent_test.go 파일을 생성하고 다음 코드를 넣어주자.

ServerSideServiceDiscovery/internal/agent/agent_test.go

```go
package agent_test

import (
    "context"
    "crypto/tls"
    "fmt"
    "io/ioutil"
    "os"
    "testing"
    "time"

    "github.com/stretchr/testify/require"
    "github.com/travisjeffery/go-dynaport"
    "google.golang.org/grpc"
    "google.golang.org/grpc/credentials"

    api "github.com/travisjeffery/proglog/api/v1"
    "github.com/travisjeffery/proglog/internal/agent"
    "github.com/travisjeffery/proglog/internal/config"
)
```

종단 간 서비스 테스트이다 보니 많은 패키지가 필요하다.

테스트 코드를 작성해보자.

ServerSideServiceDiscovery/internal/agent/agent_test.go

```go
func TestAgent(t *testing.T) {
```

```
serverTLSConfig, err := config.SetupTLSConfig(config.TLSConfig{
    CertFile:      config.ServerCertFile,
    KeyFile:       config.ServerKeyFile,
    CAFile:        config.CAFile,
    Server:        true,
    ServerAddress: "127.0.0.1",
})
require.NoError(t, err)

peerTLSConfig, err := config.SetupTLSConfig(config.TLSConfig{
    CertFile:      config.RootClientCertFile,
    KeyFile:       config.RootClientKeyFile,
    CAFile:        config.CAFile,
    Server:        false,
    ServerAddress: "127.0.0.1",
})
require.NoError(t, err)
```

보안을 테스트하는 데 필요한 인증서 설정을 정의한 부분이다. serverTLSConfig는 클라이언트에 전달할 인증서 설정을 정의한다. peerTLSConfig는 서버들 사이의 인증서 설정을 정의하여 서로 연결하고 복제할 수 있도록 한다.

다음 코드로 클러스터를 설정하자.

ServerSideServiceDiscovery/internal/agent/agent_test.go

```
var agents []*agent.Agent
for i := 0; i < 3; i++ {
    ports := dynaport.Get(2)
    bindAddr := fmt.Sprintf("%s:%d", "127.0.0.1", ports[0])
    rpcPort := ports[1]

    dataDir, err := ioutil.TempDir("", "agent-test-log")
    require.NoError(t, err)

    var startJoinAddrs []string
    if i != 0 {
        startJoinAddrs = append(
            startJoinAddrs,
            agents[0].Config.BindAddr,
        )
    }

    agent, err := agent.New(agent.Config{
        NodeName:        fmt.Sprintf("%d", i),
```

```
            StartJoinAddrs:  startJoinAddrs,
            BindAddr:        bindAddr,
            RPCPort:         rpcPort,
            DataDir:         dataDir,
            ACLModelFile:    config.ACLModelFile,
            ACLPolicyFile:   config.ACLPolicyFile,
            ServerTLSConfig: serverTLSConfig,
            PeerTLSConfig:   peerTLSConfig,
        })
        require.NoError(t, err)

        agents = append(agents, agent)
    }
    defer func() {
        for _, agent := range agents {
            err := agent.Shutdown()
            require.NoError(t, err)
            require.NoError(t,
                os.RemoveAll(agent.Config.DataDir),
            )
        }
    }()
    time.Sleep(3 * time.Second)
```

두 번째와 세 번째 노드가 첫 번째 노드가 있는 클러스터에 조인하여, 노드가 세 개인 클러스터가 만들어진다.

서비스는 RPC 주소와 서프 주소가 필요한데, 하나의 호스트에서 테스트하므로 포트 두 개를 사용한다. 0포트를 사용하면 net.Listen[6]이 자동으로 사용하지 않는 포트를 리스너에 할당해주는 것을 기억할 것이다. 하지만 여기서는 포트만 필요하므로 dynaport 라이브러리를 사용해서 두 개의 포트를 할당한다. 하나는 gRPC 로그 연결에 사용하고, 다른 하나는 서프 서비스 디스커버리 연결에 사용한다.

defer를 이용해서 테스트가 끝나고 난 뒤 Shutdown() 메서드가 제대로 작동하고, 테스트 데이터를 모두 삭제하는지도 확인한다. 노드들이 서로를 찾을 시간을 주고자 3초간 잠들게sleep 했다.

클러스터가 준비되었으니 본격적인 테스트 코드를 만들어보자.

ServerSideServiceDiscovery/internal/agent/agent_test.go

```
    leaderClient := client(t, agents[0], peerTLSConfig)
```

---

6   https://golang.org/pkg/net/#Listen

```go
produceResponse, err := leaderClient.Produce(
    context.Background(),
    &api.ProduceRequest{
        Record: &api.Record{
            Value: []byte("foo"),
        },
    },
)
require.NoError(t, err)
consumeResponse, err := leaderClient.Consume(
    context.Background(),
    &api.ConsumeRequest{
        Offset: produceResponse.Offset,
    },
)
require.NoError(t, err)
require.Equal(t, consumeResponse.Record.Value, []byte("foo"))
```

이전의 testProduceConsume() 테스트와 같은 테스트이다. 하나의 노드에서 생산과 소비를 할 수 있는지 확인한다. 이제 다음 코드를 추가하여 다른 노드가 레코드를 복제하는지 확인해보자.

ServerSideServiceDiscovery/internal/agent/agent_test.go

```go
// 복제가 끝날 때까지 기다린다.
time.Sleep(3 * time.Second)

followerClient := client(t, agents[1], peerTLSConfig)
consumeResponse, err = followerClient.Consume(
    context.Background(),
    &api.ConsumeRequest{
        Offset: produceResponse.Offset,
    },
)
require.NoError(t, err)
require.Equal(t, consumeResponse.Record.Value, []byte("foo"))
}
```

서버 간 복제는 비동기로 이루어지므로 한 서버가 생산한다고 다른 서버에 바로 복제되는 것은 아니다. 메시지가 생산되고 다른 서버에 복제될 때 지연이 발생한다는 뜻이다. 언뜻 한심해 보일 수 있지만 간단한 해법[7]은 레플리케이터가 메시지를 복제할 만큼 충분히, 하지만 테스트가 가능한 한 빠르게

---

7   https://en.wikipedia.org/wiki/KISS_principle

마무리되도록 기다려주는 것이다(블랙박스 테스트[8]이기에 이런 방식이 적합하다). 그다음 복제한 메시지를 소비할 수 있는지 확인한다.

> **TIP** 너무 오래 기다리면 테스트가 느려진다: 이렇게 기다려야 하는 테스트가 많아지면 전체 테스트가 너무 느려진다. 이럴 때는 다른 방법을 써야 한다. 예를 들어 조금만 기다리며 반복해서 시도하게 하고, 몇 초 뒤 타임아웃이 걸리게 하는 방법이 있다. 또는, 서버의 이벤트 채널을 외부로 노출하여 서버의 메시지 생산 이벤트를 받는 방법이 있다. 테스트에서 서버의 생산 이벤트가 발생할 때까지 기다리다가 이벤트가 발생하면 메시지를 복제하도록 하는 것이다.

마지막으로 client() 도우미 함수를 추가하여 서비스를 위한 클라이언트를 준비하자.

ServerSideServiceDiscovery/internal/agent/agent_test.go

```go
func client(
    t *testing.T,
    agent *agent.Agent,
    tlsConfig *tls.Config,
) api.LogClient {
    tlsCreds := credentials.NewTLS(tlsConfig)
    opts := []grpc.DialOption{grpc.WithTransportCredentials(tlsCreds)}
    rpcAddr, err := agent.Config.RPCAddr()
    require.NoError(t, err)
    conn, err := grpc.Dial(fmt.Sprintf(
        "%s",
        rpcAddr,
    ), opts...)
    require.NoError(t, err)
    client := api.NewLogClient(conn)
    return client
}
```

$ make test를 실행하면 테스트가 통과하는 것을 확인할 수 있다. 데이터를 복제하는 분산 서비스를 만든 것이다.

7.6 마치며

우리가 만든 서버는 다른 서버를 발견하면 서로의 데이터를 복제한다. 그런데 다른 서버가 복제한 자신의 데이터를 다시 복제하려고 하는 문제가 발생한다. 다음 코드를 테스트에 추가하면 이 문제를 확인할 수 있다.

---

8 https://en.wikipedia.org/wiki/Black-box_testing

```
consumeResponse, err = leaderClient.Consume(
    context.Background(),
    &api.ConsumeRequest{
        Offset: produceResponse.Offset + 1,
    },
)
require.Nil(t, consumeResponse)
require.Error(t, err)
got := grpc.Code(err)
want := grpc.Code(api.ErrOffsetOutOfRange{}.GRPCStatus().Err())
require.Equal(t, got, want)
```

서비스에서는 하나의 레코드만 생성해도 여러 개의 레코드를 소비하는데, 다른 서버가 복제한 레코드를 다시 복제하기 때문이다. 그리고 다시 복제의 복제가 끊임없이 일어날 것이다.

다음 장에서 서버들 사이의 조율을 다룰 것이라고 언급했다. 서버들을 리더와 팔로워들로 정의하고 관계를 맺어주며, 팔로워는 리더만 복제하도록 할 것이다. 또한, 복제본의 개수도 제어할 것이다. 프로덕션 개발에서는 복사본 세 개가 이상적이다. 두 개를 잃어버리더라도 데이터가 보존되고, 지나치게 많은 복사본을 저장하지도 않는다.

래프트로 합의를 구현하여 클러스터 내 노드들을 조율해보자.

8 CHAPTER

합의를 통한 서비스 간 조율

분산 서비스는 레스토랑의 주방과 비슷하다. 스토브 하나와 요리사 한 명만으로 문을 연 레스토랑이 있다고 상상해보자. 손님들이 가게를 찾아오고 입소문이 퍼지며 장사가 잘 되어간다. 하지만 몰려드는 손님을 감당하기 어려워지고, 스토브가 고장 나기라도 하면 잠시 레스토랑을 닫아야 해서 운영이 점점 어려워진다. 그래서 스토브를 두 개 더 사고, 요리사도 두 명 더 채용한다. 이제 요리사들이 주문량을 감당할 수 있게 되었지만, 자꾸 실수한다. 애피타이저와 앙트레를 뒤섞고 테이블도 헷갈린다. 하나의 주문에 두 개의 요리를 만들기도 하고, 반대로 주문을 빠트리기도 한다. 조율이 안 되는 것이다. 그래서 이번에는 주방을 감독하고 조율할 주방장을 채용한다. 주문이 들어오면 주방장은 애피타이저와 앙트레, 그리고 디저트를 시간에 맞춰 정확히 조리하도록 요리사에게 나누어 할당한다. 마침내 맛있는 요리가 빨리 나오게 되고 손님들이 더욱 찾게 되면서 세계적으로 유명한 레스토랑이 된다.

8장에서는 분산 서비스의 주방장이라 할 수 있는 합의consensus를 알아보겠다. 합의 알고리즘은 분산 서비스가 몇몇 실패를 겪더라도 공유하는 상태에 대해 동의하는 도구이다. 앞서 7.4절에서 서비스에 복제 기능을 구현해보았지만, 그것만으로는 서로가 복제한 데이터를 다시 복제하는 무한 반복의 문제가 있다. 서버들을 리더와 팔로워 관계로 나누어 팔로워가 리더의 데이터만을 복제하도록 해야 한다. 8장에서는 이 부분만을 다루며, 래프트를 이용해서 리더 선출과 복제를 하게 한다.

8.1 래프트 알아보기

래프트Raft는 쉽게 구현하고 이해하도록 디자인한 분산 합의 알고리즘이다. etcd는 쿠버네티스와 콘술에서 사용하고 카프카에서도 사용하려 하는 키-값 저장소로서, etcd가 사용하는 분산 합의 알고리즘이 바로 래프트이다. 카프카 팀은 주키퍼에서 래프트로 마이그레이션[1] 중이다.[2] 래프트는 구현과 이해가 쉬워서 많은 개발자가 좋은 래프트 라이브러리를 만들고 프로젝트에 사용한다. 사실상 가장 널리 사용하는 합의 알고리즘이다.

먼저 래프트의 리더 선출을 알아본 다음 복제에 관해 이야기하고, 서비스에 코드로 구현해 넣어보자.

8.1.1 리더 선출

래프트 클러스터에는 하나의 리더와 여러 팔로워 서버가 있다. 리더는 팔로워들에게 하트비트 heartbeat를 요청하며 지위를 유지한다. 마치 '난 아직 건재해. 내가 너희들의 보스야'라고 말하는 듯하다. 만약 팔로워들이 일정 시간 이상 리더의 하트비트 요청을 받지 못하면, 팔로워들은 다음 리더 후보candidate가 되고 선출을 시작한다. 후보들은 자신에게 한 표를 행사하고, 다른 팔로워들에게 투표를 요청한다. '보스가 사라졌어. 다음 보스로 나는 어때?' 다수의 득표를 받은 후보는 리더가 되고, 하트비트 요청을 팔로워들에게 보냄으로써 지위를 얻는다. '모두 잘 들어, 이제 내가 보스야.'

팔로워들은 일정 시간 하트비트 요청을 받지 못하면, 후보가 되면서 동시에 리더의 하트비트 요청을 기다린다. 모두 각자의 선거를 치르는데, 표가 나뉘어서 새로운 리더를 뽑지 못할 수도 있다. 그러면 새로운 리더를 뽑을 때까지 계속 선거를 치른다.

모든 래프트 서버는 단순히 증가만 하는 정수인 **term**을 가지는데, 자신이 얼마나 권위 있는 서버인지를 보여주는 값이다. **term**은 논리적인 시계라 볼 수 있다. 실시간 시계는 신뢰할 수도 없고, 중요하지도 않은 분산 시스템에서의 연대기와 인과 관계를 포착하는 것이다. 후보가 선거를 시작하면 자신의 **term**을 하나 증가시킨다. 만약 후보가 리더로 선출되면 팔로워들은 각자의 **term**을 똑같이 만들며, 이 값은 다음 선거까지 변하지 않는다. 서버들은 첫 후보의 **term**이 자신보다 크면 **term**마다 한 번 투표한다. 이렇게 하면 표가 나뉘는 것을 방지하고 최신의 리더에 투표한다.

유스케이스에 따라서는 래프트를 리더 선출에만 사용할 수도 있다. 잡job 시스템을 만든다고 가정해보자. 데이터베이스에는 해야 할 일들이 있고 프로그램은 일 초마다 데이터베이스에 해야 할 일이 있는지 쿼리를 보내며, 일이 있다면 실행한다. 이 시스템이 가용성이 높고, 실패에 대한 회복성이 있어서 여러 개의 잡 러너job runner를 실행할 수 있다면 좋을 것이다. 하지만 모든 잡 러너가 동시에 일해서 일이 중복되어서는 안 된다. 이럴 때 래프트로 리더를 선출한다. 리더만 일하고, 리더가 실패하면

---

1   https://cwiki.apache.org/confluence/display/KAFKA/KIP-500:+Replace+ZooKeeper+with+a+Self-Managed+Metadata+Quorum

2   옮긴이 2021년 3월에 주키퍼 대신 래프트를 적용한 버전이 나왔다. https://www.confluent.io/blog/kafka-without-zookeeper-a-sneak-peek/

새로운 리더를 뽑는다. 그렇지만 대부분의 유스케이스에서는 래프트를 리더 선출과 복제 모두에 사용하여 상태에 대해 합의한다.

래프트의 리더 선출은 그 자체로도 의미가 있지만, 선출한 리더가 로그를 팔로워에게 복제하고, 로그 자체에 특정 작업을 하는 것이 더욱 중요하다. 래프트는 합의를 리더 선출과 로그 복제로 나누었다. 이제 래프트의 로그 복제를 알아보자.

8.1.2 로그 복제

클라이언트가 요청을 보내면 리더가 받는데, 이러한 요청은 클러스터 전반에 어떠한 명령을 수행하라는 것이다(키-값 서비스를 예로 들면 키에 값을 할당하라는 명령이다). 리더는 각 요청을 로그에 추가하고, 팔로워들도 각자의 로그에 추가하도록 한다. 다수가 명령을 복제하고 나면(다시 말해 리더가 명령이 실행되었다고 생각하면), 리더는 유한상태 머신finite-state machine, FSM을 사용하여 명령을 실행하고 클라이언트에 그 결과를 회신한다. 리더는 실행한 오프셋의 가장 높은 값을 추적하여 팔로워에 오프셋 값과 함께 요청을 보낸다. 팔로워는 이 오프셋 값까지의 모든 명령을 유한상태 머신을 사용하여 실행한다. 모든 래프트 서버는 각 명령을 어떻게 처리할지가 정의된 동일한 유한상태 머신을 사용한다.

복제 덕분에 서버가 실패했을 때도 데이터를 보존할 수 있다. 복제에 따른 비용을 충분히 감당할 만한 이점이다. 보험과 마찬가지로 복제도 비용이 든다. 복잡도 증가, 네트워크 대역폭 소비, 데이터 저장공간 문제 등이다. 하지만 서버가 실패할 때 이 모든 비용을 상쇄할 만한 이익이 발생한다. 래프트 리더는 거의 모든 팔로워에 데이터를 복제하여 대다수의 서버가 실패하지 않는 한 데이터를 보존하게 한다.

래프트 클러스터의 서버 수는 3개 혹은 5개가 적당하다. 서버가 3개라면 하나의 서버가 실패해도 데이터를 보존하고, 5개라면 두 개의 서버가 실패해도 데이터를 보존한다. 서버의 개수는 홀수가 좋은데, N을 클러스터의 서버 개수라 하면 래프트는 (N - 1) / 2 실패에 대처할 수 있기 때문이다. 4개의 서버가 있다면 하나의 서버 실패를 처리할 수 있다. 서버가 3개인 경우와 차이가 없는데, 결국 같은 기능을 하면서 서버 한 대만큼의 비용이 더 드는 셈이다. 더욱 큰 클러스터의 사례를 한번 살펴보자. 코크로치DB는 래프트 위에 MultiRaft[3]라는 계층을 두고 거기에 쓰는데, 데이터베이스의 데이터를 범위로 나누고 범위마다 합의 그룹을 가진다. 우리 프로젝트는 단순하게 하나의 래프트 클러스터를 가지게 할 것이다.

---

3 https://www.cockroachlabs.com/blog/scaling-raft

우리가 만드는 서비스의 유스케이스는 독특unique한데, 로그를 복제하는 것이 목표이다. 래프트 알고리즘으로 로그를 복제하며, 모든 로그 관리를 래프트의 내부에서 처리하게 할 수도 있다. 이렇게 하면 서비스가 효율적이고 코드를 짜기 쉽다. 하지만 그래서는 단순히 로그를 분산하는 것만이 아닌, 분산 서비스에서 래프트를 어떻게 사용하는지 배울 수 없다.

보통의 분산 서비스에서는 래프트를 사용하여 명령의 로그들을 복제하고, 이러한 명령을 상태 머신으로 실행할 것이다. 분산 SQL 데이터베이스를 만든다면 SQL의 insert와 update 명령을 복제하고 실행할 것이다. 키-값 저장소를 만든다면 set 명령을 복제하고 실행할 것이다. 보통 분산 서비스를 만든다면 로그 복제가 목표가 되지는 않으므로 우리 서비스도 다른 서비스들처럼 변형 명령transformation command을 복제하도록 만들려 한다. 여기서 변형 명령은 다른 말로 추가 명령append command이다. 기술적으로는 두 개의 로그를 복제하도록 할 것이다. 하나는 래프트의 명령을 담고, 다른 하나는 그 명령을 유한상태 머신에서 실행했을 때의 결과를 담는다. 최적화한 구현은 아니지만, 앞으로 분산 서비스를 만들 때 유용할 내용을 배울 것이다.

8.2 서비스에 래프트 구현하기

우리가 구현한 로그는 하나의 컴퓨터에서 레코드를 읽고 쓸 수 있다. 이제는 여러 대의 컴퓨터에 복제하는 분산 로그를 만들어보려 한다. 서비스에 래프트를 구현해 넣어보자.

다음 명령으로 래프트를 설치하자. 이 책에서는 1.3.6 버전을 사용했다.

```
$ go get github.com/hashicorp/raft@v1.3.6
$ # etcd의 벤 존슨(Ben Johnson)의 Bolt 키-값 저장소 포크를 사용한다.
$ # 이 포크는 Go 1.14+를 위한 수정사항을 반영한다.
$ go mod edit -replace github.com/hashicorp/raft-boltdb=\
github.com/travisjeffery/raft-boltdb@v1.0.0
```

internal/log 디렉터리에 **distributed.go** 파일을 만들고 다음 코드를 추가하자.

CoordinateWithConsensus/internal/log/distributed.go

```
package log

import (
    "bytes"
    "crypto/tls"
    "fmt"
    "io"
```

```
        "net"
        "os"
        "path/filepath"
        "time"

        raftboltdb "github.com/hashicorp/raft-boltdb"
        "google.golang.org/protobuf/proto"
        "github.com/hashicorp/raft"
        api "github.com/travisjeffery/proglog/api/v1"
)

type DistributedLog struct {
    config  Config
    log     *Log
    raftLog *logStore
    raft    *raft.Raft
}

func NewDistributedLog(dataDir string, config Config) (
    *DistributedLog,
    error,
) {
    l := &DistributedLog{
        config: config,
    }
    if err := l.setupLog(dataDir); err != nil {
        return nil, err
    }
    if err := l.setupRaft(dataDir); err != nil {
        return nil, err
    }
    return l, nil
}
```

이 코드는 분산 로그의 자료형과 그 인스턴스를 생성하는 함수를 정의한다. 함수는 설정 메서드에 로직을 맡기는데, 이 함수는 바로 이어서 작성하겠다. 로그 패키지는 이미 우리가 구현한 하나의 서버에서 복제하지 않는 로그와, 래프트로 만들 분산 복제되는 로그를 담을 것이다.

setupLog() 메서드를 작성하자.

CoordinateWithConsensus/internal/log/distributed.go

```
func (l *DistributedLog) setupLog(dataDir string) error {
    logDir := filepath.Join(dataDir, "log")
    if err := os.MkdirAll(logDir, 0755); err != nil {
```

```
        return err
    }
    var err error
    l.log, err = NewLog(logDir, l.config)
    return err
}
```

setupLog(dataDir string) 메서드는 서버에 로그를 생성한다. 서버는 이 로그에 사용자의 레코드를 저장할 것이다.

8.2.1 래프트 설정

래프트 인스턴스는 다음 항목으로 구성된다.

- 래프트에 준 명령을 적용하는 유한상태 머신

- 래프트가 명령을 저장하는 로그 저장소

- 래프트가 클러스터 내 서버들과 그 주소 등의 클러스터 설정을 저장하는 안정적 저장소stable store

- 래프트가 데이터의 스냅숏을 찍어 저장하는 스냅숏 저장소

- 래프트가 서버를 다른 서버에 연결할 때 사용하는 전송transport

래프트 인스턴스를 생성하려면 이들을 모두 설정해야 한다. setupRaft() 메서드를 추가하자.

CoordinateWithConsensus/internal/log/distributed.go

```go
func (l *DistributedLog) setupRaft(dataDir string) error {
    fsm := &fsm{log: l.log}

    logDir := filepath.Join(dataDir, "raft", "log")
    if err := os.MkdirAll(logDir, 0755); err != nil {
        return err
    }
    logConfig := l.config
    logConfig.Segment.InitialOffset = 1

    var err error
    l.raftLog, err = newLogStore(logDir, logConfig)
    if err != nil {
        return err
    }
```

setupRaft(dataDir string) 메서드는 서버의 래프트 인스턴스를 설정하고 생성한다.

유한상태 머신finite-state machine 인스턴스를 먼저 만드는데, 구조체 정의 코드는 이 파일에 만들 것이다.

그리고 래프트의 로그 저장소를 생성한다. 이때 3.3.1절에서 작성한 코드를 사용한다. 로그의 초기 오프셋은 래프트의 요구사항에 따라 1로 설정한다. 래프트는 특정 로그 인터페이스를 요구하므로 우리가 만든 로그를 API들에 맞게 감싸주어야 한다. 이 부분도 조금 뒤에 작성하겠다.

CoordinateWithConsensus/internal/log/distributed.go

```
stableStore, err := raftboltdb.NewBoltStore(
    filepath.Join(dataDir, "raft", "stable"),
)
if err != nil {
    return err
}

retain := 1
snapshotStore, err := raft.NewFileSnapshotStore(
    filepath.Join(dataDir, "raft"),
    retain,
    os.Stderr,
)
if err != nil {
    return err
}

maxPool := 5
timeout := 10 * time.Second
transport := raft.NewNetworkTransport(
    l.config.Raft.StreamLayer,
    maxPool,
    timeout,
    os.Stderr,
)
```

래프트는 서버의 현재 term이나 서버가 투표한 후보와 같은 중요한 메타데이터를 안정적 저장소라는 키-값 저장소에 저장한다. 우리가 사용할 안정적 저장소 볼트Bolt[4]는 고 언어에서 사용할 수 있는 내장형 키-값 데이터베이스다.

그다음에는 래프트의 스냅숏 저장소를 설정한다. 래프트는 필요한 상황에서 효과적으로 데이터를 회

---

4   https://github.com/boltdb/bolt

복하고 복원하고자 스냅숏을 남긴다. 서버의 EC2 인스턴스가 실패했을 때나 오토스케일링 그룹이 래프트 서버로 쓸 새로운 인스턴스를 가져왔을 때와 같은 상황을 떠올리면 된다. 새로운 서버가 래프트 리더에서 모든 데이터를 스트리밍 받기보다는, S3와 같은 저장 서비스에 저장한 스냅숏에서 복원하는 편이 더 효율적이며 리더의 부담도 덜 수 있다. retain 변수는 스냅숏을 하나만 가지겠다는 것을 의미한다.

스트림 계층을 감싸는 transport를 만들었다. 스트림 계층은 낮은 수준low-level의 스트림 추상화로, 8.2.4절에서 구현한다.

CoordinateWithConsensus/internal/log/distributed.go

```
config := raft.DefaultConfig()
config.LocalID = l.config.Raft.LocalID
if l.config.Raft.HeartbeatTimeout != 0 {
    config.HeartbeatTimeout = l.config.Raft.HeartbeatTimeout
}
if l.config.Raft.ElectionTimeout != 0 {
    config.ElectionTimeout = l.config.Raft.ElectionTimeout
}
if l.config.Raft.LeaderLeaseTimeout != 0 {
    config.LeaderLeaseTimeout = l.config.Raft.LeaderLeaseTimeout
}
if l.config.Raft.CommitTimeout != 0 {
    config.CommitTimeout = l.config.Raft.CommitTimeout
}
```

config의 LocalID 필드는 이 서버에서 고유한 ID로, 반드시 설정해야 하는 필드이다. 그 외 나머지 필드의 설정은 선택사항이며 보통 디폴트 값으로 충분하다.

빠른 테스트를 위해 몇몇 타임아웃 설정을 로그 값으로 바꿨다. 예를 들어 리더를 셧다운할 때 차기 리더 선출이 1초 이내에 끝나도록 했다. 하지만 프로덕션에서는 네트워크 지연을 고려하여 조금 더 길게 잡아야 한다.

래프트 인스턴스를 생성하고 클러스터 부트스트랩을 실행하는 코드를 추가하자.

CoordinateWithConsensus/internal/log/distributed.go

```
l.raft, err = raft.NewRaft(
    config,
    fsm,
    l.raftLog,
    stableStore,
```

```
        snapshotStore,
        transport,
    )
    if err != nil {
        return err
    }
    hasState, err := raft.HasExistingState(
        l.raftLog,
        stableStore,
        snapshotStore,
    )
    if err != nil {
        return err
    }
    if l.config.Raft.Bootstrap && !hasState {
        config := raft.Configuration{
            Servers: []raft.Server{{
                ID:      config.LocalID,
                Address: transport.LocalAddr(),
            }},
        }
        err = l.raft.BootstrapCluster(config).Error()
    }
    return err
}
```

래프트를 설정할 수 있도록 **internal/log/config.go** 파일에서 log의 Config 구조체에 다음과 같이 강조한 부분의 코드 몇 줄을 추가하자.

CoordinateWithConsensus/internal/log/config.go

```
package log

import (
    "github.com/hashicorp/raft"
)
type Config struct {
    Raft struct {
        raft.Config
        StreamLayer *StreamLayer
        Bootstrap   bool
    }
    Segment struct {
        MaxStoreBytes uint64
        MaxIndexBytes uint64
        InitialOffset uint64
```

```
        }
    }
```

일반적인 부트스트랩은 서버 자신을 유일한 투표자로 설정하고, 리더가 될 때까지 기다린 다음, 리더가 더 많은 서버를 클러스터에 추가하도록 한다. 이어서 추가되는 서버들은 부트스트랩 과정이 없다.

이것으로 래프트 준비 과정이 끝났다. 이제 `DistributedLog`를 구현하자.

8.2.2 로그 API

`DistributedLog` 설정 코드를 작성했으니 이제는 레코드를 추가하고 읽는 공개 API를 작성한 다음 래프트로 감싸는 코드를 구현해보자. `DistributedLog` 구조체는 `Log` 구조체와 같은 API를 가짐으로써 서로 호환되게 할 것이다.

`Append()` 메서드를 추가하자.

CoordinateWithConsensus/internal/log/distributed.go

```
func (l *DistributedLog) Append(record *api.Record) (uint64, error) {
    res, err := l.apply(
        AppendRequestType,
        &api.ProduceRequest{Record: record},
    )
    if err != nil {
        return 0, err
    }
    return res.(*api.ProduceResponse).Offset, nil
}
```

`Append(record *api.Record)` 메서드는 로그에 레코드를 추가한다. 3.3.1절에서는 서버의 로그에 직접 레코드를 추가했지만, 여기서는 래프트에 명령을 적용하도록 하여 FSM이 레코드를 로그에 추가하게 만든다. 여기서는 `ProduceRequest`를 명령으로 재사용하겠다. 래프트는 8.1.2절에 언급한 것과 같은 프로세스를 실행하여 명령을 다수의 래프트 서버에 복제하며, 마침내 다수의 래프트 서버가 레코드를 추가하게 한다.

`apply()` 메서드를 추가하자.

CoordinateWithConsensus/internal/log/distributed.go

```
func (l *DistributedLog) apply(reqType RequestType, req proto.Message) (
    interface{},
```

```
        error,
) {
    var buf bytes.Buffer
    _, err := buf.Write([]byte{byte(reqType)})
    if err != nil {
        return nil, err
    }
    b, err := proto.Marshal(req)
    if err != nil {
        return nil, err
    }
    _, err = buf.Write(b)
    if err != nil {
        return nil, err
    }
    timeout := 10 * time.Second
    future := l.raft.Apply(buf.Bytes(), timeout)
    if future.Error() != nil {
        return nil, future.Error()
    }
    res := future.Response()
    if err, ok := res.(error); ok {
        return nil, err
    }
    return res, nil
}
```

apply(reqType RequestType, req proto.Message) 메서드는 래프트의 API를 감싸고 API의 회신
을 리턴한다. 요청의 종류가 AppendRequestType 하나뿐이지만, 여러 요청을 지원하기 쉽게 하여, 여
러 요청을 받는 서비스를 만들더라도 어떻게 설정하면 되는지 알 수 있게 했다. apply() 메서드에서
는 어떠한 요청인지를 직렬화하여 바이트 데이터로 만들어서 래프트가 복제하는 레코드 데이터로 사
용하게 했다. l.raft.Apply(buf.Bytes(), timeout) 호출은 많은 일을 처리하는데, 8.1.2절에 묘사
한 단계들을 진행하여 레코드를 복제하고 리더의 로그에 레코드를 추가한다.

future.Error() API는 래프트의 복제가 잘못되었을 때 에러를 리턴한다. 예를 들어 래프트가 명령
을 수행하는 데 너무 오래 걸리거나 서버를 정지해야 할 때와 같은 서비스 에러는 리턴하지 않는다.
future.Response() API는 FSM의 Apply() 메서드가 리턴하는 것을 받아서 리턴한다. 고에서 여
러 값을 리턴하는 컨벤션처럼 에러를 따로 리턴하지는 않고, 래프트에 맞게 하나의 값만 리턴하므로
apply() 메서드에서는 자료형 단언type assertion으로 에러인지를 확인한다.

Read() 메서드를 추가하자.

CoordinateWithConsensus/internal/log/distributed.go

```go
func (l *DistributedLog) Read(offset uint64) (*api.Record, error) {
    return l.log.Read(offset)
}
```

Read(offset uint64) 메서드는 서버의 로그에서 오프셋의 레코드를 읽는다. 일관성에 민감하지 않다면relaxed consistency 읽는 것은 래프트를 거치지 않아도 된다. 하지만, 읽기가 쓰기와 일관성이 있어야 한다면strong consistency 래프트를 꼭 거쳐서 읽어야 한다. 다만 이때 효율성이 조금 떨어지면서 읽는 시간도 늘어난다.

8.2.3 유한상태 머신

래프트는 비즈니스 로직을 FSM에 넘겨 실행하도록 한다. fsm 구조체를 정의하자.

CoordinateWithConsensus/internal/log/distributed.go

```go
var _ raft.FSM = (*fsm)(nil)

type fsm struct {
    log *Log
}
```

FSM은 관리하는 데이터에 접근할 수 있어야 한다. 우리 서비스에서는 로그로, FSM은 레코드를 로그에 추가한다. 만약 키-값 서비스를 작성한다면, FSM은 저장소의 데이터를 수정할 것이다. 데이터는 정수, 맵, PostgreSQL 등 무엇이든 될 수 있다.

우리가 만들 FSM은 다음 세 메서드를 가지고 있어야 한다.

- Apply(record *raft.Log): 래프트는 로그 항목을 커밋하면 이 메서드를 호출한다.
- Snapshot(): 래프트의 상태 스냅숏을 찍고자 주기적으로 호출한다. 대부분의 서비스에서는 최적화한 로그를 만들 수 있다. 예를 들어 키-값 저장소를 만들고 'set foo to bar', 'set foo to baz', 'set foo to qux' 등의 명령이 있다고 하면, 현재 상태를 복원하려면 마지막 명령만 설정하면 된다. 하지만 우리는 로그 자체를 복제하기에, 복원하려면 전체 로그가 필요하다.
- Restore(io.ReadCloser): 래프트는 스냅숏으로 FSM을 복원할 때 이 메서드를 호출한다. 예를 들어 EC2 인스턴스가 실패하고 새로운 인스턴스를 생성한 경우 이 메서드를 이용해 복원한다.

Apply() 메서드부터 구현해보자.

CoordinateWithConsensus/internal/log/distributed.go

```go
type RequestType uint8

const (
    AppendRequestType RequestType = 0
)

func (l *fsm) Apply(record *raft.Log) interface{} {
    buf := record.Data
    reqType := RequestType(buf[0])
    switch reqType {
    case AppendRequestType:
        return l.applyAppend(buf[1:])
    }
    return nil
}

func (l *fsm) applyAppend(b []byte) interface{} {
    var req api.ProduceRequest
    err := proto.Unmarshal(b, &req)
    if err != nil {
        return err
    }
    offset, err := l.log.Append(req.Record)
    if err != nil {
        return err
    }
    return &api.ProduceResponse{Offset: offset}
}
```

앞서 이야기했듯이 우리 서비스가 복제하는 명령은 하나뿐이지만, 여러 명령을 지원하도록 구현해서 다른 프로젝트를 개발할 때 어떻게 하면 될지 보여주려 한다. 따라서 요청 자료형을 만들고, AppendRequestType라는 요청 자료형 상수를 정의했다. 래프트에 요청을 보내서 적용하라고 할 때와 FSM의 Apply() 메서드를 이용해서 요청을 읽고 적용하라고 할 때, 요청 자료형을 확인하고 그에 따라 처리한다. Apply() 메서드에서는 요청 자료형에 따라 이를 처리할 메서드를 호출하여 해당 명령을 실행하는 로직을 수행하게 한다. applyAppend(b []byte) 메서드는 요청을 역직렬화한 다음에 레코드를 로컬 로그에 추가한다. 그리고 응답을 리턴하여 래프트가 DistributedLog.Append()에서 호출하는 raft.Apply()에 대해 리턴하게 한다.

스냅숏을 지원하는 다음 코드를 추가하자.

```go
func (f *fsm) Snapshot() (raft.FSMSnapshot, error) {
    r := f.log.Reader()
    return &snapshot{reader: r}, nil
}

var _ raft.FSMSnapshot = (*snapshot)(nil)

type snapshot struct {
    reader io.Reader
}

func (s *snapshot) Persist(sink raft.SnapshotSink) error {
    if _, err := io.Copy(sink, s.reader); err != nil {
        _ = sink.Cancel()
        return err
    }
    return sink.Close()
}

func (s *snapshot) Release() {}
```

SnapShot() 메서드는 FSMSnapshot을 리턴하는데, FSM의 상태에 대한 특정 시점의 스냅숏이다. 우리 서비스에서 상태는 FSM의 로그를 의미한다. 따라서 Reader()를 호출하여 io.Reader를 리턴받아 모든 로그 데이터를 읽게 한다.

스냅숏은 두 가지 의도가 있다. 우선, 래프트가 이미 적용한 명령은 저장할 필요가 없으므로 로그를 최소한으로 가진다. 그리고 그 덕분에 래프트가 새로운 서버를 부트스트랩할 때 효율적이다. 그렇지 않으면 리더가 전체 로그를 복제하고 또 복제해야 한다.

래프트는 스냅숏 찍을 시간을 체크하는 SnapshotInterval 설정과, 마지막 스냅숏 이후 추가한 로그 개수인 SnapshotThreshold 설정에 따라서 Snapshot() 메서드를 호출한다. 기본값은 각각 2분과 8,192개이다.

래프트는 생성한 FSMSnapshot에 Persist() 메서드를 호출하여 상태를 sink에 쓰도록 한다. sink는 래프트의 스냅숏 저장소를 의미하며 인메모리, 파일, S3 bucket 등 바이트 정보를 저장할 수 있는 저장소를 설정할 수 있다. 우리는 파일을 사용하며, 스냅숏을 찍으면 래프트의 로그 데이터를 담은 파일이 생성될 것이다. S3와 같은 공유 상태 저장소는 스냅숏을 직접 읽고 쓰며, 새로운 서버가 리더에게 스냅숏을 스트리밍으로 받지 않고 S3에서 받게 하여 리더의 부담을 덜어준다. 스냅숏을 찍고 나면 래프트는 Release() 메서드를 호출한다.

Restore() 메서드를 추가하자.

CoordinateWithConsensus/internal/log/distributed.go

```go
func (f *fsm) Restore(r io.ReadCloser) error {
    b := make([]byte, lenWidth)
    var buf bytes.Buffer
    for i := 0; ; i++ {
        _, err := io.ReadFull(r, b)
        if err == io.EOF {
            break
        } else if err != nil {
            return err
        }
        size := int64(enc.Uint64(b))
        if _, err = io.CopyN(&buf, r, size); err != nil {
            return err
        }
        record := &api.Record{}
        if err = proto.Unmarshal(buf.Bytes(), record); err != nil {
            return err
        }
        if i == 0 {
            f.log.Config.Segment.InitialOffset = record.Offset
            if err := f.log.Reset(); err != nil {
                return err
            }
        }
        if _, err = f.log.Append(record); err != nil {
            return err
        }
        buf.Reset()
    }
    return nil
}
```

래프트는 Restore() 메서드를 호출하여 스냅숏을 이용해 FSM을 복원하도록 한다. 예를 들어 서버 하나가 작동하지 않아 새로운 서버를 생성했다면, 새로운 서버의 FSM을 복원해야 할 것이다. FSM은 우선 기존의 상태를 없애서 리더의 복제 상태와 똑같아지도록 해야 한다.

Restore() 구현에서 로그를 리셋하고, 그 초기 오프셋을 스냅숏에서 읽은 첫 번째 레코드의 오프셋으로 설정했다. 로그의 오프셋을 똑같이 맞추는 것이다. 그리고 스냅숏의 레코드를 읽어서 새로운 로그에 추가해나간다.

FSM 코드 구현이 끝났다. 이어서 래프트의 로그 저장소를 정의해보자.

CoordinateWithConsensus/internal/log/distributed.go

```go
var _ raft.LogStore = (*logStore)(nil)

type logStore struct {
    *Log
}

func newLogStore(dir string, c Config) (*logStore, error) {
    log, err := NewLog(dir, c)
    if err != nil {
        return nil, err
    }
    return &logStore{log}, nil
}
```

래프트는 래프트의 매니지드managed 로그 저장소에서 *raft.Log를 읽어와 우리가 만든 FSM의
Apply() 메서드에 넣어준다. 래프트는 로그를 복제한 다음 FSM을 로그의 레코드와 함께 호출한다.
우리가 만든 로그를 래프트의 로그 저장소로 쓰려면, 래프트의 LogStore 인터페이스에 맞게 감싸야
한다. 여기서는 우선 로그 저장소와 생성 함수를 정의했다.

이어서 다음 코드를 추가하자.

CoordinateWithConsensus/internal/log/distributed.go

```go
func (l *logStore) FirstIndex() (uint64, error) {
    return l.LowestOffset()
}

func (l *logStore) LastIndex() (uint64, error) {
    off, err := l.HighestOffset()
    return off, err
}

func (l *logStore) GetLog(index uint64, out *raft.Log) error {
    in, err := l.Read(index)
    if err != nil {
        return err
    }
    out.Data = in.Value
    out.Index = in.Offset
    out.Type = raft.LogType(in.Type)
    out.Term = in.Term
```

```
        return nil
}
```

래프트는 이들 API를 사용하여 레코드를 가져오고 로그의 정보를 얻는다. 구현한 로그가 이미 필요한 기능을 포함하므로 여기서는 단지 기존의 메서드를 감싸서 래프트의 **LogStore** 인터페이스를 만족하도록 했다. 우리가 오프셋이라 부르던 것을 래프트는 인덱스라고 한다.

GetLog() 메서드에 이어서 다음 코드를 추가하자.

CoordinateWithConsensus/internal/log/distributed.go

```
func (l *logStore) StoreLog(record *raft.Log) error {
    return l.StoreLogs([]*raft.Log{record})
}

func (l *logStore) StoreLogs(records []*raft.Log) error {
    for _, record := range records {
        if _, err := l.Append(&api.Record{
            Value: record.Data,
            Term:  record.Term,
            Type:  uint32(record.Type),
        }); err != nil {
            return err
        }
    }
    return nil
}
```

래프트는 이들 API를 이용하여 로그에 레코드를 추가한다. 다시 말하지만, API 호출을 단지 우리 로그의 API와 레코드 자료형으로 바꿔서 실행할 뿐이다. 다만 그러려면 Record 자료형에 필드를 몇 개 추가해야 한다.

api/v1/log.proto 파일의 Record 메시지를 다음과 같이 변경하자.

CoordinateWithConsensus/api/v1/log.proto

```
message Record {
    bytes value = 1;
    uint64 offset = 2;
    uint64 term = 3;
    uint32 type = 4;
}
```

protobuf를 변경했으니 $ make compile로 다시 컴파일한다.

logStore의 마지막 메서드는 오래된 레코드를 삭제한다. DeleteRange() 메서드를 추가하자.

CoordinateWithConsensus/internal/log/distributed.go

```go
func (l *logStore) DeleteRange(min, max uint64) error {
    return l.Truncate(max)
}
```

DeleteRange(min, max uint64) 메서드는 두 오프셋 사이의 레코드를 삭제하는데, 오래되거나 스냅숏에 저장된 레코드를 삭제할 때 사용한다.

8.2.4 스트림 계층

래프트는 스트림 계층을 전송transport에 사용하여 낮은 수준의 스트림 추상화를 제공하고, 이를 이용하여 래프트 서버들을 연결한다. 스트림 계층 역시 래프트의 StreamLayer 인터페이스를 만족해야 한다.

```go
type StreamLayer interface {
    net.Listener
    // Dial은 새롭게 외부로 연결할 때 사용한다.
    Dial(address ServerAddress, timeout time.Duration) (net.Conn, error)
}
```

distributed.go 파일에 다음 코드를 추가하며 StreamLayer 구현을 시작하자.

CoordinateWithConsensus/internal/log/distributed.go

```go
var _ raft.StreamLayer = (*StreamLayer)(nil)

type StreamLayer struct {
    ln              net.Listener
    serverTLSConfig *tls.Config
    peerTLSConfig   *tls.Config
}

func NewStreamLayer(
    ln net.Listener,
    serverTLSConfig,
    peerTLSConfig *tls.Config,
) *StreamLayer {
```

```
    return &StreamLayer{
        ln:              ln,
        serverTLSConfig: serverTLSConfig,
        peerTLSConfig:   peerTLSConfig,
    }
}
```

이 코드는 StreamLayer 구조체를 정의하고 raft.StreamLayer 인터페이스를 만족하는지 확인한다. 서버 간 통신은 TLS를 이용하여 암호화하는데, 그러려면 연결 요청(serverTLSConfig)을 수락하고 외부로의 연결(peerTLSConfig)을 생성하는 데 필요한 TLS를 설정한다.

Dial() 메서드와 RaftRPC 상수를 추가하자.

CoordinateWithConsensus/internal/log/distributed.go

```
const RaftRPC = 1

func (s *StreamLayer) Dial(
    addr raft.ServerAddress,
    timeout time.Duration,
) (net.Conn, error) {
    dialer := &net.Dialer{Timeout: timeout}
    var conn, err = dialer.Dial("tcp", string(addr))
    if err != nil {
        return nil, err
    }
    // mux에 이것이 raft rpc임을 알린다.
    _, err = conn.Write([]byte{byte(RaftRPC)})
    if err != nil {
        return nil, err
    }
    if s.peerTLSConfig != nil {
        conn = tls.Client(conn, s.peerTLSConfig)
    }
    return conn, err
}
```

Dial(addr raft.ServerAddress, timeout time.Duration) 메서드는 래프트 클러스터의 다른 서버와 연결해준다. 서버와 연결되면 RaftRPC 바이트를 써서 보내는데, 연결 자료형을 명시해서 래프트가 Log gRPC 요청을 보내는 포트를 함께 사용하려는 것이다(다중화multiplexing는 뒤에서 좀 더 알아보자). 스트림 계층에서 peer TLS 설정까지 한다면 TLS 클라이언트 연결을 하는 것이다.

스트림 계층의 나머지 메서드들은 net.Listener 인터페이스의 구현이다.

CoordinateWithConsensus/internal/log/distributed.go

```go
func (s *StreamLayer) Accept() (net.Conn, error) {
    conn, err := s.ln.Accept()
    if err != nil {
        return nil, err
    }
    b := make([]byte, 1)
    _, err = conn.Read(b)
    if err != nil {
        return nil, err
    }
    if bytes.Compare([]byte{byte(RaftRPC)}, b) != 0 {
        return nil, fmt.Errorf("not a raft rpc")
    }
    if s.serverTLSConfig != nil {
        return tls.Server(conn, s.serverTLSConfig), nil
    }
    return conn, nil
}

func (s *StreamLayer) Close() error {
    return s.ln.Close()
}

func (s *StreamLayer) Addr() net.Addr {
    return s.ln.Addr()
}
```

Dial() 메서드가 연결 요청이라면 Accept() 메서드는 이를 수락하는 것이다. 연결 요청을 수락하고, 한 바이트를 읽어서 RaftRPC인지를 확인한다. 확인되면 서버 측 TLS 연결을 생성한다. Close()는 리스너를 닫아주고 Addr()는 리스너의 주소를 리턴한다.

8.2.5 디스커버리 통합

서비스에 래프트를 구현하는 다음 단계는 서프 주도 디스커버리 계층과 래프트의 통합integration이다. 서프 멤버십이 바뀌면 래프트 클러스터도 그에 따라 바뀐다. 서버를 클러스터에 추가할 때마다 서프는 멤버가 조인했다는 이벤트를 발행하고, discovery.Membership은 핸들러의 Join(id, addr string) 메서드를 호출한다. 서버가 클러스터를 떠나면 서프는 멤버가 떠났다는 이벤트를 발행하고, discovery.Membership은 핸들러의 Leave(id string) 메서드를 호출한다. 우리가 만든 분산 로그

distributed log는 Membership의 핸들러 역할을 하므로 Join()과 Leave() 메서드가 래프트를 업데이트하도록 구현해야 한다.

DistributedLog.Read(offset uint64) 메서드 아래에 다음 코드를 추가하자.

CoordinateWithConsensus/internal/log/distributed.go

```go
func (l *DistributedLog) Join(id, addr string) error {
    configFuture := l.raft.GetConfiguration()
    if err := configFuture.Error(); err != nil {
        return err
    }
    serverID := raft.ServerID(id)
    serverAddr := raft.ServerAddress(addr)
    for _, srv := range configFuture.Configuration().Servers {
        if srv.ID == serverID || srv.Address == serverAddr {
            if srv.ID == serverID && srv.Address == serverAddr {
                // 이미 조인한 서버
                return nil
            }
            // 기존 서버를 삭제한다.
            removeFuture := l.raft.RemoveServer(serverID, 0, 0)
            if err := removeFuture.Error(); err != nil {
                return err
            }
        }
    }
    addFuture := l.raft.AddVoter(serverID, serverAddr, 0, 0)
    if err := addFuture.Error(); err != nil {
        return err
    }
    return nil
}

func (l *DistributedLog) Leave(id string) error {
    removeFuture := l.raft.RemoveServer(raft.ServerID(id), 0, 0)
    return removeFuture.Error()
}
```

Join(id, addr string) 메서드는 서버를 래프트 클러스터에 추가한다. 여기서는 모든 서버를 투표자로 추가하는데, AddNotVoter() API를 사용하면 투표하지 못하게 등록할 수도 있다. 투표 불가 서버는 오직 읽기만 가능한, 그래서 일관된 상태를 가지는 많은 서버에 복제하려 할 때 유용하다. 투표가 가능한 서버를 추가할 때마다 복제와 선거의 시간이 늘어날 확률이 높다. 리더가 더 많은 서버와 통신해야 다수에 이르기 때문이다.

Leave(id string) 메서드는 클러스터에서 서버를 제거한다. 만약 리더를 제거한다면 새로운 리더를 뽑는 선거를 한다.

리더가 아닌 노드를 제거하면, 래프트는 ErrNotLeader 에러를 리턴한다. 서비스 디스커버리 코드에서는 모든 핸들러 에러를 크리티컬critical 에러로 로그에 기록하는데, 노드가 리더가 아니라면 에러로 로그에 기록할 필요가 없다. **internal/discovery/membership.go** 파일에 github.com/hashicorp/raft를 임포트한 다음 logError() 메서드를 다음과 같이 수정하자.

CoordinateWithConsensus/internal/discovery/membership.go

```
func (m *Membership) logError(err error, msg string, member serf.Member) {
    log := m.logger.Error
    if err == raft.ErrNotLeader {
        log = m.logger.Debug
    }
    log(
        msg,
        zap.Error(err),
        zap.String("name", member.Name),
        zap.String("rpc_addr", member.Tags["rpc_addr"]),
    )
}
```

이제 logError() 메서드는 raft.ErrNotLeader 에러를 디버그 레벨로 로그에 기록한다. 그리고 이런 로그는 나중에 없앨 가능성이 높다.

internal/log/distributed.go 파일로 돌아가서 WaitForLeader() 메서드를 추가하자.

CoordinateWithConsensus/internal/log/distributed.go

```
func (l *DistributedLog) WaitForLeader(timeout time.Duration) error {
    timeoutc := time.After(timeout)
    ticker := time.NewTicker(time.Second)
    defer ticker.Stop()
    for {
        select {
        case <-timeoutc:
            return fmt.Errorf("timed out")
        case <-ticker.C:
            if l := l.raft.Leader(); l != "" {
                return nil
            }
        }
```

```
        }
}
```

`WaitForLeader(timeout time.Duration)` 메서드는 클러스터가 리더를 선출하거나 타임아웃이 걸릴 때까지 대기한다. 테스트할 때 유용한데, 리더가 대부분의 작업을 하기 때문이다.

이제 `Distributed` 구조체의 마지막 메서드를 추가하자.

CoordinateWithConsensus/internal/log/distributed.go

```go
func (l *DistributedLog) Close() error {
    f := l.raft.Shutdown()
    if err := f.Error(); err != nil {
        return err
    }
    if err := l.raftLog.Log.Close(); err != nil {
        return err
    }
    return l.log.Close()
}
```

`Close()` 메서드는 래프트 인스턴스를 중지하고, 래프트의 로그 저장소와 로그를 닫아준다. 그리고 `DistributedLog`의 메서드를 감싸준다. 이제 분산 로그와 래프트를 테스트할 차례이다. FSM부터 시작해보자.

8.2.6 분산 로그 테스트

분산 로그를 테스트해보자. **internal/log** 디렉터리에 **distribute_test.go** 파일을 만들고 다음 코드를 추가하자.

CoordinateWithConsensus/internal/log/distributed_test.go

```go
package log_test

import (
    "fmt"
    "io/ioutil"
    "net"
    "os"
    "reflect"
    "testing"
    "time"
```

```
    "github.com/hashicorp/raft"
    "github.com/stretchr/testify/require"
    "github.com/travisjeffery/go-dynaport"
    api "github.com/travisjeffery/proglog/api/v1"
    "github.com/travisjeffery/proglog/internal/log"
)

func TestMultipleNodes(t *testing.T) {
    var logs []*log.DistributedLog
    nodeCount := 3
    ports := dynaport.Get(nodeCount)

    for i := 0; i < nodeCount; i++ {
        dataDir, err := ioutil.TempDir("", "distributed-log-test")
        require.NoError(t, err)
        defer func(dir string) {
            _ = os.RemoveAll(dir)
        }(dataDir)

        ln, err := net.Listen(
            "tcp",
            fmt.Sprintf("127.0.0.1:%d", ports[i]),
        )
        require.NoError(t, err)

        config := log.Config{}
        config.Raft.StreamLayer = log.NewStreamLayer(ln, nil, nil)
        config.Raft.LocalID = raft.ServerID(fmt.Sprintf("%d", i))
        config.Raft.HeartbeatTimeout = 50 * time.Millisecond
        config.Raft.ElectionTimeout = 50 * time.Millisecond
        config.Raft.LeaderLeaseTimeout = 50 * time.Millisecond
        config.Raft.CommitTimeout = 5 * time.Millisecond
```

TestMultipleNodes() 테스트를 위한 준비로 서버가 세 개인 클러스터를 만들자. 디폴트 래프트 타임아웃 설정을 짧게 하여 래프트가 리더를 빨리 선출하게 했다.

이어서 다음 코드를 추가하자.

CoordinateWithConsensus/internal/log/distributed_test.go

```
        if i == 0 {
            config.Raft.Bootstrap = true
        }

        l, err := log.NewDistributedLog(dataDir, config)
        require.NoError(t, err)
```

```
    if i != 0 {
        err = logs[0].Join(
            fmt.Sprintf("%d", i), ln.Addr().String(),
        )
        require.NoError(t, err)
    } else {
        err = l.WaitForLeader(3 * time.Second)
        require.NoError(t, err)
    }
    logs = append(logs, l)
}
```

첫 번째 서버가 클러스터 부트스트랩을 실행하고 리더가 된다. 그리고 다음 두 서버를 클러스터에 추가한다. 리더는 두 서버가 자신의 클러스터에 조인하도록 해야 한다.

다음 코드를 추가하자.

CoordinateWithConsensus/internal/log/distributed_test.go

```
    records := []*api.Record{
        {Value: []byte("first")},
        {Value: []byte("second")},
    }
    for _, record := range records {
        off, err := logs[0].Append(record)
        require.NoError(t, err)

        require.Eventually(t, func() bool {
            for j := 0; j < nodeCount; j++ {
                got, err := logs[j].Read(off)
                if err != nil {
                    return false
                }
                record.Offset = off
                if !reflect.DeepEqual(got.Value, record.Value) {
                    return false
                }
            }
            return true
        }, 500*time.Millisecond, 50*time.Millisecond)
    }
```

레코드 몇 개를 리더 서버에 추가하고, 래프트가 이를 팔로워에 복제하는지 확인한다. 래프트의 팔로워들은 메시지 추가를 적용하는 데 약간의 시간이 필요하다. 그래서 **testfy** 패키지의 Eventually()

메서드를 사용하여 래프트에 복제할 충분한 시간을 준다.

다음 코드로 테스트를 마무리하자.

CoordinateWithConsensus/internal/log/distributed_test.go

```go
    err := logs[0].Leave("1")
    require.NoError(t, err)

    time.Sleep(50 * time.Millisecond)

    off, err := logs[0].Append(&api.Record{
        Value: []byte("third"),
    })
    require.NoError(t, err)

    time.Sleep(50 * time.Millisecond)

    record, err := logs[1].Read(off)
    require.IsType(t, api.ErrOffsetOutOfRange{}, err)
    require.Nil(t, record)

    record, err = logs[2].Read(off)
    require.NoError(t, err)
    require.Equal(t, []byte("third"), record.Value)
    require.Equal(t, off, record.Offset)
}
```

이 코드는 서버가 클러스터를 떠나면 그 서버로의 복제를 멈추는지, 그러면서도 남아 있는 서버로의 복제는 계속하는지를 확인한다.

8.3 하나의 포트에서 여러 서비스를 실행하는 다중화

다중화multiplex로 하나의 포트에서 여러 서비스를 제공할 수 있다. 문서와 설정이 줄고 관리할 연결도 적으므로 서비스를 쉽게 이용할 수 있다. 방화벽이 포트를 하나로 제한하더라도 여러 서비스를 제공할 수 있다. 새로운 연결마다 첫 번째 한 바이트는 어떤 서비스를 위한 연결인지 확인하는 용도이기에 굳이 말하자면 성능에 손해를 보지만, 연결을 오래 사용한다면 무시할 만한 수준이다. 다만, 실수로 서비스를 노출하지 않도록 주의해야 한다.

래프트를 사용하는 많은 분산 서비스가 RPC 등의 다른 서비스와 래프트를 다중화한다. gRPC를 상호mutual TLS로 사용할 때는 TLS 핸드셰이크를 마친 다음에 연결을 다중화하려다 보니 다중화가 까

다릅다. 핸드셰이크 전에는 연결을 구분할 수 없고, 다만 둘 다 TLS 연결이라는 것만 알 수 있다. 물론 핸드셰이크를 마치고 패킷을 복호화하면, gRPC 연결인지 아니면 래프트 연결인지 등의 더욱 많은 정보를 알 수 있다. 상호 TLS gRPC 연결을 다중화할 때의 문제는, gRPC가 클라이언트를 인증하기 위해서 핸드셰이크를 할 때의 정보가 필요하다는 것이다. 따라서 핸드셰이크를 하기 전에 다중화해야 하고, gRPC 연결에서 래프트 연결인지를 알아내는 방법이 필요하다.

gRPC 연결에서 래프트 연결인지 알아내는 방법은 래프트 연결임을 알리는 한 바이트를 먼저 보내는 것이다. 숫자 1을 래프트 연결의 첫 바이트로 사용해서 gRPC 연결과 구분한다. 만약 또 다른 서비스가 있다면, 커스텀 다이얼을 gRPC 클라이언트에 전달해서 첫 번째 바이트로 숫자 2를 보내게 하여 구분할 수 있다. TLS 표준[5]에는 다중화에 0에서 19까지의 숫자는 할당하지 않으며 '협조가 필요 require coordination'하다고 나와 있다. 우리가 한 것이 바로 '협조'이다. 특히 내부 서비스를 다루기에 좋은데, 클라이언트를 제어하여 그들을 인지하는 데 필요한 것을 작성하게 할 수 있기 때문이다.

우리가 만들었던 에이전트가 래프트와 gRPC 연결을 다중화하고 분산 로그를 생성하도록 수정하자.

internal/agent/agent.go 파일의 import를 업데이트하자.

CoordinateWithConsensus/internal/agent/agent.go

```
import (
    "bytes"
    "crypto/tls"
    "fmt"
    "io"
    "net"
    "sync"
    "time"

    "go.uber.org/zap"
    "github.com/hashicorp/raft"
    "github.com/soheilhy/cmux"
    "google.golang.org/grpc"
    "google.golang.org/grpc/credentials"

    "github.com/travisjeffery/proglog/internal/auth"
    "github.com/travisjeffery/proglog/internal/discovery"
    "github.com/travisjeffery/proglog/internal/log"
    "github.com/travisjeffery/proglog/internal/server"
)
```

---

5   https://www.rfc-editor.org/rfc/rfc7983

그다음 Agent 구조체 정의를 다음과 같이 수정하자.

CoordinateWithConsensus/internal/agent/agent.go

```
type Agent struct {
    Config Config

    mux        cmux.CMux
    log        *log.DistributedLog
    server     *grpc.Server
    membership *discovery.Membership

    shutdown     bool
    shutdowns    chan struct{}
    shutdownLock sync.Mutex
}
```

mux cmux.CMux 필드를 추가했고, 로그를 DistributedLog로 변경했다. 그리고 replicator를 제거했다.

Config 구조체에는 Bootstrap 필드를 추가해서 래프트 클러스터를 부트스트랩할 수 있게 한다.

CoordinateWithConsensus/internal/agent/agent.go

```
Bootstrap bool
```

New() 함수에 멀티플렉서 설정을 위한 코드 한 줄을 다음과 같이 추가한다.

CoordinateWithConsensus/internal/agent/agent.go

```
setup := []func() error {
    a.setupLogger,
    a.setupMux,
    a.setupLog,
    a.setupServer,
    a.setupMembership,
}
```

그다음에는 setupMux() 메서드를 추가하자.

CoordinateWithConsensus/internal/agent/agent.go

```
func (a *Agent) setupMux() error {
    rpcAddr := fmt.Sprintf(
```

```
            ":%d",
            a.Config.RPCPort,
        )
        ln, err := net.Listen("tcp", rpcAddr)
        if err != nil {
            return err
        }
        a.mux = cmux.New(ln)
        return nil
}
```

setupMux() 메서드는 RPC 주소에 대한 리스너를 생성하여 래프트와 gRPC 연결 요청을 받고 mux를 생성한다. mux는 리스너로 들어오는 연결 요청을 받아서 설정한 규칙대로 연결을 매칭한다.

setupLog() 메서드를 래프트와 매칭해주는 규칙을 설정하고 분산 로그를 생성하게 수정하자. 기존의 setupLog() 메서드를 다음 코드로 바꿔주자.

CoordinateWithConsensus/internal/agent/agent.go

```
func (a *Agent) setupLog() error {
    raftLn := a.mux.Match(func(reader io.Reader) bool {
        b := make([]byte, 1)
        if _, err := reader.Read(b); err != nil {
            return false
        }
        return bytes.Compare(b, []byte{byte(log.RaftRPC)}) == 0
    })
```

여기서는 mux가 래프트 연결과 일치하는지 확인하도록 설정했다. 한 바이트를 읽고, 외부로 연결하는 래프트 연결 설정과 같은지를 확인한다(8.2.4절 참고).

CoordinateWithConsensus/internal/log/distributed.go

```
    // 멀티플랙서에 이 연결이 Raft RPC임을 알린다.
    _, err = conn.Write([]byte{byte(RaftRPC)})
    if err != nil {
        return nil, err
    }
```

만약 mux에서 규칙과 매칭된다면, 연결을 raftLn 리스너에 전달해서 래프트가 연결을 처리하도록 할 것이다. setupLog() 메서드의 나머지 부분을 추가하자.

```go
    logConfig := log.Config{}
    logConfig.Raft.StreamLayer = log.NewStreamLayer(
        raftLn,
        a.Config.ServerTLSConfig,
        a.Config.PeerTLSConfig,
    )
    logConfig.Raft.LocalID = raft.ServerID(a.Config.NodeName)
    logConfig.Raft.Bootstrap = a.Config.Bootstrap
    logConfig.Raft.CommitTimeout = 1000 * time.Millisecond // 디폴트 50 ms로는 충분하지 않았다.
    var err error
    a.log, err = log.NewDistributedLog(
        a.Config.DataDir,
        logConfig,
    )
    if err != nil {
        return err
    }
    if a.Config.Bootstrap {
        err = a.log.WaitForLeader(3 * time.Second)
    }
    return err
}
```

분산 로그의 래프트가 다중화한 리스너를 사용하게 설정했고, 새로운 분산 로그를 설정하고 생성했다.

gRPC 서버 역시 다중화한 리스너를 사용하도록 setupServer() 메서드를 다음과 같이 수정하자.

```go
func (a *Agent) setupServer() error {
    authorizer := auth.New(
        a.Config.ACLModelFile,
        a.Config.ACLPolicyFile,
    )
    serverConfig := &server.Config{
        CommitLog:  a.log,
        Authorizer: authorizer,
    }
    var opts []grpc.ServerOption
    if a.Config.ServerTLSConfig != nil {
        creds := credentials.NewTLS(a.Config.ServerTLSConfig)
        opts = append(opts, grpc.Creds(creds))
    }
    var err error
    a.server, err = server.NewGRPCServer(serverConfig, opts...)
```

```
    if err != nil {
        return err
    }
    grpcLn := a.mux.Match(cmux.Any())
    go func() {
        if err := a.server.Serve(grpcLn); err != nil {
            _ = a.Shutdown()
        }
    }()
    return err
}
```

래프트와 gRPC 두 연결 자료형을 다중화하고 래프트 연결이 맞는지 확인하는 코드를 작성했으니, 래프트 연결이 아닌 다른 모든 연결은 gRPC 연결임을 알 수 있다. cmux.Any()를 사용하여 어떤 연결이든 매칭하게 하고, gRPC 서버에 다중화한 리스너를 제공하도록 한다.

setupMembership() 메서드를 다음 코드로 바꿔주자.

CoordinateWithConsensus/internal/agent/agent.go

```
func (a *Agent) setupMembership() error {
    rpcAddr, err := a.Config.RPCAddr()
    if err != nil {
        return err
    }
    a.membership, err = discovery.New(a.log, discovery.Config{
        NodeName: a.Config.NodeName,
        BindAddr: a.Config.BindAddr,
        Tags: map[string]string{
            "rpc_addr": rpcAddr,
        },
        StartJoinAddrs: a.Config.StartJoinAddrs,
    })
    return err
}
```

우리가 만든 DistributedLog는 래프트에서 제공하는 조직화된 복제coordinated replication를 사용할 수 있으므로 만들어두었던 Replicator는 더는 필요 없다. 이제는 Membership이 DistributedLog에 서버가 클러스터에 조인하고 떠나는 것을 알려주어야 한다. Shutdown()에서 a.replicator.Close 한 줄을 지우고 **internal/log/replicator.go** 파일 역시 삭제한다.

남은 것은 mux가 연결을 제공하는 것뿐이다. New() 함수의 return 문 바로 위에 다음 한 줄을 추가하자.

CoordinateWithConsensus/internal/agent/agent.go

```
go a.serve()
```

그리고 serve() 메서드를 파일의 맨 아래에 추가하자.

CoordinateWithConsensus/internal/agent/agent.go

```
func (a *Agent) serve() error {
    if err := a.mux.Serve(); err != nil {
        _ = a.Shutdown()
        return err
    }
    return nil
}
```

이제 agent 테스트를 래프트에 맞춰 수정하고 복제와 조율을 테스트해보자. 7.6절에서는 서버들이 리더와 팔로워 관계를 따르지 않고 계속해서 서로를 복제했기에 실패하는 테스트 코드를 살펴보았다. 이제는 리더-팔로워 관계를 유지하므로 그 테스트를 통과할 것이다.

internal/agent/agent_test.go 파일의 agent 설정에서 다음 한 줄을 추가하자.

CoordinateWithConsensus/internal/agent/agent_test.go

```
Bootstrap: i == 0,
```

이 한 줄로 래프트 클러스터의 부트스트랩이 활성화된다.

테스트 맨 아래에 다음 코드를 추가하자.

CoordinateWithConsensus/internal/agent/agent_test.go

```
consumeResponse, err = leaderClient.Consume(
    context.Background(),
    &api.ConsumeRequest{
        Offset: produceResponse.Offset + 1,
    },
)
require.Nil(t, consumeResponse)
require.Error(t, err)
got := grpc.Code(err)
```

```
want := grpc.Code(api.ErrOffsetOutOfRange{}.GRPCStatus().Err())
require.Equal(t, got, want)
```

리더가 생산한 레코드를 팔로워가 소비하고 래프트가 복제하는지 확인해보자. 그리고 더 복제하지 않는 것까지 확인하자. 리더는 팔로워를 복제하지 않는다.

$ make test로 테스트를 실행해보자. 분산 서비스는 이제 래프트를 이용하여 합의와 복제를 수행한다.

8.4 마치며

8장에서는 래프트를 서비스에 추가하고 리더 선출과 복제 기능을 이용해 분산 서비스들을 조율하는 법을 배웠다. 또한 연결을 다중화하여 여러 서비스를 하나의 포트에서 제공하는 방법도 알아보았다. 다음 9장에서는 클라이언트에서의 디스커버리를 알아보자. 클라이언트는 서버들을 찾고 호출할 것이다.

CHAPTER 9

클라이언트 측
서버 디스커버리와 로드 밸런싱

지금까지 디스커버리와 합의 기능을 가진, 실제로 작동하는 분산 서비스를 구현했다. 여기까지는 서버에 초점을 맞췄고 gRPC 너머의 클라이언트까지는 다루지 않았다. 9장에서는 클라이언트의 세 가지 기능을 살펴본다. 이 기능들은 가용성availability, 확장성scalability, 그리고 사용자 경험user experience 을 한층 개선할 것이다. 클라이언트가 다음 세 가지 기능을 자동으로 수행하게 만들어보자.

- 클러스터의 서버 찾기
- 리더에게 추가해달라고 호출하고 팔로워에게 소비해달라고 호출하기
- 팔로워 사이의 소비 호출의 균형 맞추기

이렇게 개선하면 서비스를 배포할 모든 준비가 끝난다.

9.1 세 가지 로드 밸런싱 전략

디스커버리와 로드 밸런싱에서 마주치는 문제에 대한 세 가지 전략은 다음과 같다.

- **서버 프록시**: 클라이언트가 로드 밸런서에 요청을 보내면, (서비스 레지스트리를 질의하거나 그 자체로 서비스 레지스트리이기에) 서버에 대해 알고 있는 로드 밸런서가 해당 요청을 백엔드의 서비스로 전달한다.
- **외부 로드 밸런싱**: 클라이언트가 외부 로드 밸런싱 서비스로 질의하고, 서버 정보를 알고 있는 외부 서비스가 클라이언트에게 어디로 RPC를 보낼지 알려준다.

- **클라이언트 로드 밸런싱**: 클라이언트가 서버 정보를 얻고자 서비스 레지스트리에 질의하고, 어느 서버에 RPC를 보낼지를 결정하며, 로드 밸런서를 거치지 않고 바로 서버에 보낸다.

서버 프록시를 사용하는 게 가장 일반적인 디스커버리와 로드 밸런싱 패턴이다. 대부분의 서버는 클라이언트를 신뢰하지 않기에, 로드 밸런싱의 작동 방식에 관한 제어권을 주지 않는다. 이러한 제어에 관한 결정은 서비스의 가용성에 영향을 줄 수 있기 때문이다(예를 들어 클라이언트가 하나의 서버에 더 이상 가용하지 않을 때까지 호출하는 것을 허용할 수 있다). 클라이언트와 서버 사이에 프록시로서 로드 밸런서를 두어 신뢰 범위의 역할을 하게 할 수 있다. 프록시는 시스템이 요청을 어떻게 받아서 처리할지 제어하게 한다. 프록시를 거친 다음의 네트워크는 우리 시스템 내의 네트워크이기에 믿을 수 있고 제어가 가능하다. 서버 프록시는 서버들을 관리하거나, 서버에 대해 서비스 레지스트리로 질의하므로 서버를 잘 알고 있다. 사람들이 많이 쓰는 로드 밸런서로는 AWS의 일래스틱 로드 밸런서Elastic Load Balancer, ELB가 있다. 인터넷으로 들어오는 외부 트래픽에 대해 로드 밸런싱을 해주는 서비스인데, ELB가 대표적인 서버 측 디스커버리 라우터이다. 요청은 ELB로 들어오고, ELB는 요청을 ELB에 등록한 인스턴스 중 하나에 전달한다.

복잡하고 정교해야 하는 로드 밸런싱이라면 외부 로드 밸런서를 사용할 수 있다. 외부 로드 밸런서는 모든 서버와 잠재적 클라이언트를 알고 있기에 클라이언트가 호출할 최적의 서버를 결정할 수 있다. 다만, 외부 로드 밸런서는 비용이 발생하므로 운영상 부담이 된다. 필자는 한 번도 외부 로드 밸런서를 사용한 적이 없다.

클라이언트를 신뢰할 수만 있다면, 대안으로 클라이언트 측 로드 밸런싱을 사용할 수 있다. 클라이언트 측 로드 밸런싱은 요청이 바로 목적지인 서버로 가므로(중간에 거치는 프록시가 없으므로) 레이턴시가 적고 효율적이다. 이러한 패턴에는 단일 장애점single point of failure이 없으므로 복원력도 좋다. 하지만, 클라이언트가 서버에 직접 접근하는 만큼 네트워크와 보안에 추가 작업이 필요하다.

우리는 클라이언트와 서버를 모두 제어하면서도 저지연low-latency·고효율high-throughput인 애플리케이션을 위한 서비스를 디자인했으므로 우리 서비스에 클라이언트 측 디스커버리와 로드 밸런싱을 구현해 넣을 것이다.

9.2 gRPC 클라이언트 측 로드 밸런싱

9장에서 이야기하는 아이디어는 어떠한 클라이언트와 서버에도 적용할 수 있지만, 우리는 gRPC 서비스를 다루므로 gRPC에 국한해서 살펴보자. gRPC는 서버 디스커버리, 로드 밸런싱, 그리고 클라이언트 요청과 응답 처리로 나눌 수 있는데, 보통 이 중에서 클라이언트의 요청과 응답에 관해서만 코드를 짜면 된다. gRPC에서 리졸버resolver는 서버들을 찾고, 피커picker는 어떤 서버가 요청을 처리할지 고르는 로드 밸런싱을 한다. 또한 밸런서balancer가 서브 연결subconnection을 관리하지만, 실제 로드 밸런싱은 피커에 맡긴다. gRPC는 기본 밸런서를 생성할 수 있도록 base.NewBalancerBuilderV2 API를 제공하지만, 보통은 나만의 밸런서를 구현할 필요가 없다.

grpc.Dial을 호출하면 gRPC는 주소를 리졸버에 전달하고 리졸버는 서버를 찾는다. gRPC의 기본 리졸버는 DNS 리졸버이다. 만약 gRPC가 받은 주소에 여러 DNS 레코드가 연결되었다면, gRPC는 레코드들의 서버로 보내는 요청의 밸런스를 맞춘다. 물론 직접 리졸버를 만들거나 커뮤니티에서 만든 리졸버를 사용해도 된다. 예를 들어 쿠버리졸버Kuberesolver[1]는 쿠버네티스 API에서 엔드포인트를 가져와 서버를 찾아낸다.

gRPC는 라운드 로빈round-robin 로드 밸런서를 디폴트로 사용한다. 라운드 로빈 알고리즘은 첫 번째 호출을 첫 번째 서버에게, 두 번째 호출을 두 번째 서버에 보내는 식으로 작동하며, 마지막 서버까지 보내고 나면 다시 첫 번째 서버로 돌아온다. 결국 모든 서버에 같은 횟수의 호출을 한다. 라운드 로빈 방식은 각각의 요청에 대해 서버가 할 일이 같을 때 잘 작동한다. 예를 들어 상태가 없는stateless 서비스가 데이터베이스 같은 분리된 서비스에 일을 넘기는 경우가 있겠다. 처음에는 라운드 로빈으로 작업하다 나중에 최적화하면 된다.

라운드 로빈의 문제점은 각각의 요청, 클라이언트, 서버에 대한 정보를 전혀 고려하지 않는다는 점이다. 예를 들면 다음과 같다.

- 만약 서버가 복제 분산 서비스이고, 쓰는 서비스는 하나인데 읽는 서비스는 여러 개라면, 읽는 것은 복제본replica에서 읽고 쓰기 서비스는 쓰기에만 집중하기를 원할 것이다. 이런 경우에는 읽기 요청인지 쓰기 요청인지를 알아야 하고, 서버가 프라이머리primary인지 복제본인지를 알아야 한다.

- 만약 글로벌 분산 서비스라면, 클라이언트가 가능한 가까운 위치의 서버와 통신하기를 원할 것이다. 그러려면 클라이언트와 서버의 위치 정보를 알아야 한다.

- 레이턴시에 민감한 시스템이라면, 서버로 전송 중이거나 대기 중인 요청에 대한 메트릭을 추적하거나, 레이턴시 메트릭까지 조합하여 추적할 수 있으며, 클라이언트의 요청을 최소한으로 만들 수 있다.

---

1   https://github.com/sercand/kuberesolver

지금까지 gRPC에서 클라이언트 측 디스커버리와 로드 밸런싱을 어떻게 하는지 알아보았다. 그리고 라운드 로빈보다 더욱 효율적인 로드 밸런싱이 필요한 때를 알아보았다. 그렇다면 실제 서비스를 만들 때 이러한 지식으로 무엇을 할 수 있을까?

우리가 만드는 서비스는 하나의 쓰기, 여러 개의 읽기를 가진 분산 서비스이며 리더 서버만이 로그를 추가할 수 있다. 현재는 클라이언트가 하나의 서버에만 연결하므로 리더와 팔로워를 호출하려면 여러 개의 클라이언트를 생성해야 한다. 그리고 팔로워들에게 골고루 균형 있게 소비 호출을 하려면 클라이언트의 코드에서 관리해야 한다.

몇몇 문제들은 리졸버와 피커를 직접 구현하면 해결할 수 있다. 리졸버가 서버들을 찾고 그중에서 리더를 찾으면, 피커는 생산 호출은 리더에 보내고 소비 호출은 팔로워에게 골고루 호출한다. 리졸버와 피커를 사용하면 서비스를 사용하기 더 쉬워지고, 불필요해진 테스트를 삭제할 수 있다. 솔깃한 이야기이다. 그럼 시작해보자.

9.3 서버를 찾을 수 있게 만들기

리졸버는 클러스터의 서버를 찾을 수 있어야 하는데, 그러려면 각 서버의 주소와 서버가 리더인지 여부를 알아야 한다. 8.2절에서 래프트를 서비스에 추가했는데, 래프트는 클러스터의 서버들과 어느 서버가 리더인지를 알고 있다. gRPC 서비스의 엔드포인트를 통해 리졸버가 이 정보를 가져갈 수 있게 해주면 된다.

이미 서프와 래프트를 서비스에 만들어두었으므로 RPC를 이용해 디스커버리를 구현하는 것은 쉽다. 카프카 클라이언트는 메타데이터 엔드포인트에 요청을 보내 클러스터의 브로커를 찾아낸다. 카프카의 메타데이터 엔드포인트는 주키퍼에 조율하고 저장한 데이터를 회신한다. 참고로, 카프카 개발자들은 주키퍼 의존성을 제거하고 우리가 구현한 서비스에서처럼 래프트로 대체하려고 한다. 카프카에 있어서, 특히 클러스터에 어떤 서버들이 있는지와 리더를 어떻게 선출하는지를 관리하는 부분에서 매우 큰 변화이다. 하지만 클라이언트 입장에서는 서버를 찾는 데 큰 차이가 없다. 클라이언트 측 디스커버리를 위한 서비스 엔드포인트를 사용하여 서버를 찾는 것이다.

api/v1/log.proto 파일을 열고 Log 서비스에 GetServers() 엔드포인트를 추가하자.

ClientSideServiceDiscovery/api/v1/log.proto

```
service Log {
    rpc Produce(ProduceRequest) returns (ProduceResponse) {}
    rpc Consume(ConsumeRequest) returns (ConsumeResponse) {}
```

```
    rpc ConsumeStream(ConsumeRequest) returns (stream ConsumeResponse) {}
    rpc ProduceStream(stream ProduceRequest) returns (stream ProduceResponse) {}
    rpc GetServers(GetServersRequest) returns (GetServersResponse) {}
}
```

리졸버는 이 엔드포인트에 요청을 보내 클러스터의 서버 정보를 얻을 것이다.

파일의 맨 아래에 다음 코드를 추가하여 엔드포인트의 요청과 응답을 정의하자.

ClientSideServiceDiscovery/api/v1/log.proto

```
message GetServersRequest {}

message GetServersResponse {
    repeated Server servers = 1;
}

message Server {
    string id = 1;
    string rpc_addr = 2;
    bool is_leader = 3;
}
```

엔드포인트는 클라이언트가 연결할 서버의 주소와 서버가 리더인지 여부를 회신한다. 피커는 이 정보를 기반으로 어떤 서버에 생산 호출을 하고, 어떤 서버에 소비 호출을 할지 판단한다.

이제 서버에 엔드포인트를 구현하자. 하지만 그 전에 DistributedLog에 래프트의 서버 데이터를 외부 노출해주는 API부터 작성하자. **internal/log/distributed.go** 파일을 열고 DistributedLog. Close() 메서드 아래에 GetServers() 메서드를 추가하자.

ClientSideServiceDiscovery/internal/log/distributed.go

```
func (l *DistributedLog) GetServers() ([]*api.Server, error) {
    future := l.raft.GetConfiguration()
    if err := future.Error(); err != nil {
        return nil, err
    }
    var servers []*api.Server
    for _, server := range future.Configuration().Servers {
        servers = append(servers, &api.Server{
            Id:       string(server.ID),
            RpcAddr:  string(server.Address),
            IsLeader: l.raft.Leader() == server.Address,
        })
    }
```

```
    }
    return servers, nil
}
```

래프트의 설정은 클러스터에 있는 서버들로 구성되며, 각 서버의 ID, 주소, 투표권suffrage 정보가 들어 있다. 투표권이란 서버가 래프트 선거에 투표할지 여부에 관한 정보로 우리 프로젝트에는 사용하지 않는다. 래프트는 클러스터의 리더 주소도 알려준다. GetServers()는 raft.Server 자료형을 우리가 정의한 *api.Server 자료형으로 바꿔서 API가 회신하도록 한다.

이제 DistributedLog 테스트를 수정해서 GetServers() 메서드가 클러스터의 서버 정보를 리턴하는지 확인하자. internal/log/distributed_test.go 파일을 열고 기존 코드인 err = logs[0].Leave("1")와 다음 줄 require.NoError(t, err)의 앞과 뒤에 새 코드를 추가하자.

ClientSideServiceDiscovery/internal/log/distributed_test.go

```
servers, err := logs[0].GetServers()
require.NoError(t, err)
require.Equal(t, 3, len(servers))
require.True(t, servers[0].IsLeader)
require.False(t, servers[1].IsLeader)
require.False(t, servers[2].IsLeader)

err = logs[0].Leave("1")
require.NoError(t, err)

time.Sleep(50 * time.Millisecond)

servers, err = logs[0].GetServers()
require.NoError(t, err)
require.Equal(t, 2, len(servers))
require.True(t, servers[0].IsLeader)
require.False(t, servers[1].IsLeader)
```

GetServers() 메서드가 클러스터의 세 개 서버를 모두 리턴하는지 확인하고, 세 번의 IsLeader 자료형 선언으로 리더를 확인한다. 서버 하나가 클러스터를 떠나면 두 개의 서버만 남는지도 확인한다.

DistributedLog의 수정사항에 대한 테스트는 이것으로 충분하다. 다음으로 DistributedLog의 GetServers() 메서드를 호출하는 엔드포인트를 구현하자.

internal/server/server.go 파일을 열어서 Config 구조체를 수정하자.

```
type Config struct {
    CommitLog   CommitLog
    Authorizer  Authorizer
    GetServerer GetServerer
}
```

그리고 `ConsumeStream()` 메서드 아래에 다음 코드를 추가하자.

```
func (s *grpcServer) GetServers(
    ctx context.Context, req *api.GetServersRequest,
) (*api.GetServersResponse, error) {
    servers, err := s.GetServerer.GetServers()
    if err != nil {
        return nil, err
    }
    return &api.GetServersResponse{Servers: servers}, nil
}

type GetServerer interface {
    GetServers() ([]*api.Server, error)
}
```

이 두 코드로 서버 정보를 회신할 수 있는 어떠한 구조체도 주입할 수 있게 되었다. `CommitLog` 인터페이스에 `GetServer()` 메서드를 추가하지는 않았는데, 분산 로그가 아닌, 우리가 구현했던 Log 자료형과 같은 경우에는 서버들이라는 개념이 의미 없기 때문이다. `GetServerer` 인터페이스는 `GetServers()` 메서드 하나만을 가지는 인터페이스이며 `DistributedLog`의 `GetServers()` 메서드는 이를 만족한다. 따라서 **agent** 패키지에서 종단 간 테스트를 업데이트할 때는 `DistributedLog`를 설정할 때 `CommitLog`와 `GetServerer`를 모두 설정하며 `GetServerer`는 에러 처리를 함께 감쌀 것이다.

서버가 클러스터의 서버를 `DistributedLog`에서 가져오도록 **agent.go** 파일의 `setupServer()` 메서드를 수정하자.

```
serverConfig := &server.Config{
    CommitLog:   a.log,
    Authorizer:  authorizer,
    GetServerer: a.log,
}
```

클라이언트가 클러스터의 서버 정보를 요청할 수 있는 서버 엔드포인트를 구현했다. 이제 리졸버를 구현할 준비가 되었다.

9.4 서버 정보 가져오기

gRPC 리졸버가 GetServers() 엔드포인트를 호출하여, 회신받은 정보를 gRPC에 전달해서 피커가 어느 서버에 요청을 보낼지 판단하게 할 것이다.

리졸버와 피커를 위한 새로운 패키지부터 만들자. $ mkdir internal/loadbalace 명령으로 새로운 디렉터리를 만들자.

gRPC는 리졸버와 피커에 빌더 패턴을 사용한다. 각각은 빌더 인터페이스와 구현 인터페이스의 조건을 만족하게 된다. 빌더 인터페이스는 Build()라는 메서드 하나만을 가지므로 하나의 자료형에 두 인터페이스를 모두 구현할 것이다. **internal/loadbalance** 디렉터리에 **resolver.go** 파일을 만들고 다음 코드를 추가하자.

ClientSideServiceDiscovery/internal/loadbalance/resolver.go

```go
package loadbalance

import (
    "context"
    "fmt"
    "sync"

    "go.uber.org/zap"
    "google.golang.org/grpc"
    "google.golang.org/grpc/attributes"
    "google.golang.org/grpc/resolver"
    "google.golang.org/grpc/serviceconfig"

    api "github.com/travisjeffery/proglog/api/v1"
)

type Resolver struct {
    mu            sync.Mutex
    clientConn    resolver.ClientConn
    resolverConn  *grpc.ClientConn
    serviceConfig *serviceconfig.ParseResult
    logger        *zap.Logger
}
```

Resolver 자료형에 gRPC의 resolver.Builder와 resolver.Resolver 인터페이스를 구현하려 한다. clientConn 연결은 사용자의 클라이언트 연결이며, gRPC는 이를 리졸버에 전달하여 리졸버가 찾은 서버들을 업데이트하게 한다. resolverConn은 리졸버 자신의 클라이언트 연결이며 서버의 GetServers()를 호출하여 서버 정보를 얻는다.

다음 코드를 이어서 추가하여 gRPC의 resolver.Builder 인터페이스를 구현하자.

ClientSideServiceDiscovery/internal/loadbalance/resolver.go

```go
var _ resolver.Builder = (*Resolver)(nil)

func (r *Resolver) Build(
    target resolver.Target,
    cc resolver.ClientConn,
    opts resolver.BuildOptions,
) (resolver.Resolver, error) {
    r.logger = zap.L().Named("resolver")
    r.clientConn = cc
    var dialOpts []grpc.DialOption
    if opts.DialCreds != nil {
        dialOpts = append(
            dialOpts,
            grpc.WithTransportCredentials(opts.DialCreds),
        )
    }
    r.serviceConfig = r.clientConn.ParseServiceConfig(
        fmt.Sprintf(`{"loadBalancingConfig":[{"%s":{}}]}`, Name),
    )
    var err error
    r.resolverConn, err = grpc.Dial(target.Endpoint, dialOpts...)
    if err != nil {
        return nil, err
    }
    r.ResolveNow(resolver.ResolveNowOptions{})
    return r, nil
}

const Name = "proglog"

func (r *Resolver) Scheme() string {
    return Name
}

func init() {
    resolver.Register(&Resolver{})
}
```

resolver.Builder 인터페이스는 Build()와 Scheme() 두 메서드를 가진다.

- Build() 메서드는 리졸버를 빌드할 때 필요한 타깃 주소 등의 서버를 찾는 데 필요한 데이터와, 찾아낸 서버 정보로 업데이트할 클라이언트 연결을 받는다. Build() 메서드는 우리 서버들과의 연결을 설정하여 리졸버가 GetServers() API를 호출하도록 해준다.
- Scheme() 메서드는 리졸버의 스킴 식별자scheme identifier를 회신받는다. grpc.Dial을 호출하면 gRPC는 받은 타깃 주소에서 스킴을 파싱한 다음에 매칭되는 리졸버를 찾는다. 디폴트는 자신의 DNS 리졸버이다. 우리가 만드는 리졸버의 경우에는 proglog://your-service-address 포맷을 쓴다.

init() 함수에서 이 리졸버를 gRPC에 등록하여 gRPC가 타깃의 스킴과 같은 리졸버를 찾을 때 이 리졸버와 매칭되는지 확인하도록 한다.

다음 코드를 init() 함수 아래에 추가하여 gRPC의 resolver.Resolver 인터페이스를 구현하자.

ClientSideServiceDiscovery/internal/loadbalance/resolver.go

```go
var _ resolver.Resolver = (*Resolver)(nil)

func (r *Resolver) ResolveNow(resolver.ResolveNowOptions) {
    r.mu.Lock()
    defer r.mu.Unlock()
    client := api.NewLogClient(r.resolverConn)
    // 클러스터의 서버 정보를 가져와서 clientConn을 업데이트한다.
    ctx := context.Background()
    res, err := client.GetServers(ctx, &api.GetServersRequest{})
    if err != nil {
        r.logger.Error(
            "failed to resolve server",
            zap.Error(err),
        )
        return
    }
    var addrs []resolver.Address
    for _, server := range res.Servers {
        addrs = append(addrs, resolver.Address{
            Addr: server.RpcAddr,
            Attributes: attributes.New(
                "is_leader",
                server.IsLeader,
            ),
        })
    }
    r.clientConn.UpdateState(resolver.State{
```

```
            Addresses: addrs,
            ServiceConfig: r.serviceConfig,
        })
    }

    func (r *Resolver) Close() {
        if err := r.resolverConn.Close(); err != nil {
            r.logger.Error(
                "failed to close conn",
                zap.Error(err),
            )
        }
    }
```

resolver.Resolver 인터페이스에는 ResolveNow()와 Close() 두 메서드가 있다. gRPC는 타깃에서 정보를 얻고, 서버를 찾아서 클라이언트 연결을 업데이트할 때 ResolverNow() 메서드를 호출한다. 리졸버가 어떻게 서버를 찾는지는 리졸버와 서비스에 달려 있다. 예를 들어 쿠버네티스를 위해 만든 리졸버라면 쿠버네티스의 API를 호출하여 엔드포인트 목록을 얻을 것이다. 우리가 만드는 gRPC 클라이언트는 우리 서비스를 위한 것이기에, 이를 위해 만들어둔 GetServers() API를 호출하여 클러스터 서버들의 정보를 얻는다.

서비스는 클라이언트가 어떻게 골고루, 균형 있게 서버들을 호출할지를 서비스 설정의 상태에 명시할 수 있다. 여기에서는 서비스 설정에서 상태를 업데이트할 때, 9.5절에서 구현할 'proglog' 로드 밸런서를 사용하도록 명시했다.

상태 업데이트는 resolver.Address 슬라이스를 업데이트하여 로드 밸런서가 그중에서 서버를 고르게 한다. reslover.Address는 세 개의 필드가 있다.

- Addr(필수): 연결을 위한 서버 주소이다.
- Attributes(선택사항, 유용함): 로드 밸런서에 유용한 데이터를 담은 맵이다. 우리는 이 필드를 이용해 어느 서버가 리더이고, 어느 서버들이 팔로워인지 알아내 피커에게 알려줄 것이다.
- ServerName(선택사항, 잘 쓰지 않음): 주소에 대한 전송 인증 권한으로 사용하는 이름이다. Dial로 연결을 시도할 때 타깃의 호스트명 대신 사용한다.

서버를 찾은 다음에는 UpdateState()로 resolver.Address를 이용하여 클라이언트 연결을 업데이트한다. api.Server의 데이터로 주소를 설정한다. gRPC가 동시에 ResolveNow()를 호출할 수도 있으므로 뮤텍스를 사용해야 한다.

Close() 메서드는 리졸버를 닫는데, 우리가 구현한 리졸버는 Build() 메서드로 생성한 서버와의 연결을 닫는다.

리졸버 코드는 이게 전부이다. 테스트해보자. **internal/loadbalance** 디렉터리에 **resolver_test.go** 파일을 만들고 다음 코드를 추가하자.

ClientSideServiceDiscovery/internal/loadbalance/resolver_test.go

```go
package loadbalance_test

import (
    "net"
    "testing"

    "github.com/stretchr/testify/require"
    "google.golang.org/grpc"
    "google.golang.org/grpc/attributes"
    "google.golang.org/grpc/credentials"
    "google.golang.org/grpc/resolver"
    "google.golang.org/grpc/serviceconfig"

    api "github.com/travisjeffery/proglog/api/v1"
    "github.com/travisjeffery/proglog/internal/loadbalance"
    "github.com/travisjeffery/proglog/internal/config"
    "github.com/travisjeffery/proglog/internal/server"
)

func TestResolver(t *testing.T) {
    l, err := net.Listen("tcp", "127.0.0.1:0")
    require.NoError(t, err)

    tlsConfig, err := config.SetupTLSConfig(config.TLSConfig{
        CertFile:      config.ServerCertFile,
        KeyFile:       config.ServerKeyFile,
        CAFile:        config.CAFile,
        Server:        true,
        ServerAddress: "127.0.0.1",
    })
    require.NoError(t, err)
    serverCreds := credentials.NewTLS(tlsConfig)

    srv, err := server.NewGRPCServer(&server.Config{
        GetServerer: &getServers{},
    }, grpc.Creds(serverCreds))
    require.NoError(t, err)
```

```
go srv.Serve(l)
```

리졸버가 서버를 찾는 테스트를 하도록 서버를 준비하는 코드이다. server.NewGRPCServer()에 설정으로 GetServerer 필드에 목mock GetServerer를 전달한다. 리졸버는 이 서버를 찾아야 한다.

이어서 다음 테스트 코드를 추가하자.

ClientSideServiceDiscovery/internal/loadbalance/resolver_test.go

```
conn := &clientConn{}
tlsConfig, err = config.SetupTLSConfig(config.TLSConfig{
    CertFile:      config.RootClientCertFile,
    KeyFile:       config.RootClientKeyFile,
    CAFile:        config.CAFile,
    Server:        false,
    ServerAddress: "127.0.0.1",
})
require.NoError(t, err)
clientCreds := credentials.NewTLS(tlsConfig)
opts := resolver.BuildOptions{
    DialCreds: clientCreds,
}
r := &loadbalance.Resolver{}
_, err = r.Build(
    resolver.Target{
        Endpoint: l.Addr().String(),
    },
    conn,
    opts,
)
require.NoError(t, err)
```

테스트 리졸버를 생성하고 빌드하는 코드이다. 그리고 타깃 엔드포인트를 바로 앞 코드에서 설정해둔 서버를 가리키게 설정한다. 리졸버는 GetServers()를 호출하여 서버들을 찾고 클라이언트 연결을 서버들의 주소로 업데이트할 것이다.

다음을 추가하여 테스트 코드를 마무리하자.

ClientSideServiceDiscovery/internal/loadbalance/resolver_test.go

```
wantState := resolver.State{
    Addresses: []resolver.Address{{
        Addr: "localhost:9001",
        Attributes: attributes.New("is_leader", true),
```

```
        }, {
            Addr: "localhost:9002",
            Attributes: attributes.New("is_leader", false),
        }},
    }
    require.Equal(t, wantState, conn.state)

    conn.state.Addresses = nil
    r.ResolveNow(resolver.ResolveNowOptions{})
    require.Equal(t, wantState, conn.state)
}
```

리졸버가 서버를 찾아내고, 그 데이터로 클라이언트 연결을 업데이트하는지 확인한다. 테스트에서는 리졸버가 두 개의 서버를 찾아내고 9001 서버를 리더라고 인식해야 한다.

테스트는 목 자료형에 의존한다. 다음 코드를 파일 마지막에 추가하자.

ClientSideServiceDiscovery/internal/loadbalance/resolver_test.go

```
type getServers struct{}

func (s *getServers) GetServers() ([]*api.Server, error) {
    return []*api.Server{{
        Id:      "leader",
        RpcAddr: "localhost:9001",
        IsLeader: true,
    }, {
        Id:      "follower",
        RpcAddr: "localhost:9002",
    }}, nil
}

type clientConn struct {
    resolver.ClientConn
    state resolver.State
}

func (c *clientConn) UpdateState(state resolver.State) error {
    c.state = state
    return nil
}

func (c *clientConn) ReportError(err error) {}

func (c *clientConn) NewAddress(addrs []resolver.Address) {}
```

```
func (c *clientConn) NewServiceConfig(config string) {}

func (c *clientConn) ParseServiceConfig(
    config string,
) *serviceconfig.ParseResult {
    return nil
}
```

getServers는 GetServerers 인터페이스를 구현한 것이다. 리졸버의 요청에 대해 서버의 정보를 회신한다. clientConn은 resolver.ClientConn을 구현한 것이다. 리졸버가 업데이트한 상태의 레퍼런스를 가지므로 리졸버가 제대로 업데이트했는지 확인할 수 있다.

리졸버 테스트를 통과하는지 확인하고, 다음으로 피커를 들여다보자.

9.5 피커로 요청 경로를 정하고 밸런스 잡기

gRPC 아키텍처에서 피커는 RPC의 밸런스 로직을 처리한다. 리졸버가 찾은 서버들 중에서 서버를 골라 각각의 RPC를 처리하기에 **피커**picker라 부르는 것이다. 피커는 RPC, 클라이언트, 서버 정보를 기반으로 RPC 경로를 정한다. 그래서 단지 밸런스를 잡는 것 이상의 요청 경로 로직의 효용성을 따진다.

피커 빌더를 구현해보자. **internal/loadbalance** 디렉터리에 **picker.go** 파일을 만들고 다음 코드를 추가하자.

ClientSideServiceDiscovery/internal/loadbalance/picker.go

```
package loadbalance

import (
    "strings"
    "sync"
    "sync/atomic"

    "google.golang.org/grpc/balancer"
    "google.golang.org/grpc/balancer/base"
)

var _ base.PickerBuilder = (*Picker)(nil)

type Picker struct {
    mu          sync.RWMutex
    leader      balancer.SubConn
    followers []balancer.SubConn
```

```
        current    uint64
}

func (p *Picker) Build(buildInfo base.PickerBuildInfo) balancer.Picker {
    p.mu.Lock()
    defer p.mu.Unlock()
    var followers []balancer.SubConn
    for sc, scInfo := range buildInfo.ReadySCs {
        isLeader := scInfo.
            Address.
            Attributes.
            Value("is_leader").(bool)
        if isLeader {
            p.leader = sc
            continue
        }
        followers = append(followers, sc)
    }
    p.followers = followers
    return p
}
```

피커는 리졸버와 마찬가지로 빌더 패턴을 쓴다. gRPC가 서브 연결과 서브 연결의 정보를 맵의 형태로 Build() 메서드에 전해주어 피커를 준비하며, 내부적으로 gPRC는 리졸버가 찾은 주소로 연결한다. 피커는 소비 RPC들을 팔로워 서버들로, 생산 RPC들을 리더 서버로 보내는데, 주소 특성을 기반으로 서버들을 구분한다.

피커 구현을 위해 다음 코드를 Build() 메서드 아래에 추가하자.

ClientSideServiceDiscovery/internal/loadbalance/picker.go

```
var _ balancer.Picker = (*Picker)(nil)

func (p *Picker) Pick(info balancer.PickInfo) (balancer.PickResult, error) {
    p.mu.RLock()
    defer p.mu.RUnlock()
    var result balancer.PickResult
    if strings.Contains(info.FullMethodName, "Produce") ||
        len(p.followers) == 0 {
        result.SubConn = p.leader
    } else if strings.Contains(info.FullMethodName, "Consume") {
        result.SubConn = p.nextFollower()
    }
    if result.SubConn == nil {
        return result, balancer.ErrNoSubConnAvailable
```

```
    }
    return result, nil
}

func (p *Picker) nextFollower() balancer.SubConn {
    cur := atomic.AddUint64(&p.current, uint64(1))
    len := uint64(len(p.followers))
    idx := int(cur % len)
    return p.followers[idx]
}
```

피커는 Pick(info balancerLPickInfo)라는 메서드 하나를 가진다. gRPC는 Pick() 메서드에 RPC의 이름과 콘텍스트_{context}를 가진 balancer.PickInfo를 전달하여 피커가 서브 연결을 선택할 수 있게 한다. 헤더 메타데이터가 있다면 콘텍스트에서 읽을 수 있다. Pick() 메서드는 balancer. PickResult와 호출을 처리할 수 있는 서브 연결을 리턴한다. 결과에 Done 콜백을 설정할 수도 있는데, RPC를 완료했을 때 gRPC가 호출하는 용도이다. 콜백은 RPC의 에러, 트레일러 메타데이터 및 서버 간에 송수신된 바이트가 있는지를 알려준다.

RPC 메서드명을 확인하여 호출이 생산 호출인지, 소비 호출인지를 알아내고 리더 서브 연결을 해야 할지, 팔로워 서브 연결을 해야 할지 고른다. 소비 호출은 라운드 로빈 방식으로 팔로워를 호출한다.

다음 init() 코드를 추가하여 피커를 gPRC에 등록하여 피커 코드를 마무리하자.

ClientSideServiceDiscovery/internal/loadbalance/picker.go
```
func init() {
    balancer.Register(
        base.NewBalancerBuilder(Name, &Picker{}, base.Config{}),
    )
}
```

피커는 요청을 어디로 보낼지 처리하는데, 전통적으로는 균형 있게 나누어 보낸다. 하지만 gRPC 밸런스 자료형은 gRPC가 보낸 입력을 받아서 서브 연결을 관리하고 연결 상태를 수집하고 집계한다. gRPC는 기본 밸런서를 제공하므로 보통은 별도로 만들 필요가 없다.

피커를 테스트해보자. **internal/loadbalance** 디렉터리에 **picker_test.go** 파일을 만들고 다음 코드를 추가하자.

```
package loadbalance_test

import (
    "testing"

    "google.golang.org/grpc/attributes"
    "google.golang.org/grpc/balancer"
    "google.golang.org/grpc/balancer/base"
    "google.golang.org/grpc/resolver"

    "github.com/stretchr/testify/require"

    "github.com/travisjeffery/proglog/internal/loadbalance"
)

func TestPickerNoSubConnAvailable(t *testing.T) {
    picker := &loadbalance.Picker{}
    for _, method := range []string{
        "/log.vX.Log/Produce",
        "/log.vX.Log/Consume",
    } {
        info := balancer.PickInfo{
            FullMethodName: method,
        }
        result, err := picker.Pick(info)
        require.Equal(t, balancer.ErrNoSubConnAvailable, err)
        require.Nil(t, result.SubConn)
    }
}
```

TestPickerNoSubConnAvailable() 테스트는 리졸버가 서버를 찾고 피커의 상태를 사용 가능한 서브 연결로 업데이트하기 전에, 피커가 초기 상태에서 balancer.ErrNoSubConnAvailable 에러를 리턴하는지 알아본다. gRPC는 balancer.ErrNoSubConnAvailable 에러가 발생하면, 피커가 사용 가능한 서브 연결을 가질 때까지 클라이언트의 RPC를 차단한다.

이어서, 서브 연결이 있는 피커가 리더와 팔로워를 선택하는지 테스트하는 코드를 추가하자.

```
func TestPickerProducesToLeader(t *testing.T) {
    picker, subConns := setupTest()
    info := balancer.PickInfo{
        FullMethodName: "/log.vX.Log/Produce",
```

```
    }
    for i := 0; i < 5; i++ {
        gotPick, err := picker.Pick(info)
        require.NoError(t, err)
        require.Equal(t, subConns[0], gotPick.SubConn)
    }
}

func TestPickerConsumesFromFollowers(t *testing.T) {
    picker, subConns := setupTest()
    info := balancer.PickInfo{
        FullMethodName: "/log.vX.Log/Consume",
    }
    for i := 0; i < 5; i++ {
        pick, err := picker.Pick(info)
        require.NoError(t, err)
        require.Equal(t, subConns[i%2+1], pick.SubConn)
    }
}
```

TestPickerProducesToLeader() 테스트는 피커가 생산 호출에 대해 리더 서브 연결을 선택하는지 확인한다. TestPickerConsumesFromFollowers() 테스트는 피커가 소비 호출에 대해 라운드 로빈 방식으로 팔로워 서브 연결을 선택하는지 확인한다.

마지막으로 테스트 도우미 함수를 추가하자.

ClientSideServiceDiscovery/internal/loadbalance/picker_test.go

```
func setupTest() (*loadbalance.Picker, []*subConn) {
    var subConns []*subConn
    buildInfo := base.PickerBuildInfo{
        ReadySCs: make(map[balancer.SubConn]base.SubConnInfo),
    }
    for i := 0; i < 3; i++ {
        sc := &subConn{}
        addr := resolver.Address{
            Attributes: attributes.New("is_leader", i == 0),
        }
        // 0번째 서브 연결이 리더이다.
        sc.UpdateAddresses([]resolver.Address{addr})
        buildInfo.ReadySCs[sc] = base.SubConnInfo{Address: addr}
        subConns = append(subConns, sc)
    }
    picker := &loadbalance.Picker{}
    picker.Build(buildInfo)
```

```
    return picker, subConns
}

// subConn는 balancer.SubConn을 구현한 것이다.
type subConn struct {
    addrs []resolver.Address
}

func (s *subConn) UpdateAddresses(addrs []resolver.Address) {
    s.addrs = addrs
}

func (s *subConn) Connect() {}
```

setupTest() 도우미 함수는 몇 개의 목mock 서브 연결을 가진 테스트용 피커를 만든다. 피커는 리졸버를 설정할 때와 같은 특성을 가진 주소로 만들었다.

피커 테스트를 실행하여 통과하는지 확인하자. 이제 모든 준비가 끝났다.

9.6 디스커버리와 밸런싱 종단 간 테스트

agent 테스트를 업데이트하여 종단 간으로 모든 것을 테스트할 준비가 되었다. 클라이언트가 리졸버와 피커를 설정하면, 리졸버는 서버를 찾고, 피커는 RPC마다 서브 연결을 선택한다.

internal/agent/agent_test.go 파일을 열고 다음 임포트를 추가하자.

ClientSideServiceDiscovery/internal/agent/agent_test.go

```
    "github.com/travisjeffery/proglog/internal/loadbalance"
```

그리고 client() 함수가 리졸버와 피커를 사용하도록 다음과 같이 수정하자.

ClientSideServiceDiscovery/internal/agent/agent_test.go

```
func client(
    t *testing.T,
    agent *agent.Agent,
    tlsConfig *tls.Config,
) api.LogClient {
    tlsCreds := credentials.NewTLS(tlsConfig)
    opts := []grpc.DialOption{
        grpc.WithTransportCredentials(tlsCreds),
```

```
        }
        rpcAddr, err := agent.Config.RPCAddr()
        require.NoError(t, err)
        conn, err := grpc.Dial(fmt.Sprintf(
            "%s:///%s",
            loadbalance.Name,
            rpcAddr,
        ), opts...)
        require.NoError(t, err)
        client := api.NewLogClient(conn)
        return client
    }
```

이 코드에 새로 추가한 행들이 URL에 우리의 스킴scheme을 명시하여, 우리가 만든 리졸버를 쓴다는 것을 gRPC에 알려준다.

$ go test ./internal/agent 명령으로 agent 테스트를 실행해보면 리더가 클라이언트 소비 호출에 실패한다. 왜냐하면 기존에는 각각의 클라이언트가 하나의 서버로만 연결했기 때문이다. 그래서 리더 클라이언트는 리더 서버에 연결된다. 레코드를 생산하면 리더 클라이언트는 바로 소비할 수 있는데, 리더 서버에서 소비하기 때문이다. 리더가 복제할 때까지 기다릴 필요가 없는 것이다. 이제는 달라졌다. 각각의 클라이언트는 모든 서버에 연결되고, 리더에서 생산하고, 팔로워에서 소비할 수 있다. 따라서 리더가 팔로워에게 복제할 때까지 기다려야만 한다.

서버들이 레코드를 복제할 때까지 기다렸다가 리더 클라이언트가 소비하도록 테스트를 업데이트하자. time.Sleep의 위치를 리더 클라이언트가 소비하기 이전으로 옮긴다.

ClientSideServiceDiscovery/internal/agent/agent_test.go

```
// 복제가 끝날 때까지 기다린다.
time.Sleep(3 * time.Second)

consumeResponse, err := leaderClient.Consume(
    context.Background(),
    &api.ConsumeRequest{
        Offset: produceResponse.Offset,
    },
)
require.NoError(t, err)
require.Equal(t, consumeResponse.Record.Value, []byte("foo"))

// 원래 time.Sleep이 있었던 위치
```

```
followerClient := client(t, agents[1], peerTLSConfig)
consumeResponse, err = followerClient.Consume(
    context.Background(),
    &api.ConsumeRequest{
        Offset: produceResponse.Offset,
    },
)
require.NoError(t, err)
require.Equal(t, consumeResponse.Record.Value, []byte("foo"))
```

`$ make test` 명령으로 다시 테스트해보면 통과할 것이다.

9.7 마치며

gRPC가 서비스를 알아내고 호출을 균형 있게 전달하는 법과, 리졸버와 피커를 직접 구축하는 법을 배웠다. 직접 리졸버를 만들어서 클라이언트가 서버를 동적으로 검색하게 할 수 있었다. 또한 피커가 로드 밸런싱을 할 뿐만 아니라 직접 라우팅 로직을 만들어 적용할 수도 있다는 것을 알게 되었다.

이제 서비스를 배포하고 실행해보자.

CHAPTER

10

_____ CHAPTER

로컬에서 쿠버네티스로 배포

《반지의 제왕》에서 프로도와 샘이 고향인 샤이어를 떠나 운명의 산에 도착한 것만으로 그들의 임무가 끝난 것은 아니었다. 그들이 화염 속으로 절대 반지를 던지지 않았다면, 그 모든 여정은 아무 의미가 없었을 것이다. 마찬가지로, 서비스를 만들더라도 배포하지 않으면 의미가 없다. 10장에서는 클러스터에 서비스를 배포해보겠다. 해야 할 일은 다음과 같다.

- 에이전트 명령줄 인터페이스command-line interface, CLI를 만들어서 서비스를 실행하게 한다.
- 쿠버네티스와 헬름Helm을 준비하여, 우리 서비스가 로컬 머신과 클라우드 플랫폼에서 오케스트레이션orchestration을 할 수 있도록 한다.
- 로컬 머신에서 서비스를 담은 클러스터를 실행한다.

10.1 쿠버네티스 알아보기

많은 책이 쿠버네티스가 무엇인지를 다루지만, 쿠버네티스가 할 수 있는 일을 모두 다 담을 수는 없다. 여기서는 우리 서비스를 배포하고 운영할 수 있을 만큼만 쿠버네티스의 필요한 부분을 추려서 다루려 한다. 왜 쿠버네티스를 사용할까? 쿠버네티스는 모든 클라우드 플랫폼에서 지원하여 어디서든 쓸 수 있으므로 분산 서비스를 배포할 때 표준이나 다름없다.

쿠버네티스Kubernetes[1]는 오픈소스 오케스트레이션 시스템이다. 컨테이너에서 자동으로 배포, 확장하며, 서비스를 운영한다. 쿠버네티스의 REST API를 사용하면 쿠버네티스가 처리할 수 있는 리소스를 생성, 수정, 삭제하도록 할 수도 있다. 쿠버네티스는 선언적declarative 시스템이다. 원하는 상태를 표현하기만 하면, 쿠버네티스가 시스템의 현재 상태를 목표 상태로 바꿔준다.

쿠버네티스 리소스 중에서 사람들이 가장 많이 다루는 것은 **파드**pod이다. 파드는 쿠버네티스에서 배포할 수 있는 가장 작은 단위이다. 컨테이너를 프로세스라 하면, 파드를 호스트라고 할 수 있다. 모든 컨테이너는 파드 안에서 실행하며, 같은 네트워크 네임스페이스와 IP 주소, IPC(프로세스 간 통신)inter-process communication 네임스페이스를 공유한다. 그리고 볼륨을 공유할 수 있다. 파드는 논리적 호스트이며, 쿠버네티스에서 **노드**node라 부르는 물리적 호스트는 여러 개의 파드를 실행할 수 있다. 다른 리소스들은 파드를 설정하거나(ConfigMaps, Secrets), 파드 셋을 관리(Deployment, StatefulSets, DaemonSets)하며 사용한다. 쿠버네티스에 나만의 리소스와 컨트롤러를 생성하여 확장할 수도 있다.

컨트롤러controller는 제어 루프로, 리소스의 상태를 지켜보고 필요하면 수정해준다. 쿠버네티스는 많은 컨트롤러로 이루어진다. 예를 들어 배포 컨트롤러는 배포 리소스를 지켜보는데, 만약 배포에 복제본이 증가하면 컨트롤러는 더 많은 파드가 필요하다고 판단하여 스케줄링한다.

쿠버네티스와 소통하려면 kubectl이라는 CLI가 필요하다. 이제부터 좀 더 알아보자.

10.2 kubectl 설치하기

쿠버네티스의 CLI인 kubectl은 쿠버네티스 클러스터에 명령을 보낸다. 서비스의 클러스터 리소스를 점검하고 관리하거나 로그를 보는 데 사용할 수 있다. 가능한 한 일회성 작업one-off operation에 사용하자. 배포나 서비스 업그레이드와 같은 반복 작업일 때는 헬름 패키지 매니저나 오퍼레이터를 사용한다. 10장의 뒤쪽에서 좀 더 알아보겠다.

다음 명령으로 kubectl을 설치하고, 사용할 수 있도록 환경 설정을 하자.[2]

```
$ curl -LO https://dl.k8s.io/release/v1.21.13/bin/linux/amd64/kubectl
$ chmod +x ./kubectl
$ mkdir  -p ~/.local/bin
$ mv ./kubectl ~/.local/bin/kubectl
```

---

1   https://kubernetes.io

2   [옮긴이] 버전 v1.22.x 이후에는 11장에서 사용하는 메타컨트롤러 기능을 더 이상 지원하지 않으므로(deprecated) v1.21.x를 사용한다.

```
$ echo 'export PATH="$PATH:$HOME/.local/bin"' >> ~/.zshenv
$ source ~/.zshenv
```

kubectl이 호출과 같은 작업을 하려면 쿠버네티스 클러스터와 그 API가 있어야 한다. 로컬 쿠버네티스 클러스터를 도커에서 실행하는 카인드Kind라는 도구를 사용해보자.

10.3 로컬 개발과 지속적 통합을 위한 카인드 사용하기

카인드Kubernetes IN Docker, Kind[3]는 쿠버네티스 팀이 개발한 도구로, 도커 컨테이너를 노드로 사용하여 로컬 쿠버네티스 클러스터를 실행한다. 나만의 쿠버네티스 클러스터를 실행하는 간단한 방법으로, 로컬에서 개발하고 테스트하며 지속적 통합을 하기 좋다.

다음 명령으로 카인드를 설치하자(Go 1.17+ 버전이 설치되어 있어야 한다).

```
$ go install sigs.k8s.io/kind@v0.12.0
```

카인드를 사용하려면 도커[4] 역시 설치해야 한다. 사용하는 운영체제에 따라 도커를 설치하자.

도커가 실행 중인 상태에서 다음 명령으로 클러스터를 생성할 수 있다.

```
$ kind create cluster
```

카인드가 클러스터를 생성하고 kubectl을 사용하도록 설정되었는지 다음 명령으로 확인해보자.

```
$ kubectl cluster-info
Kubernetes control plane is running at https://127.0.0.1:38203
CoreDNS is running at
https://127.0.0.1:38203/api/v1/namespaces/kube-system/services/kube-dns:dns/proxy
```

클러스터의 문제를 좀 더 디버깅하고 진단하려면 `$ kubectl cluster-info dump` 명령을 사용하자.

카인드는 클러스터의 쿠버네티스 노드 하나에 해당하는 도커 컨테이너 하나를 실행한다. 카인드는 디폴트로 쿠버네티스 클러스터에 필요한 모든 기능을 가진, 노드가 하나인 클러스터 하나를 실행한

---

3   https://kind.sigs.k8s.io
4   https://docs.docker.com/install

다. 다음 도커 명령으로 노드 컨테이너를 볼 수 있다.

```
$ docker ps
CONTAINER ID IMAGE COMMAND CREATED ...
e19b04b08a2b kindest/node:v1.23.4 "/usr/local/bin/entr…" 4 minutes
```

쿠버네티스 클러스터가 실행 중인 것을 확인했으니 여기에 우리 서비스를 실행해보자. 쿠버네티스에 우리 서비스를 실행하려면 서비스의 도커 이미지가 필요하며, 도커 이미지는 실행 가능한 진입점entry point이 필요하다. 우리가 만든 서비스를 실행하는 에이전트 CLI를 작성해보자.

10.4 에이전트 CLI 작성하기

도커 이미지의 진입점으로 사용할 수 있고, 서비스를 실행하고, 플래그를 파싱하며, 에이전트를 설정하고 실행할 수 있도록 에이전트 CLI를 구현해보자.

명령과 플래그를 처리하고자 **코브라**Cobra[5] 라이브러리를 사용하겠다. 간단한 CLI나 복잡한 애플리케이션을 만들 때 모두 잘 작동하기 때문이다. 코브라는 쿠버네티스, 도커, 헬름, etcd, 휴고Hugo 등의 많은 고 커뮤니티 프로젝트에서 사용해왔다. 코브라는 고 애플리케이션에서 설정을 다루기에 좋은 라이브러리인 바이퍼Viper[6]를 내장해서 쓴다.

첫 단계로 **cmd/proglog/main.go** 파일을 만들고 다음과 같이 강조한 부분을 추가하자.

DeployLocally/cmd/proglog/main.go

```
package main

import (
    "log"
    "os"
    "os/signal"
    "path"
    "syscall"

    "github.com/spf13/cobra"
    "github.com/spf13/viper"
    "github.com/travisjeffery/proglog/internal/agent"
```

---

5   https://github.com/spf13/cobra

6   https://github.com/spf13/viper

```
    "github.com/travisjeffery/proglog/internal/config"
)

func main() {
    cli := &cli{}

    cmd := &cobra.Command{
        Use:     "proglog",
        PreRunE: cli.setupConfig,
        RunE:    cli.run,
    }

    if err := setupFlags(cmd); err != nil {
        log.Fatal(err)
    }

    if err := cmd.Execute(); err != nil {
        log.Fatal(err)
    }
}
```

이렇게 추가된 코드가 우리의 명령을 정의하는 부분이다. 우리가 만드는 CLI는 단순하다. 복잡한 애플리케이션이었다면 이 명령은 루트root 명령이 되어 서브 명령과 함께 쓰일 것이다. 코브라는 명령을 실행할 때, 명령의 RunE에 설정한 함수를 호출한다. 이 함수에 명령의 중요 로직을 넣어두거나 호출한다. 또한 RunE를 실행하기 전이나 후에 실행할 훅hook 함수를 둘 수 있다.

코브라는 서브 명령이 많은 애플리케이션을 위해 지속persistent 플래그와 훅을 제공한다(우리 프로그램에서는 사용하지 않는다). 지속 플래그와 훅은 현재 명령과 그 자식 명령들에 모두 적용된다. 지속 플래그는 API로 감싼 CLI에 많이 쓰이는데, 모든 서브 명령에 API의 엔드포인트 주소를 위한 플래그가 필요하기 때문이다. 예를 들어 --api-addr와 같은 지속 플래그를 루트 명령에 선언하면, 상속하는 모든 서브 명령이 쓸 수 있다.

다음 코드로 cli와 cfg 자료형을 정의하자.

DeployLocally/cmd/proglog/main.go
```
type cli struct {
    cfg cfg
}

type cfg struct {
    agent.Config
```

```
    ServerTLSConfig config.TLSConfig
    PeerTLSConfig   config.TLSConfig
}
```

cli 구조체에 모든 명령에 적용할 로직과 데이터를 넣어둘 수 있도록 했다. cfg 구조체에서는 agent. Config에서 *net.TCPAddr와 *tls.Config를 분리하여 생성했다. 파싱할 때 에러 처리가 필요하기 때문이다.

이제 CLI의 플래그를 설정해보자.

10.4.1 플래그 노출
다음과 같이 CLI의 플래그들을 선언하자.

DeployLocally/cmd/proglog/main.go

```go
func setupFlags(cmd *cobra.Command) error {
    hostname, err := os.Hostname()
    if err != nil {
        log.Fatal(err)
    }

    cmd.Flags().String("config-file", "", "Path to config file.")

    dataDir := path.Join(os.TempDir(), "proglog")
    cmd.Flags().String("data-dir",
        dataDir,
        "Directory to store log and Raft data.")
    cmd.Flags().String("node-name", hostname, "Unique server ID.")

    cmd.Flags().String("bind-addr",
        "127.0.0.1:8401",
        "Address to bind Serf on.")
    cmd.Flags().Int("rpc-port",
        8400,
        "Port for RPC clients (and Raft) connections.")
    cmd.Flags().StringSlice("start-join-addrs",
        nil,
        "Serf addresses to join.")
    cmd.Flags().Bool("bootstrap", false, "Bootstrap the cluster.")

    cmd.Flags().String("acl-model-file", "", "Path to ACL model.")
    cmd.Flags().String("acl-policy-file", "", "Path to ACL policy.")

    cmd.Flags().String("server-tls-cert-file", "", "Path to server tls cert.")
```

```
    cmd.Flags().String("server-tls-key-file", "", "Path to server tls key.")
    cmd.Flags().String("server-tls-ca-file",
        "",
        "Path to server certificate authority.")

    cmd.Flags().String("peer-tls-cert-file", "", "Path to peer tls cert.")
    cmd.Flags().String("peer-tls-key-file", "", "Path to peer tls key.")
    cmd.Flags().String("peer-tls-ca-file",
        "",
        "Path to peer certificate authority.")
    return viper.BindPFlags(cmd.Flags())
}
```

이러한 CLI 플래그들을 이용하여 에이전트를 설정할 수 있고, 디폴트 설정 역시 확인할 수 있다.

pflag.Flagset.{{type}}Var() 메서드를 이용하면 설정 값들을 바로 적용할 수 있다. 다만 API를 바로 지원하지 않는 자료형도 있다. BindAddr 설정이 좋은 예인데, string에서 *net.TCPAddr를 파싱해야 한다. 만약 같은 자료형의 플래그가 많다면 커스텀 플래그 값[7]을 정의하거나, 중간 단계의 값을 사용해도 된다.

하지만 플래그를 넘어서서, 예를 들어 파일로 설정하고 싶다면 어떻게 해야 할까? 동적 설정을 할 수 있도록 파일을 읽어서 설정하는 법도 알아보자.

10.4.2 설정 관리

바이퍼는 중앙 집중식 설정 레지스트리 시스템을 제공하여, 여러 소스를 설정하면서도 한 곳에서만 결과를 읽을 수 있다. 사용자는 플래그, 파일 또는 콘솔에서 동적 설정을 가져올 수 있다. 바이퍼는 이 모든 것을 지원한다.

설정 파일을 사용하면 실행 중인 서비스의 설정을 동적으로 변경할 수 있다. 서비스는 설정 파일이 변경되면 바로 업데이트한다. 예를 들어 서비스 로그를 디폴트로 인포 레벨INFO-level로 실행하다가, 이슈에 대한 디버깅을 위해 디버그 레벨DEBUG-level로 변경할 수 있다. 다른 프로세스가 설정 파일을 이용하여 서비스를 설정할 수도 있다. 우리 서비스에서도 init 컨테이너가 서비스의 컨테이너들을 설정한다.

데이터 디렉터리, 바인드 주소, RPC 포트, 그리고 노드명의 디폴트 값들을 설정해두었다. 사용자들

---

7   https://golang.org/pkg/flag/#Value

이 따로 설정하지 않아도 되도록 디폴트 플래그 값을 설정하자. 플래그를 선언한 다음에는 루트 명령을 실행하여 프로세스의 인수argument들을 파싱하고, 명령 트리를 검색하여 실행할 명령을 찾지만, 우리는 하나의 명령만 있으므로 코브라가 더는 할 일이 없다.

설정을 위해 다음 코드를 추가하자.

DeployLocally/cmd/proglog/main.go

```go
func (c *cli) setupConfig(cmd *cobra.Command, args []string) error {
    var err error

    configFile, err := cmd.Flags().GetString("config-file")
    if err != nil {
        return err
    }
    viper.SetConfigFile(configFile)

    if err = viper.ReadInConfig(); err != nil {
        // 설정 파일은 없어도 된다.
        if _, ok := err.(viper.ConfigFileNotFoundError); !ok {
            return err
        }
    }

    c.cfg.DataDir = viper.GetString("data-dir")
    c.cfg.NodeName = viper.GetString("node-name")
    c.cfg.BindAddr = viper.GetString("bind-addr")
    c.cfg.RPCPort = viper.GetInt("rpc-port")
    c.cfg.StartJoinAddrs = viper.GetStringSlice("start-join-addrs")
    c.cfg.Bootstrap = viper.GetBool("bootstrap")
    c.cfg.ACLModelFile = viper.GetString("acl-mode-file")
    c.cfg.ACLPolicyFile = viper.GetString("acl-policy-file")
    c.cfg.ServerTLSConfig.CertFile = viper.GetString("server-tls-cert-file")
    c.cfg.ServerTLSConfig.KeyFile = viper.GetString("server-tls-key-file")
    c.cfg.ServerTLSConfig.CAFile = viper.GetString("server-tls-ca-file")
    c.cfg.PeerTLSConfig.CertFile = viper.GetString("peer-tls-cert-file")
    c.cfg.PeerTLSConfig.KeyFile = viper.GetString("peer-tls-key-file")
    c.cfg.PeerTLSConfig.CAFile = viper.GetString("peer-tls-ca-file")

    if c.cfg.ServerTLSConfig.CertFile != "" &&
        c.cfg.ServerTLSConfig.KeyFile != "" {
        c.cfg.ServerTLSConfig.Server = true
        c.cfg.Config.ServerTLSConfig, err = config.SetupTLSConfig(
            c.cfg.ServerTLSConfig,
        )
        if err != nil {
```

```
            return err
        }
    }

    if c.cfg.PeerTLSConfig.CertFile != "" &&
        c.cfg.PeerTLSConfig.KeyFile != "" {
        c.cfg.Config.PeerTLSConfig, err = config.SetupTLSConfig(
            c.cfg.PeerTLSConfig,
        )
        if err != nil {
            return err
        }
    }
    return nil
}
```

setupConfig(cmd *cobra.Command, args []string) 메서드는 설정을 읽고 에이전트의 설정을 준비한다. 코브라는 명령의 RunE 함수를 실행하기 전에 PreRunE 함수인 setupConfig() 메서드를 호출한다.

run() 메서드를 추가하여 구현을 마무리하자.

DeployLocally/cmd/proglog/main.go

```
func (c *cli) run(cmd *cobra.Command, args []string) error {
    var err error
    agent, err := agent.New(c.cfg.Config)
    if err != nil {
        return err
    }
    sigc := make(chan os.Signal, 1)
    signal.Notify(sigc, syscall.SIGINT, syscall.SIGTERM)
    <-sigc
    return agent.Shutdown()
}
```

run(cmd *cobra.Command, args []string) 메서드는 다음을 실행한다.

* 에이전트 생성하기

* 운영체제가 보내는 신호signal 처리하기

* 운영체제가 프로그램을 끝내면 에이전트를 정상 종료하기

도커 이미지의 진입점으로 사용할 실행 프로그램이 만들어졌다. 이제 **Dockerfile**을 작성하고 도커

이미지를 만들어보자.

10.5 도커 이미지 만들기

다음과 같이 **Dockerfile**을 생성하자.

DeployLocally/Dockerfile

```
FROM golang:1.18-alpine AS build
WORKDIR /go/src/proglog
COPY . .
RUN CGO_ENABLED=0 go build -o /go/bin/proglog ./cmd/proglog


FROM scratch
COPY --from=build /go/bin/proglog /bin/proglog
ENTRYPOINT ["/bin/proglog"]
```

멀티스테이지multistage 빌드를 하는데 첫 스테이지에서 서비스를 빌드하고, 다음 스테이지에서는 빌드한 서비스를 실행한다. 이렇게 하면 **Dockerfile**을 읽고 관리하기 쉬우면서도, 효율적으로 빌드하고 이미지를 작게 만들 수 있다.[8]

빌드 스테이지는 golang:1.18-alpine 이미지를 사용해서 필요한 고 컴파일러와 의존성, 그리고 다양한 시스템 라이브러리를 쓸 수 있다. 디스크 공간을 차지하지만, 바이너리 빌드를 하고 나면 더는 필요 없다. 따라서 두 번째 스테이지에서는 scratch 빈 이미지를 사용한다(도커 이미지 중에 가장 작은 이미지이다). 빌드한 바이너리를 scratch 이미지에 복사한 다음에 이 이미지를 배포한다.

scratch 이미지에서 실행하려면 바이너리를 정적으로 컴파일해야 하는데, scratch 이미지에는 동적으로 링크된 바이너리를 실행할 수 있는 시스템 라이브러리가 없기 때문이다. 우리가 Cgo를 비활성화disable한 이유이기도 하다. 컴파일러는 Cgo를 동적으로 링크한다. alpine 이미지를 사용한다는 것은 또한 컨테이너가 불변immutable이라는 의미이다. exec 명령으로 컨테이너로 들어가 도구를 설치하거나 파일 시스템을 바꾸는 등 이미지를 변경하는 대신, 수명이 짧지만 필요한 도구는 모두 있는 컨테이너를 실행하는 것이다.

다음 코드로 **Makefile**에 도커 이미지를 빌드하는 타깃을 추가하자.

8 　[옮긴이] FROM scratch는 docker build의 타깃 아키텍처에 따라 동적 라이브러리 관련 오류가 날 수 있다. 이 경우에는 FROM alpine을 사용하자.

```
TAG ?= 0.0.1
build-docker:
    docker build -t github.com/travisjeffery/proglog:$(TAG) .
```

다음 명령을 실행하여 이미지를 빌드하고 카인드 클러스터에 올려보자.

```
$ make build-docker
$ kind load docker-image github.com/travisjeffery/proglog:0.0.1
```

이제 카인드 클러스터에 우리가 빌드한 도커 이미지를 올렸다. 다음으로는 헬름을 이용해서 쿠버네티스의 우리 서비스 클러스터를 설정하고 실행하는 방법을 알아보자.

10.6 헬름으로 서비스 설정하고 배포하기

헬름Helm[9]은 쿠버네티스에 서비스를 분산하고 설치하는 패키지 매니저이다. 헬름 패키지는 **차트**chart라 부르며, 쿠버네티스 클러스터에 서비스를 실행하는 데 필요한 모든 리소스(배포, 서비스, 저장 볼륨 요구persistent volume claim, PVC 등)를 정의한다. 쿠버네티스의 차트는 데비안Debian에서의 데비안 패키지나 macOS에서의 홈브루 포뮬러Homebrew formula와 같다고 생각하면 된다. 서비스 개발자가 서비스의 헬름 차트를 만들고 공유하면 사람들이 서비스를 사용하기 한결 쉬워진다. 심지어 자신이 개발한 서비스를 직접 사용해볼 때도 도움이 된다.

릴리스release는 실행 중인 차트 인스턴스를 말한다. 쿠버네티스에 차트를 설치할 때마다 헬름은 릴리스를 생성한다. 릴리스는 데비안 패키지와 홈브루 포뮬러의 프로세스와 유사한 개념이라 하겠다.

마지막으로 **저장소**repository는 차트를 공유하거나, 차트를 가져와 설치하는 곳이다. 데비안 소스나 홈브루 탭스와 마찬가지라고 생각하면 된다.

다음 명령으로 헬름을 설치하자.

```
$ curl https://raw.githubusercontent.com/helm/helm/main/scripts/get-helm-3 | bash
```

---

9 https://helm.sh

실제로 헬름 차트를 만들기 전에 간단히 헬름을 둘러보고 이미 만들어져 있는 차트를 설치해보자. 비트나미Bitnami[10]는 인기 있는 애플리케이션들의 차트 저장소를 관리한다. 비트나미 저장소를 추가하고 엔진엑스 차트를 설치해보자. 엔진엑스는 웹 서버이자 프록시 서버이다.

```
$ helm repo add bitnami https://charts.bitnami.com/bitnami
$ helm install my-nginx bitnami/nginx
```

`$ helm list` 명령으로 릴리스를 확인할 수 있다.

```
$ helm list
NAME          NAMESPACE        REVISION        UPDATED         STATUS...
my-nginx      default          1               2022...         deployed...
```

엔진엑스에 요청을 보내서 실행 중인지 확인해보자.

```
$ POD_NAME=$(kubectl get pod \
    --selector=app.kubernetes.io/name=nginx \
    --template '{{index .items 0 "metadata" "name" }}')
$ SERVICE_IP=$(kubectl get svc \
    --namespace default my-nginx --template "{{ .spec.clusterIP }}")
$ kubectl exec $POD_NAME -- curl $SERVICE_IP
  % Total    % Received % Xferd  Average Speed   Time    Time     Time  Current
                                 Dload  Upload   Total   Spent    Left  Speed
100   615  100   615    0     0   600k      0 --:--:-- --:--:-- --:--:--  600k
<!DOCTYPE html>
<html>
<head>
<title>Welcome to nginx!</title>
<style>
html { color-scheme: light dark; }
body { width: 35em; margin: 0 auto;
font-family: Tahoma, Verdana, Arial, sans-serif; }
</style>
</head>
<body>
<h1>Welcome to nginx!</h1>
<p>If you see this page, the nginx web server is successfully installed and
working. Further configuration is required.</p>
```

---

10 https://bitnami.com/kubernetes

```
<p>For online documentation and support please refer to
<a href="http://nginx.org/">nginx.org</a>.<br/>
Commercial support is available at
<a href="http://nginx.com/">nginx.com</a>.</p>

<p><em>Thank you for using nginx.</em></p>
</body>
</html>
```

엔진엑스를 배포하는 이러한 방법을 프로덕션 환경에서도 똑같이 사용할 수 있다. 몇몇 설정 매개변수를 우리의 유스케이스에 맞게 사용하면 된다. 헬름을 이용하여 엔진엑스 클러스터를 쉽게 설치하고 설정할 수 있다. 엔진엑스뿐만 아니라 다른 서비스 역시 같은 방법으로 관리할 수 있다.

간단히 헬름을 사용해보았다. 설치한 엔진엑스 릴리스를 삭제하자.

```
$ helm uninstall my-nginx
release "my-nginx" uninstalled
```

이제는 우리 서비스의 헬름 차트를 만들어보자.

10.6.1 헬름 차트 만들기

헬름 차트를 만들어서 카인드 클러스터에 우리가 만든 서비스 클러스터를 설치해보자.

다음 명령으로 헬름 차트를 생성하자.

```
$ mkdir deploy && cd deploy
$ helm create proglog
```

헬름은 **proglog** 디렉터리에 새로운 차트를 생성하며, 부트스트랩과 차트가 어떤지 보여주는 예제도 있다. 예제를 참고하여 새로 작성하거나 변경하여 쓸 수 있다. **proglog** 디렉터리에는 다음과 같은 디렉터리와 파일들이 있다.

```
.
└── proglog
    ├── Chart.yaml
    ├── charts
    ├── templates
    │   ├── NOTES.txt
```

```
           │       ├──── _helpers.tpl
           │       ├──── deployment.yaml
           │       ├──── hpa.yaml
           │       ├──── ingress.yaml
           │       ├──── service.yaml
           │       ├──── serviceaccount.yaml
           │       └──── tests
           │            └──── test-connection.yaml
           └──── values.yaml
4 directories, 10 files
```

Chart.yaml 파일은 차트에 대한 설명이며, 템플릿에서 이 파일의 데이터에 접근할 수 있다. **charts** 디렉터리에는 서브 차트를 담을 수 있다. 다만, 우리는 서브 차트를 사용하지 않는다.

values.yaml 파일에는 차트의 디폴트 값이 있다. 사용자는 차트를 설치하거나 업그레이드할 때 이 값을 덮어쓸 수 있다. 예를 들어 서비스가 리스닝하는 포트, 서비스의 리소스 요구사항, 로그 레벨 등이 있다.

templates 디렉터리에는 템플릿 파일들이 있고, 이를 원하는 값으로 렌더링하면 쿠버네티스 매니페스트manifest 파일을 생성할 수 있다. 쿠버네티스는 렌더링한 매니페스트 파일을 서비스에 필요한 리소스를 설치할 때 적용한다. 우리는 고 템플릿 언어를 사용하여 헬름 템플릿을 작성한다.

`$ helm template`를 실행하면 템플릿 렌더링만 하고, 쿠버네티스 클러스터에는 리소스를 적용하지 않는다. 템플릿을 개발하거나, 계획 이후 적용하는 두 단계 프로세스two-step-plan-then-apply를 사용할 때 유용한데, 쿠버네티스가 적용할 렌더링한 리소스를 확인해볼 수 있기 때문이다.

리소스를 확인하려면 헬름으로 예제 차트를 생성한다. 다음 명령을 실행하자.

```
$ helm template proglog
```

다음과 같은 결과를 볼 수 있다.

```
---
# Source: proglog/templates/serviceaccount.yaml
apiVersion: v1
kind: ServiceAccount
metadata:
    name: release-name-proglog
    labels:
```

```
        helm.sh/chart: proglog-0.1.0
        app.kubernetes.io/name: proglog
        app.kubernetes.io/instance: release-name
        app.kubernetes.io/version: "1.16.0"
        app.kubernetes.io/managed-by: Helm
---
# Source: proglog/templates/service.yaml
<< 생략 >>
```

하지만 예제 템플릿은 필요 없으니 다음 명령으로 삭제하자.

```
$ rm proglog/templates/**/*.yaml proglog/templates/NOTES.txt
```

헬름 차트는 보통 리소스 자료형마다 템플릿 파일 하나를 가진다. 우리는 두 개의 리소스 자료형인 스테이트풀셋StatefulSet과 서비스Service가 필요하므로 **statefulset.yaml** 파일과 **service.yaml** 파일을 만들 것이다. 스테이트풀셋부터 만들어보자.

쿠버네티스의 스테이트풀셋

스테이트풀셋StatefulSet은 쿠버네티스에서 스테이트풀 애플리케이션을 관리할 때 사용한다. 우리 서비스에서 로그를 저장하는 기능이 이 경우에 해당한다. 서비스가 다음 중 하나라도 요구하면 스테이트풀셋이 필요하다.

- **안정적이고 고유한 네트워크 ID**: 서비스의 각 노드는 ID로 고유한 노드명이 있어야 한다.
- **안정적으로 유지되는 저장소**: 서비스가 재시작해도 데이터가 유지되어야 한다.
- **순서가 있는, 정상적인 배포와 확장**: 클러스터 부트스트랩을 할 초기 노드가 있어야 하고, 이어지는 노드들은 이 클러스터에 조인한다.
- **순서가 있는, 자동 무중단 업데이트**: 클러스터는 항상 리더가 있어야 하고, 리더를 업데이트한다면 다음 노드를 업데이트하기 전에 클러스터가 새 리더를 뽑을 충분한 시간을 주어야 한다.

'안정적'이어야 한다는 말은 다시 시작하거나 확장하더라도 안정적으로 데이터가 유지되어야 한다는 의미이다.

서비스가 상태를 가지지 않아서 이런 기능이 필요 없다면, 스테이트풀셋 대신 배포deployment를 사용해야 한다. 예를 하나 들자면, PostgreSQL과 같은 관계형 데이터베이스에 저장하는 API 서비스가 있겠다. 이때 상태가 없는 API 서비스는 배포로 실행하고, PostgreSQL은 스테이트풀셋으로 실행할 것이다.

deploy/proglog/templates/statefulset.yaml 파일을 생성하고 다음 코드를 작성하자.

DeployLocally/deploy/proglog/templates/statefulset.yaml

```
apiVersion: apps/v1
kind: StatefulSet
metadata:
  name: {{ include "proglog.fullname" . }}
  namespace: {{ .Release.Namespace }}
  labels: {{ include "proglog.labels" . | nindent 4 }}
spec:
  selector:
    matchLabels: {{ include "proglog.selectorLabels" . | nindent 6 }}
  serviceName: {{ include "proglog.fullname" . }}
  replicas: {{ .Values.replicas }}
  template:
    metadata:
      name: {{ include "proglog.fullname" . }}
      labels: {{ include "proglog.labels" . | nindent 8 }}
    spec:
      # initContainers...
      # containers...
  volumeClaimTemplates:
  - metadata:
      name: datadir
    spec:
      accessModes: [ "ReadWriteOnce" ]
      resources:
        requests:
          storage: {{ .Values.storage }}
```

코드의 전체 모습을 보여주고자 initContainers와 containers 필드를 생략했다(뒤에서 자세히 살펴보자). 스테이트풀셋의 datadir라는 PersistentVolumeClaim(PVC)를 눈여겨보자. 클러스터에 저장소를 요구하는 부분이다. 쿠버네티스는 이 설정을 기반으로 로컬 디스크나 클라우드 등에 저장소를 마련한다. 쿠버네티스는 컨테이너를 위해 알아서 저장소를 확보해서 연결해준다.

이제, 생략했던 initContainers… 부분을 다음과 같이 채워주자.

DeployLocally/deploy/proglog/templates/statefulset.yaml

```
initContainers:
- name: {{ include "proglog.fullname" . }}-config-init
  image: busybox
```

```
  imagePullPolicy: IfNotPresent
  command:
    - /bin/sh
    - -c
    - |-
      ID=$(echo $HOSTNAME | rev | cut -d- -f1 | rev)
      cat > /var/run/proglog/config.yaml <<EOD
      data-dir: /var/run/proglog/data
      rpc-port: {{.Values.rpcPort}}
      # 다음 세 개의 키-값을 각각 코드에 한 줄로 작성하자.
      # 책에서는 가독성을 위해 여러 줄로 나누었다.
      bind-addr: \
        "$HOSTNAME.proglog.{{.Release.Namespace}}.svc.cluster.local:\
          {{.Values.serfPort}}"
      bootstrap: $([ $ID = 0 ] && echo true || echo false)
      $([ $ID != 0 ] && echo 'start-join-addrs: \
        "proglog-0.proglog.{{.Release.Namespace}}.svc.cluster.local:\
          {{.Values.serfPort}}"')
      EOD
volumeMounts:
- name: datadir
  mountPath: /var/run/proglog
```

containers 필드의 스테이트풀셋 앱 컨테이너 이전에 컨테이너들의 초기화를 완료하자. 우리 설정은 컨테이너를 초기화하여 서비스의 설정 파일을 준비한다. 첫 번째 서버가 래프트 클러스터를 부트스트랩하도록 설정하고, 이어서 서버들을 클러스터에 조인하도록 설정하자. datadir 볼륨을 컨테이너에 마운트mount해서 설정 파일을 작성해두면, 이후의 앱 컨테이너는 이를 읽을 것이다.

containers… 부분 역시 다음 코드를 넣어주자.

DeployLocally/deploy/proglog/templates/statefulset.yaml

```
containers:
- name: {{ include "proglog.fullname" . }}
  image: "{{ .Values.image.repository }}:{{ .Values.image.tag }}"
  ports:
  - containerPort: {{ .Values.rpcPort }}
    name: rpc
  - containerPort: {{ .Values.serfPort }}
    name: serf
  args:
    - --config-file=/var/run/proglog/config.yaml
  # probes...
  volumeMounts:
  - name: datadir
```

```
mountPath: /var/run/proglog
```

스테이트풀셋의 앱 컨테이너들을 정의한 것으로, 우리 서비스에도 하나가 필요하다. 설정 파일을 읽고 로그를 저장하고자 컨테이너에 볼륨 하나를 마운트했다. 또한 플래그로 설정 파일의 위치를 명시했다.

컨테이너 프로브와 gRPC 헬스 체크

쿠버네티스는 **프로브**probe를 이용하여, 서비스의 신뢰성을 향상하고자 컨테이너에 작업해야 할지 여부를 판단한다. 프로브는 보통 헬스 체크 엔드포인트에 요청을 보내고 서비스 상태를 회신받는다.

프로브는 크게 다음 세 종류가 있다.

- **라이브니스**liveness **프로브**: 컨테이너가 살아 있는지 확인하고, 죽었으면 쿠버네티스는 컨테이너를 재시작한다. 쿠버네티스는 컨테이너의 생애 내내 라이브니스 프로브를 호출한다.
- **레디니스**readiness **프로브**: 컨테이너가 트래픽을 받을 준비가 되었는지 확인한다. 그렇지 않으면 쿠버네티스는 파드를 서비스 로드 밸런서에서 제거한다. 쿠버네티스는 컨테이너의 생애 내내 레디니스 프로브를 호출한다.
- **스타트업**startup **프로브**: 컨테이너 애플리케이션이 시작했는지, 그래서 쿠버네티스가 라이브니스 프로브와 레디니스 프로브를 호출해도 되는지 확인한다. 분산 서비스는 초기화하기 전에 종종 서비스 디스커버리를 실행하고 조인해서 합의를 이루어야 한다. 만약 서비스가 초기화 완료 전이라 라이브니스 프로브가 실패한다면, 서비스는 무한히 재시작할 수도 있다. 쿠버네티스는 서비스가 스타트업이 되고 나면 이 프로브를 다시 호출하지 않는다.

이러한 프로브로 서비스의 신뢰성을 높일 수 있다. 하지만 프로브를 꼼꼼하게 구현하지 않으면 오히려 문제를 일으키기도 한다. 예를 들면 앞에서 이야기한, 컨테이너가 초기화를 끝내기 전에 라이브니스 프로브가 실패하여 재시작하는 경우 등이다. 서비스의 신뢰성을 높이려 만든 시스템이 오히려 서비스 자체보다 더 많은 문제를 일으키는 것이다.

프로브는 다음 세 가지 방법으로 실행한다.

- 서버에 HTTP 요청 보내기
- 서버에 TCP 소켓 열기
- 컨테이너 내의 명령 실행하기. 예를 들어 PostgreSQL은 PostgreSQL서버와 연결하는 `pg_isready` 명령이 있다.

첫 번째와 두 번째 경우는 컨테이너 이미지에 바이너리를 추가할 필요가 없기에 간단하지만, 자신만의 프로토콜을 사용한다면 명령이 좀 더 정밀해지고, 추가 바이너리가 필요할 수도 있다.

gRPC 서비스는 grpc_health_probe 명령을 써왔다. 이 명령은 서버가 gRPC 헬스 체크 프로토콜[11]을 만족하는지 확인한다. 우리 서버는 다음과 같이 정의한 서비스를 외부에 노출해야 한다.

```proto
syntax = "proto3";

package grpc.health.v1;

message HealthCheckRequest {
  string service = 1;
}

message HealthCheckResponse {
  enum ServingStatus {
    UNKNOWN = 0;
    SERVING = 1;
    NOT_SERVING = 2;
  }
  ServingStatus status = 1;
}

service Health {
  rpc Check(HealthCheckRequest) returns (HealthCheckResponse);
  rpc Watch(HealthCheckRequest) returns (stream HealthCheckResponse);
}
```

서버가 헬스 체크 서비스를 외부로 노출하도록 업데이트하자. **internal/server/server.go** 파일을 열고 다음과 같이 강조한 임포트 부분을 추가하자.

DeployLocally/internal/server/server.go

```go
import (
    "context"
    "time"

    api "github.com/travisjeffery/proglog/api/v1"

    grpc_middleware "github.com/grpc-ecosystem/go-grpc-middleware"
    grpc_auth "github.com/grpc-ecosystem/go-grpc-middleware/auth"
```

---

11 https://github.com/grpc/grpc/blob/master/doc/health-checking.md

```
    grpc_zap "github.com/grpc-ecosystem/go-grpc-middleware/logging/zap"
    grpc_ctxtags "github.com/grpc-ecosystem/go-grpc-middleware/tags"

    "go.opencensus.io/plugin/ocgrpc"
    "go.opencensus.io/stats/view"
    "go.opencensus.io/trace"

    "go.uber.org/zap"
    "go.uber.org/zap/zapcore"
    "google.golang.org/grpc"
    "google.golang.org/grpc/codes"
    "google.golang.org/grpc/credentials"
    "google.golang.org/grpc/peer"
    "google.golang.org/grpc/status"

    "google.golang.org/grpc/health"
    healthpb "google.golang.org/grpc/health/grpc_health_v1"
)
```

그리고 NewGRPCServer() 함수에 다음 코드에서 강조한 줄을 추가하자.

DeployLocally/internal/server/server.go

```
func NewGRPCServer(config *Config, grpcOpts ...grpc.ServerOption) (
    *grpc.Server,
    error,
) {
    logger := zap.L().Named("server")
    zapOpts := []grpc_zap.Option{
        grpc_zap.WithDurationField(
            func(duration time.Duration) zapcore.Field {
                return zap.Int64(
                    "grpc.time_ns",
                    duration.Nanoseconds(),
                )
            },
        ),
    }

    trace.ApplyConfig(trace.Config{
        DefaultSampler: trace.AlwaysSample(),
    })
    err := view.Register(ocgrpc.DefaultServerViews...)
    if err != nil {
        return nil, err
    }
    grpcOpts = append(grpcOpts,
```

```
        grpc.StreamInterceptor(
            grpc_middleware.ChainStreamServer(
                grpc_ctxtags.StreamServerInterceptor(),
                grpc_zap.StreamServerInterceptor(
                    logger, zapOpts...,
                ),
                grpc_auth.StreamServerInterceptor(
                    authenticate,
                ),
            )), grpc.UnaryInterceptor(
            grpc_middleware.ChainUnaryServer(
                grpc_ctxtags.UnaryServerInterceptor(),
                grpc_zap.UnaryServerInterceptor(
                    logger, zapOpts...,
                ),
                grpc_auth.UnaryServerInterceptor(
                    authenticate,
                ),
            )),
        grpc.StatsHandler(&ocgrpc.ServerHandler{}),
    )
    gsrv := grpc.NewServer(grpcOpts...)

    hsrv := health.NewServer()
    hsrv.SetServingStatus("", healthpb.HealthCheckResponse_SERVING)
    healthpb.RegisterHealthServer(gsrv, hsrv)

    srv, err := newgrpcServer(config)
    if err != nil {
        return nil, err
    }
    api.RegisterLogServer(gsrv, srv)
    return gsrv, nil
}
```

추가한 코드들은 헬스 체크 프로토콜을 지원하는 서비스를 생성한다. 서빙 상태를 서비스 중으로 설정하여, 서비스가 실행 중이고 연결될 준비가 되었다는 것을 프로브에 알린다. 그리고 서비스를 서버에 등록하여 **gRPC**가 서비스 엔드포인트를 호출하게 한다.

deploy/poglog/templates/statefulset.yaml 파일의 probes··· 부분을 다음 코드로 바꿔서, 쿠버네티스에 서비스를 어떻게 조사_{probe}할 수 있는지 알려준다.

DeployLocally/deploy/proglog/templates/statefulset.yaml

```
  readinessProbe:
```

```
    exec:
      command:
      - /bin/sh
      - -c
      - |-
        # 다음 두 줄은 하나의 줄로 작성하자.
        # 책에서는 가독성을 위해 두 줄로 나누었다.
        /bin/grpc_health_probe -addr=$HOSTNAME.proglog.{{.Release.Namespace}}.
        svc.cluster.local:{{.Values.rpcPort}}
    initialDelaySeconds: 10
livenessProbe:
  exec:
    command:
    - /bin/sh
    - -c
    - |-
      # 다음 두 줄은 하나의 줄로 작성하자.
      # 책에서는 가독성을 위해 두 줄으로 나누었다.
      /bin/grpc_health_probe -addr=$HOSTNAME.proglog.{{.Release.Namespace}}.
      svc.cluster.local:{{.Values.rpcPort}}
  initialDelaySeconds: 10
```

이어서 다음과 같이 강조한 코드를 **Dockerfile**에 추가한다. **grpc_health_probe** 실행 파일을 도커 이미지에 설치하는 코드이다.

DeployLocally/Dockerfile

```
FROM golang:1.18-alpine AS build
WORKDIR /go/src/proglog
COPY . .
RUN CGO_ENABLED=0 go build -o /go/bin/proglog ./cmd/proglog
RUN GRPC_HEALTH_PROBE_VERSION=v0.4.1 && \
    wget -qO /go/bin/grpc_health_probe \
    https://github.com/grpc-ecosystem/grpc-health-probe/releases/download/\
${GRPC_HEALTH_PROBE_VERSION}/grpc_health_probe-linux-amd64 && \
    chmod +x /go/bin/grpc_health_probe

FROM alpine
COPY --from=build /go/bin/proglog /bin/proglog
COPY --from=build /go/bin/grpc_health_probe /bin/grpc_health_probe
ENTRYPOINT ["/bin/proglog"]
```

Dockerfile을 수정하였으니 다시 빌드하고 카인드에 로드하자.

```
$ make build-docker
$ kind load docker-image github.com/Travis Jeffery/proglog:0.0.1
```

마지막으로 헬름 차트에 서비스 리소스를 정의해보자.

쿠버네티스 서비스

쿠버네티스에서 **서비스**Service는 애플리케이션을 네트워크 서비스로 노출한다. 서비스를 어느 파드에 적용할지, 파드에 어떻게 접근할지 등의 정책을 정의한다.

서비스 자료형은 네 종류가 있으며, 파드에서 서비스를 어떻게 노출할지 명시한다.

- **ClusterIP**: 서비스를 로드 밸런싱 클러스터 내부 IP로 노출하게 한다. 서비스는 쿠버네티스 클러스터 내부에서만 접근할 수 있다. 디폴트 서비스 자료형이다.

- **NodePort**: 서비스를 각 노드의 정적 포트로 노출하게 한다. 심지어 노드에 파드가 없어도 쿠버네티스가 알아서 라우팅하여 호출을 적절한 곳으로 전달한다. NodePort 서비스는 쿠버네티스 외부에서도 요청할 수 있다.

- **LoadBalancer**: 서비스를 클라우드 프로바이더의 로드 밸런서를 이용해 외부에 노출하게 한다. **LoadBalancer** 서비스는 내부적으로 **ClusterIP** 서비스와 **NodeIP** 서비스를 자동 생성하고 서비스로의 경로를 관리한다.

- **ExternalName**: DNS명을 별칭alias으로 제공하는 특별한 서비스이다.

LoadBalancer 서비스가 자동 생성하는 경우를 제외하고는, NodePort 서비스를 사용하는 것은 추천하지 않는다. 서비스를 사용하려면 노드의 IP를 알아야 하고, 모든 노드의 보안을 챙겨야 하며, 포트가 충돌하지 않도록 해야 한다. 내부 네트워크로 접근할 수 있는 파드를 실행한다면 LoadBalancer 서비스나 ClusterIP 서비스를 추천한다.

서비스 템플릿을 위해 **deploy/proglog/templates/service.yaml** 파일을 생성하고 다음 코드를 추가하자.

DeployLocally/deploy/proglog/templates/service.yaml

```
apiVersion: v1
kind: Service
metadata:
  name: {{ include "proglog.fullname" . }}
  namespace: {{ .Release.Namespace }}
  labels: {{ include "proglog.labels" . | nindent 4 }}
```

```
spec:
  clusterIP: None
  publishNotReadyAddresses: true
  ports:
    - name: rpc
      port: {{ .Values.rpcPort }}
      targetPort: {{ .Values.rpcPort }}
    - name: serf-tcp
      protocol: "TCP"
      port: {{ .Values. serfPort }}
      targetPort: {{ .Values. serfPort }}
    - name: serf-udp
      protocol: "UDP"
      port: {{ .Values.serfPort }}
      targetPort: {{ .Values.serfPort }}
  selector: {{ include "proglog.selectorLabels" . | nindent 4 }}
```

이 코드는 헤드리스headless 서비스를 정의한다. 헤드리스 서비스는 하나의 IP에 로드 밸런싱하지 않으며, 분산 서비스가 자체적인 서비스 디스커버리 기능을 가질 때 사용한다. 서비스의 셀렉터selector를 정의하면, 쿠버네티스의 엔드포인트 컨트롤러는 DNS 설정을 바꾸어 서비스를 실행하는 파드를 가리키는 레코드를 리턴하도록 한다. 결국 각 파드는 `proglog-{{id}}.proglog.{{namespace}}.svc.cluster.local`과 같은 형태의 DNS 레코드를 가진다.

10.7 FQDN에 래프트 애드버타이징

지금까지는 래프트 주소를 전송 계층transport의 로컬 주소로 설정했다. 그리고 서버는 그 주소를 :8400으로 애드버타이징advertising했다. 이제 전체 주소 도메인명fully qualified domain name, FQDN을 사용해 노드가 자신을 클러스터와 클라이언트에 애드버타이징하게 하자.

internal/log/config.go 파일에서 Config를 다음과 같이 변경하자.

DeployLocally/internal/log/config.go

```
type Config struct {
    Raft struct {
        raft.Config
        BindAddr     string
        StreamLayer *StreamLayer
        Bootstrap    bool
    }
    Segment struct {
```

```
        MaxStoreBytes uint64
        MaxIndexBytes uint64
        InitialOffset uint64
    }
}
```

DistributedLog의 부트스트랩 코드가 설정한 바인드 주소를 사용하도록 변경하자.

DeployLocally/internal/log/distributed.go

```
if l.config.Raft.Bootstrap && !hasState {
    config := raft.Configuration{
        Servers: []raft.Server{{
            ID:      config.LocalID,
            Address: raft.ServerAddress(l.config.Raft.BindAddr),
        }},
    }
    err = l.raft.BootstrapCluster(config).Error()
}
```

그리고 **distributed_test.go** 파일에서 로그 설정이 주소를 설정하도록 업데이트하자.

DeployLocally/internal/log/distributed_test.go

```
config := log.Config{}
config.Raft.StreamLayer = log.NewStreamLayer(ln, nil, nil)
config.Raft.LocalID = raft.ServerID(fmt.Sprintf("%d", i))
config.Raft.HeartbeatTimeout = 50 * time.Millisecond
config.Raft.ElectionTimeout = 50 * time.Millisecond
config.Raft.LeaderLeaseTimeout = 50 * time.Millisecond
config.Raft.CommitTimeout = 5 * time.Millisecond
config.Raft.BindAddr = ln.Addr().String()
```

로그 테스트를 실행하여 통과하는지 확인하자.

마지막으로, **agent.go** 파일에서 setupMux() 메서드와 setupLog() 메서드가 mux와 래프트 인스턴스를 설정하도록 업데이트하자.

DeployLocally/internal/agent/agent.go

```
func (a *Agent) setupMux() error {
    rpcAddr := fmt.Sprintf(":%d", a.Config.RPCPort)
    ln, err := net.Listen("tcp", rpcAddr)
    if err != nil {
```

```
        return err
    }
    a.mux = cmux.New(ln)
    return nil
}

func (a *Agent) setupLog() error {
    // ...
    logConfig := log.Config{}
    logConfig.Raft.StreamLayer = log.NewStreamLayer(
        raftLn,
        a.Config.ServerTLSConfig,
        a.Config.PeerTLSConfig,
    )
    rpcAddr, err := a.Config.RPCAddr()
    if err != nil {
        return err
    }
    logConfig.Raft.BindAddr = rpcAddr
    logConfig.Raft.LocalID = raft.ServerID(a.Config.NodeName)
    logConfig.Raft.Bootstrap = a.Config.Bootstrap
    // ...
}
```

이제 서비스를 쿠버네티스 클러스터에 배포할 모든 준비를 마쳤다.

10.7.1 헬름 차트 설치

헬름 차트를 모두 작성했으니 이제 카인드 클러스터에 설치해서 서비스를 실행할 수 있다. 헬름이 무엇을 렌더링하는지 다음 명령으로 확인해보자.

```
$ helm template proglog deploy/proglog
```

저장소는 아직 디폴트인 엔진엑스로 설정된 상태다. **deploy/proglog/values.yaml** 파일을 열어 전체 내용을 다음과 같이 바꾸자.

DeployLocally/deploy/proglog/values.yaml

```
# proglog 기본값.
image:
  repository: github.com/travisjeffery/proglog
  tag: 0.0.1
  pullPolicy: IfNotPresent
```

```
serfPort: 8401
rpcPort: 8400
replicas: 3
storage: 1Gi
```

values.yaml 파일에는 적절한 디폴트 값을 설정해야 하며, 필요하다면 사용자가 파일 내용을 보고 어떤 매개변수를 설정할 수 있는지 보여준다.

이제 다음 명령을 실행하여 차트를 설치해보자.

```
$ helm install proglog deploy/proglog¹²
```

몇 초만 기다리면 쿠버네티스가 파드 세 개를 만들어준다. $ kubectl get pods 명령으로 파드 목록을 볼 수 있다. 세 파드가 모두 준비되면 API에 요청을 보낼 수 있다.

쿠버네티스가 파드 또는 서비스의 포트를 컴퓨터의 포트로 포워딩하게 할 수도 있다. 그러면 로드 밸런서가 없어도 쿠버네티스 내부의 서비스에 요청을 보낼 수 있다.

```
$ kubectl port-forward pod/proglog-0 8400
```

이 명령으로 쿠버네티스 외부의 프로그램에서 :8400 포트를 통해 서비스로 요청을 보낼 수 있다.

서버 목록을 요청하는 간단한 실행 프로그램을 만들어보자. **cmd/getservers/main.go** 파일을 만들고 다음 코드를 추가하자.

DeployLocally/cmd/getservers/main.go

```go
package main

import (
    "context"
    "flag"
    "fmt"
    "log"

    api "github.com/travisjeffery/proglog/api/v1"
    "google.golang.org/grpc"
```

---

12 [옮긴이] 오류가 있거나 새로운 설정으로 다시 시작하려 할 때는 우선 $ helm uninstall proglog로 해제해주자.

```go
)

func main() {
    addr := flag.String("addr", ":8400", "service address")
    flag.Parse()
    conn, err := grpc.Dial(*addr, grpc.WithInsecure())
    if err != nil {
        log.Fatal(err)
    }
    client := api.NewLogClient(conn)
    ctx := context.Background()
    res, err := client.GetServers(ctx, &api.GetServersRequest{})
    if err != nil {
        log.Fatal(err)
    }
    fmt.Println("servers:")
    for _, server := range res.Servers {
        fmt.Printf("\t- %v\n", server)
    }
}
```

서비스에 서버 목록 요청을 보내고, 회신받은 목록을 출력하는 프로그램이다. 실행해보자.

```
$ go run cmd/getservers/main.go
```

그러면 다음과 같이 출력된다.

```
servers:
- id:"proglog-0" rpc_addr:"proglog-0.proglog.default.svc.cluster.local:8400"
- id:"proglog-1" rpc_addr:"proglog-1.proglog.default.svc.cluster.local:8400"
- id:"proglog-2" rpc_addr:"proglog-2.proglog.default.svc.cluster.local:8400"
```

출력 결과는 클러스터에 세 개의 서버가 조인한 상태이며, 잘 조율하고 있다는 것을 보여준다.

10.8 마치며

10장에서는 쿠버네티스의 기초 사항을 배웠다. 그리고 카인드로 로컬 머신이나 CI에서 작동하는 쿠버네티스 클러스터를 준비하는 법을 배웠다. 또한 헬름 차트를 생성하고 쿠버네티스에 설치하여, 서비스가 클러스터에서 실행하게 하는 법도 배웠다. 11장에서는 지금까지 익힌 수많은 지식을 바탕으로 클라우드 플랫폼에 서비스를 배포해보자.

11

클라우드에 쿠버네티스로 배포

10장에서 서비스를 로컬에 배포했다. 11장에서는 서비스를 클라우드에 배포하여 인터넷에 배포해본다. 쿠버네티스는 애플리케이션에 필요한 컨테이너, 네트워킹, 볼륨 등의 리소스를 추상화한다. 고 언어가 운영체제와 프로세서를 추상화해서 어디서든 프로그램을 실행할 수 있게 해주는 것과 비슷하다. 덕분에 로컬 쿠버네티스 클러스터를 클라우드에 올릴 때 할 일은 거의 없다.

구글 클라우드 플랫폼Google Cloud Platform, GCP,[1] 아마존 웹 서비스Amazon Web Services, AWS,[2] 마이크로소프트 애저Microsoft Azure[3]라는 세 클라우드 플랫폼이 시장을 지배하며, 비슷한 기능과 그들만의 쿠버네티스 서비스를 제공한다. 쿠버네티스 덕분에 플랫폼 간의 차이점을 맞춰가면서 하나의 플랫폼을 사용하거나 (할인을 받아가며) 다른 플랫폼으로 옮기는 일도 어렵지 않다. 심지어 동시에 여러 플랫폼에서 실행할 수도 있다. 이번 11장에서는 그중 구글 클라우드 플랫폼에 배포해보자.

GCP는 몇몇 제한을 둔 프리 티어free tier를 제공하는데, 90일 이내에 사용할 수 있는 300달러 크레딧도 준다. 프리 티어는 하나의 쿠버네티스 클러스터와 5 GB의 저장소를 제공하는데, 이 책에서 만든 서비스를 배포하기에는 충분하다. 프리 트라이얼 기간에 과금이 발생하지는 않지만, 가입하려면 신용카드를 등록해야 한다. 트라이얼 기간에는 남은 크레딧과 남은 시간에 대한 정보를 배너로 보여준다. 트라이얼 기간이 끝나거나, 서비스를 구매해서 플랫폼의 더 많은 기능을 사용하려면 자동 과금을 설

1　　https://cloud.google.com
2　　https://aws.amazon.com
3　　https://azure.microsoft.com

정해야 한다.

11.1 GKE 클러스터 생성하기

GCP 계정을 만들고 **구글 쿠버네티스 엔진**Google Kubernetes Engine, GKE 클러스터를 생성하자. 그리고 컴퓨터의 도커와 kubectl이 클라우드 서비스와 연동하도록 설정하자. GKE는 GCP의 매니지드 쿠버네티스 서비스로서 쿠버네티스 클러스터를 단 한 번의 클릭으로 만들어준다. GKE 클러스터는 구글의 사이트 신뢰성 엔지니어Site Reliability Engineer, SRE들이 관리하는데, 클러스터의 가용성과 최신 업데이트 상태를 유지하도록 도와주어 개발자들이 쿠버네티스가 아닌 애플리케이션에 집중하게 한다.

11.1.1 구글 클라우드 가입

GCP 가입 양식[4]을 열고, 구글 계정을 새로 만들거나 기존 계정으로 로그인하자. 지시에 따라 양식을 채워 프리 트라이얼을 시작하자. 다음은 쿠버네티스 클러스터를 만들 차례이다.

11.1.2 쿠버네티스 클러스터 생성

쿠버네티스 엔진 서비스[5] 메뉴에서 '클러스터 생성'을 클릭하여 다음 스크린숏과 같은 클러스터 생성 양식을 열자. 양식의 클러스터명을 디폴트인 'cluster-1'에서 'proglog'로 바꾸자. 위치 유형은 디폴트인 '영역'인 채로 두자. 아래쪽의 '제어 영역 버전'에서 '정적 버전' 라디오 버튼에 체크하고, 1.21.12-gke.2200 버전을 선택하자. 아래쪽의 [만들기] 버튼을 클릭하면 GCP는 클러스터를 준비하기 시작하고, 모든 준비가 완료되면 초록색 체크 표시가 나온다.

---

4   https://console.cloud.google.com/freetrial/signup

5   https://console.cloud.google.com/kubernetes

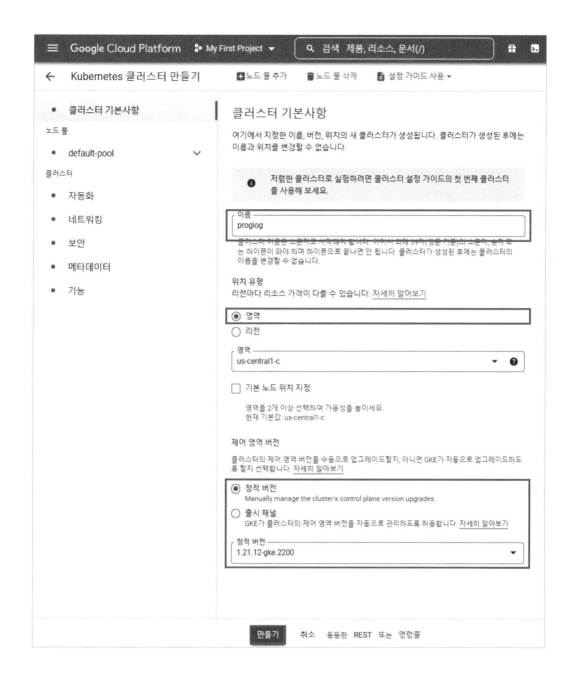

11.1.3 gcloud 설치와 인증

구글 클라우드는 클라우드를 위한 소프트웨어 개발 키트(SDK)를 제공하는데, 구글 서비스들을 사용하는 데 유용한 많은 도구와 라이브러리를 제공한다. 그중에서 gcloud CLI는 구글 클라우드 API와 연동하고 도커를 설정하는 도구이다. 사용하는 운영체제에 맞는 최신 클라우드 SDK를 구글 클라우드 개발자 도구 페이지[6]의 지시에 따라 설치하자.

gcloud CLI를 설치했다면 다음 명령으로 구글 계정을 인증하자.

```
$ gcloud auth login
```

CLI 인증이 끝나면 계정의 리소스에 gcloud 명령을 실행할 수 있다. 프로젝트의 ID를 얻고, gcloud 가 그중 하나의 프로젝트(여기서는 목록의 가장 마지막 프로젝트)를 디폴트로 사용하도록 다음과 같이 명령하자.

```
$ PROJECT_ID=$(gcloud projects list | tail -n 1 | cut -d' ' -f1)
$ gcloud config set project $PROJECT_ID
```

이 PROJECT_ID 환경 변수는 앞으로 계속 참조하므로 터미널 세션을 새로 열 때는 다시 설정해야 한다.

11.1.4 서비스 이미지를 구글 컨테이너 레지스트리로 푸시하기

먼저, GKE 클러스터의 노드가 서비스 이미지를 가져갈 수 있도록 이미지를 구글의 컨테이너 레지스트리Container Registry로 푸시한다. 다음 명령을 실행하여 이미지를 레지스트리로 푸시하자.

```
$ gcloud auth configure-docker
$ docker tag github.com/travisjeffery/proglog:0.0.1 \
    gcr.io/$PROJECT_ID/proglog:0.0.1
$ docker push gcr.io/$PROJECT_ID/proglog:0.0.1
```

첫 번째 줄은 도커가 구글의 컨테이너 레지스트리를 사용하도록 설정하며, gcloud의 도움을 받아 컨테이너 레지스트리 접근 권한을 얻는다. 도커 설정 파일(디폴트 위치는 ~/.docker/config.json)을 열어 보면 변경사항을 확인할 수 있다.

두 번째 줄은 gcr.io 레지스트리 이름을 위한 태그를 생성한다. gcr.io 레지스트리는 이미지를 미국 내에서 호스팅하며 변경할 수 있다. 예를 들어 이미지를 특정한 지역에서 호스팅하고 싶다면 us.gcr. io, eu.gcr.io, asia.gcr.io와 같은 레지스트리를 사용한다. 세 번째 줄은 이미지를 레지스트리에 푸시한다.

---

6   https://cloud.google.com/sdk/docs/downloads-versioned-archives

11.1.5 kubectl 설정

마지막으로 kubectl과 헬름이 GKE 클러스터를 호출할 수 있도록 설정하자.

```
$ gcloud container clusters get-credentials proglog --zone us-central1-c
Fetching cluster endpoint and auth data.
kubeconfig entry generated for proglog.
```

명령을 실행하면 kubeconfig 파일(디폴트 위치는 ~/.kube/config)의 자격 증명credential과 설정을 업데이트하여 kubectl이 GKE 클러스터를 가리키게 한다. 헬름 역시 **kubeconfig** 파일을 사용한다.

구글 클라우드 프로젝트를 위한 모든 설정과 GKE 클러스터 생성, 그리고 클라이언트가 클러스터를 관리하도록 하는 설정을 모두 완료했다. 이제 우리 서비스를 GKE에 배포할 수 있다. 하지만 현재의 배포 설정으로는 쿠버네티스 내의 서비스를 인터넷에서 접근할 수 없다.

이 부분을 수정해보자.

11.2 메타컨트롤러로 커스텀 컨트롤러 만들기

서비스를 현재 상태 그대로 GKE에 배포해도 로컬 카인드 클러스터에서와 똑같이 작동한다. 여기서 더 나아가 인터넷에서 서비스에 접근할 수 있도록 배포 설정을 확장해보자. 우리 서비스는 클라이언트 측에서 로드 밸런싱하므로 각 파드는 정적 IP를 가져야 하며, 결국 파드마다 로드 밸런서 서비스가 필요하다. 쿠버네티스가 알아서 파드가 늘어나거나 줄어들 때 로드 밸런서를 적재하거나 삭제하면 좋겠지만, 이런 기능은 쿠버네티스 자체에서 지원하지 않는다.

메타컨트롤러Metacontroller를 알아볼 시간이다.

메타컨트롤러[7]는 쿠버네티스 애드온으로 간단한 스크립트를 가진 커스텀 컨트롤러를 쉽게 작성하고 배포하게 해준다. 메타컨트롤러는 쿠버네티스와의 모든 연동을 처리한다. 레벨 트리거된 조정 루프level-triggered reconciliation loop의 실행까지도 알아서 처리해준다. JSON 포맷의 쿠버네티스 관측 상태를 받아서, JSON 포맷으로 원하는 상태를 요청하면 된다. 오퍼레이터Operator[8] 작성이 필요한 쿠버네티스의 기능도 오퍼레이터보다 훨씬 쉽게 구현할 수 있다(오퍼레이터는 쿠버네티스를 확장하는 인기 있는 패턴이다).

---

7   https://metacontroller.app

8   https://coreos.com/blog/introducing-operators.html

11.2.1 메타컨트롤러 설치

메타컨트롤러를 설치하려면 두 개의 YAML 파일이 필요하다. 하나는 메타컨트롤러의 API를 정의하는 파일이고, 다른 하나는 쿠버네티스 클러스터의 리소스를 관리하고자 API를 활성화하는 RBAC 권한을 정의하는 파일이다. 다음 두 개의 메타컨트롤러 API를 사용할 수 있다.

- **CompositeController**: 부모 리소스에 기반하여 자식 리소스를 관리하는 데 사용한다. 배포 컨트롤러와 스테이트풀셋 컨트롤러가 이 패턴에 적합하다.
- **DecoratorController**: 리소스에 행동behavior을 추가하는 데 사용한다. 이 컨트롤러 패턴이 지금 우리에게 필요한 패턴이다. 파드마다 서비스service-per-pod를 만드는 데 사용할 것이다.

메타컨트롤러의 설치는 헬름을 사용한다. 프로젝트 루트에서 다음 명령을 실행하여 메타컨트롤러 헬름 차트를 정의하자.

```
$ cd deploy
$ helm create metacontroller
$ rm metacontroller/templates/**/*.yaml \
    metacontroller/templates/NOTES.txt \
    metacontroller/values.yaml
$ MC_URL=https://raw.githubusercontent.com\
/GoogleCloudPlatform/metacontroller/master/manifests/
$ curl -L $MC_URL/metacontroller-rbac.yaml > \
    metacontroller/templates/metacontroller-rbac.yaml
$ curl -L $MC_URL/metacontroller.yaml > \
    metacontroller/templates/metacontroller.yaml
```

그리고 다음 명령으로 메타컨트롤러 차트를 설치하자.

```
$ kubectl create namespace metacontroller
$ helm install metacontroller metacontroller
```

이제 proglog 차트를 업데이트하여 파드마다 서비스를 만드는 기능을 지원하게 하고, 서비스를 클라우드에 배포할 수 있다.

11.2.2 파드마다 로드 밸런서를 추가하는 훅

서비스의 스테이트풀셋의 파드마다 로드 밸런서 서비스를 추가해주는 `DecoratorController`를 생성해보자.

deploy/proglog/templates/service-per-pod.yaml 파일을 생성하고 다음 코드를 추가하여 DecoratorController와 메타컨트롤러 설정을 정의하자.

DeployToCloud/deploy/proglog/templates/service-per-pod.yaml

```
{{ if .Values.service.lb }}
apiVersion: metacontroller.k8s.io/v1alpha1
kind: DecoratorController
metadata:
  name: service-per-pod
spec:
  resources:
  - apiVersion: apps/v1
    resource: statefulsets
    annotationSelector:
      matchExpressions:
      - {key: service-per-pod-label, operator: Exists}
      - {key: service-per-pod-ports, operator: Exists}
  attachments:
  - apiVersion: v1
    resource: services
  hooks:
    sync:
      webhook:
        url: "http://service-per-pod.metacontroller/create-service-per-pod"
    finalize:
      webhook:
        url: "http://service-per-pod.metacontroller/delete-service-per-pod"
```

DecoratorController는 모든 스테이트풀셋에 service-per-pod-label과 service-per-pod-ports 주석으로 꾸며준다. hooks 필드는 컨트롤러가 어떤 훅을 호출할지를 정의한다. sync 훅은 스테이트풀셋에 필요한 리소스를 생성하고 관리해야 한다. finalize는 스테이트 풀셋에 종결자finalizer를 추가해서, 훅이 실행하고 자신의 리소스를 정리할 때까지 쿠버네티스가 스테이트풀셋을 지우는 것을 방지한다. 현재 메타컨트롤러는 웹훅webhook 실행을 지원한다. 따라서 웹훅을 실행할 내부 서비스와 배포가 필요하다.

다음 코드를 추가해서 웹훅 서비스와 그 설정을 정의하자.

DeployToCloud/deploy/proglog/templates/service-per-pod.yaml

```
---
apiVersion: v1
kind: ConfigMap
```

```
metadata:
  namespace: metacontroller
  name: service-per-pod-hooks
data:
{{ (.Files.Glob "hooks/*").AsConfig | indent 2 }}
---
apiVersion: apps/v1
kind: Deployment
metadata:
  name: service-per-pod
  namespace: metacontroller
spec:
  replicas: 1
  selector:
    matchLabels:
      app: service-per-pod
  template:
    metadata:
      labels:
        app: service-per-pod
    spec:
      containers:
      - name: hooks
        image: metacontroller/jsonnetd:0.1
        imagePullPolicy: Always
        workingDir: /hooks
        volumeMounts:
        - name: hooks
          mountPath: /hooks
      volumes:
      - name: hooks
        configMap:
          name: service-per-pod-hooks
---
apiVersion: v1
kind: Service
metadata:
  name: service-per-pod
  namespace: metacontroller
spec:
  selector:
    app: service-per-pod
  ports:
  - port: 80
    targetPort: 8080
{{ end }}
```

웹훅, Deployment 그리고 Service를 정의한 코드이다. ConfigMap도 정의하는데 훅 코드를 마운트 해준다. 스테이프풀셋이 변경되면 컨트롤러는 http://service-per-pod.metacontroller/create-service-per-pod 엔드포인트를 호출하고, 스테이트풀셋이 삭제되면 컨트롤러는 http://service-per-pod.metacontroller/delete-service-per-pod 엔드포인트를 호출한다. 엔드포인트의 경로는 훅 파일명과 같다.

훅 코드를 넣을 **hooks** 디렉터리를 생성하자.

```
$ mkdir deploy/proglog/hooks
```

다음 create-service-per-pod.jsonnet 파일을 디렉터리에 넣어 서비스를 생성할 훅을 추가하자.

DeployToCloud/deploy/proglog/hooks/create-service-per-pod.jsonnet

```
function(request) {
  local statefulset = request.object,
  local labelKey = statefulset.metadata.annotations["service-per-pod-label"],
  local ports = statefulset.metadata.annotations["service-per-pod-ports"],

  attachments: [
    {
      apiVersion: "v1",
      kind: "Service",
      metadata: {
        name: statefulset.metadata.name + "-" + index,
        labels: {app: "service-per-pod"}
      },
      spec: {
        type: "LoadBalancer",
        selector: {
          [labelKey]: statefulset.metadata.name + "-" + index
        },
        ports: [
          {
            local parts = std.split(portnums, ":"),
            port: std.parseInt(parts[0]),
            targetPort: std.parseInt(parts[1]),
          }
          for portnums in std.split(ports, ",")
        ]
      }
    }
    for index in std.range(0, statefulset.spec.replicas - 1)
```

```
    ]
}
```

Jsonnet[9]에 훅을 구현했다. Jsonnet은 데이터를 템플릿화하는 언어로, JSON을 단순 확장하여 변수, 조건, 연산, 함수, 임포트, 에러를 사용할 수 있다. 쿠버네티스는 우리가 함수로 꾸민decorated 스테이트풀셋을 전달한다. 우리 구현물은 스테이트풀셋의 각 복제본을 돌며 서비스 첨부attachment 목록을 만든다. 오직 주인owner 리소스를 통해 타깃 리소스로 연결된 임의의 리소스를 첨부할 수도 있다. 스테이트풀셋이 삭제되면 쿠버네티스가 임의의 리소스를 삭제한다는 뜻이다.

서비스를 삭제하는 훅을 추가하자.

DeployToCloud/deploy/proglog/hooks/delete-service-per-pod.jsonnet

```
function(request) {
  attachments: [],
  finalized: std.length(request.attachments['Service.v1']) == 0
}
```

만약 스테이트풀셋이 데코레이터 셀렉터decorator selector와 같지 않거나 스테이트풀셋이 삭제되었다면, 우리가 만들었던 모든 첨부를 삭제한다. 만약 모든 서비스가 종료했다면, 스테이트풀셋이 마무리된finalized 것으로 표시해서 쿠버네티스가 삭제하게 한다.

마지막으로, 스테이트풀셋을 업데이트하고, 쿠버네티스가 스테이트풀셋을 꾸미도록 주석을 설정하며, 파드마다 서비스를 생성해야 한다.

statufulset.yaml에 정의된 스테이트풀셋의 메타데이터에 다음 주석들을 추가하자.

DeployToCloud/deploy/proglog/templates/statefulset.yaml

```
apiVersion: apps/v1
kind: StatefulSet
metadata:
  name: {{ include "proglog.fullname" . }}
  namespace: {{ .Release.Namespace }}
  labels: {{ include "proglog.labels" . | nindent 4 }}
  {{ if .Values.service.lb }}
  annotations:
    service-per-pod-label: "statefulset.kubernetes.io/pod-name"
```

---

9   https://jsonnet.org

```
    service-per-pod-ports: "{{.Values.rpcPort}}:{{.Values.rpcPort}}"
  {{ end }}
spec:
  # ...
```

메타컨트롤러에서 바꿀 내용은 이게 전부이다. 서비스는 파드마다 로드 밸런서를 생성할 것이다. 서비스를 GKE 클러스터에 배포하고 사용해보자.

11.3 인터넷에 배포하기

이 책의 모든 과정을 거치며 만들어낸 결과물을 확인할 순간이다. 우리 분산 서비스를 클라우드에 배포해보자.

다음 명령을 실행하자.

```
$ helm install proglog proglog \
    --set image.repository=gcr.io/$PROJECT_ID/proglog \
    --set service.lb=true
```

이 명령은 proglog 차트를 GKE 클러스터에 설치한다. 이미지 저장소가 스테이트풀셋을 설정하도록 하여, 구글 컨테이너 레지스트리에서 이미지를 가져오게 했다. 또한 service-per-pod 컨트롤러를 활성화했다. 서비스가 시작했는지는 다음과 같은 -w 플래그로 확인할 수 있다.

```
$ kubectl get services -w
```

세 로드 밸런서가 모두 시작되면, 클라우드에서 실행 중인 서비스에 클라이언트를 연결하여 서비스 노드들이 서로를 찾아냈는지 확인할 수 있다.

```
$ ADDR=$(kubectl get service \
    -l app=service-per-pod \
    -o go-template=\
    '{{range .items}}\
        {{(index .status.loadBalancer.ingress 0).ip}}{{"\n"}}\
    {{end}}'\
    ¦ head -n 1)
$ go run cmd/getservers/main.go -addr=$ADDR:8400
servers:
- id:"proglog-0" rpc_addr:"proglog-0.proglog.default.svc.cluster.local:8400"
```

```
    - id:"proglog-1" rpc_addr:"proglog-1.proglog.default.svc.cluster.local:8400"
    - id:"proglog-2" rpc_addr:"proglog-2.proglog.default.svc.cluster.local:8400"
```

11.4 마치며

축하한다! 서비스를 클라우드에 무사히 배포했다. 이제 인터넷을 통해 누구나 서비스를 사용할 수 있다. 11장에서는 구글 클라우드 계정, 프로젝트, GKE 클러스터를 설정했다. 또한 간단한 컨트롤러를 작성해서 메타컨트롤러로 쿠버네티스 리소스의 행동을 확장하는 법도 배웠다.

이제 이 책을 마무리할 순간이다. 지금까지 많은 내용을 배우고 몸에 익혔다. 분산 서비스를 처음부터 끝까지 만들었고, 서비스 디스커버리, 합의, 로드 밸런싱과 같은 분산 컴퓨팅의 개념을 배웠다. 이제 자신만의 분산 서비스를 만들거나 다른 프로젝트에 기여할 준비가 된 것이다.

점차 커지는 이 분야에 여러분 자신의 발자국을 남기기를 바란다!

진솔한 서평을 올려주세요!

이 책 또는 이미 읽은 제이펍의 책이 있다면, 장단점을 잘 보여주는 솔직한 서평을 올려주세요.
매월 최대 5건의 우수 서평을 선별하여 원하는 제이펍 도서를 1권씩 드립니다!

- **서평 이벤트 참여 방법**
  ❶ 제이펍 책을 읽고 자신의 블로그나 SNS, 각 인터넷 서점 리뷰란에 서평을 올린다.
  ❷ 서평이 작성된 URL과 함께 review@jpub.kr로 메일을 보내 응모한다.

- **서평 당선자 발표**
  매월 첫째 주 제이펍 홈페이지(www.jpub.kr) 및 페이스북(www.facebook.com/jeipub)에 공지하고,
  해당 당선자에게는 메일로 개별 연락을 드립니다.

독자 여러분의 응원과 채찍질을 받아 더 나은 책을 만들 수 있도록 도와주시기 바랍니다.